화두공부의 문을 열다

화두공부의 문을 열다

《선문염송》에서 가려 뽑은 화두 五十三선

· 이수경 지음 ·

운주사

머리말

나의 간화선看話禪 경력은 40년이 넘었습니다.

간화선에 관한 한 천신만고千辛萬苦를 겪은 사람입니다.

『선문염송』을 곁에 둔 세월도 30년은 되었을 것입니다. 화두話頭한다고 고생고생 하는 분들을 도와드릴 방법이 없겠는가? 이런저런 생각을 거듭하던 끝에 선문염송에서 53개 공안公案을 선택하고, 공안을 어떻게 보아 나가야 하는가, 즉 공안의 이치를 설하게 되었습니다.

그러므로 이 책에 수록된 53개 공안은 선문염송의 수많은 일화들 중에서도 독특하고 뛰어나서, 독자들이 반드시 도움을 받게끔 되어 있는 선문염송의 백미白眉들로 구성되어 있습니다. 53선選이 된 것은 동일한 이치를 설하는 데에도 그만하면 충분하고, 들어 보이는 예로써 그만한 숫자라면 적당하다 싶은 판단에 따른 것입니다.

사실 이런 이야기는 피하고 싶었으나, 언급하지 않을 수가 없어서 하는 것이니 독자들의 이해를 바랍니다. 무엇인고 하면, 예컨대 '무자'화두니 '뜰 앞의 잣나무'니 '마삼근'이니 하는 틀에 박힌 듯한 화두를 한다고 지칠 대로 지친 사람들이 너무 많다는 사실입니다. 특히 화두하시는 스님들의 고뇌가 깊을 것입니다.

그래서 이 책은 화두를 공부하는 스님들에게 권하고 싶은 마음 간절합니다. 선문禪門에서 일컫는 대의단大疑團이니, 의심(의정)이니 하는 물건(?)도 잠재의식에 불과하다는 사실을 설파하는 것은 이 책이 처음일 것입니다. 간화선 역사상 처음일 것입니다.

이 책을 열면 승속僧俗을 불문하고 누구든지 간화선의 이치를 획득하게 될 것입니다.

성불成佛하십시오.

대지大智 문수보살

대자대비大慈大悲 관세음보살

남방화주南方化主 대원본존大願本尊 지장보살

2014년 5월

이수경李秀鏡

머리말 /5

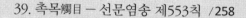

1. 언계偃溪 – 선문염송 제991칙

> 현사玄沙에게 경청鏡淸이 청했다.
> "학인이 총림에 갓 들어왔으니 스님께서 들어갈 길을 지시해
> 주십시오."
> 현사가 말했다.
> "언계偃溪의 물소리가 들리는가?"
> "들립니다."
> "그 물소리를 따라 들어가라."
> 경청이 들어갈 곳을 깨달았다.

【해설①】

현사玄沙의 비범한 지혜가 발군인 것을 천하에 드러낸 일화입니다.
그 이유를 들어보겠습니다.

"제가 들어갈 길을 지시해 주십시오."

이와 같이 경청鏡淸이 요청한 것은 분명히 '들어갈 길'이었고, '들
어갈 곳'이었다는 사실을 잊어서는 안 됩니다. 환언하면 경청의 심리
는 '들어가겠다'는 것이었습니다.

언계偃溪는 맑은 물소리를 내며 여울져 흐르는 개울입니다. 사람 사는 환경에서 제일 먼저 고려하고 해결해야 하는 것은 바로 물(식수)입니다. 그러기에 대찰大刹은 반드시 맑은 물이 사시사철 풍부한 수량을 자랑하며 흐르는 계곡을 끼고 자리 잡는 법입니다.

무수한 노송老松의 가지가 척척 휘늘어진 대찰의 계곡. 계곡에서 끊임없이 들려오는 맑은 물소리. 물소리와 새소리와 바람소리. 현사는 방장실에 묵묵히 앉아 있었을 것입니다.

그때 경청이 스승을 찾아와 공손히 예배하고 제시提示를 요청한 것이 바로 '들어갈 길'이었습니다.

"제자가 총림에 갓 들어왔습니다. 스님께서는 제가 들어갈 길을 자비로 지시해 주십시오."

원문에는 '들어갈 길'이 입로入路로 되어 있습니다.

【해설②】

'해설①'에서 밝혔듯이 현사를 찾아온 경청의 심리성향은 '들어가겠다'는 것이었습니다.

"스승께서는 제가 들어갈 길을 지시해 주십시오."

차를 마신 후 대찰을 끼고 흐르는 계곡 물소리에 잠겨 묵묵히 앉아 있던 현사는 고개를 들어 경청의 얼굴을 지극히 바라보았습니다.

경청이 '들어갈 길'을 찾고 있다는 이야기를 듣자마자, 현사는 즉각 자신의 귀를 따라 들어와 청각을 울리는 계곡 물소리를 정확하게 인식합니다. 한 치의 오차도 없이 말입니다.

귀를 따라 들어와 청각을 울리는 물소리는 어디를 향하는가?

불교에는 '눈으로 듣는다'는 이야기도 있습니다. 이건 또 무슨 해괴망측한 소립니까?

그러나 해괴망측한 소리가 아닙니다. 눈을 통해서 보고, 귀를 통해서 듣는 '물건(?)'은 동일하다는 뜻입니다. 예컨대 하나의 물건이라 합시다. 그 하나의 물건이 눈을 통해서 보고, 귀를 통해서 듣고, 코를 통해서 냄새 맡고, 입을 통해서 맛을 보고, 몸을 통해서 느낀다는 뜻입니다.

그러니까 눈으로 듣는다는 이야기를 하되, 아주 당연하다는 듯이 그것도 떵떵거리며 해대는 것입니다.

여하튼, 귀를 따라 들어와 청각을 울리는 계곡 물소리는 다시 어디를 향하는가?

이 생각이 현사의 뇌리에 번쩍 떠올랐습니다. 그 전에 경청이 방장실로 입실入室했을 때, 현사는 이미 경청의 관상觀相과 목소리를 통해 그 인물됨을 파악한 것은 물론입니다.

들어갈 길을 찾는 경청의 요청을 받자마자 번개처럼 정리된 현사의 논리는 다음과 같습니다.

①들어갈 곳을 찾는다.

②그렇다면 '들어가라'고 하면 된다.

③계곡의 물소리는 귀를 따라 '들어간다.'

④물소리를 따라서 '들어가라'고 하면 된다.

⑤귀를 따라 들어가는 물소리는 심근心根, 즉 마음의 뿌리에 꽂힌다. 물소리는 심근을 정확하게 꿰고 있다.

⑥짐작컨대 이 사람의 공부는 무르익어 있다.

ⓒ 계곡의 물소리를 이용하는 것이 지당하다.

이리하여 지체 없이 현사의 입에서 거룩한 말씀이 흘러나왔습니다.

"그리로 들어가라."

시기를 놓치지 않는 비범한 스승의 인도를 받아 제자는 즉각 물소리의 근원에 도달하고, 물소리에서 벗어났습니다.

여기에서 또 다른 문제가 대두되었습니다.

'물소리에서 벗어났다.' 이게 무슨 이야깁니까? 물소리에서 벗어나다니요? 물소리는 결국 마음에 지나지 않습니다. 그러니까 물소리에서 벗어났다 함은 마음에서 벗어났다는 의미입니다. 스승의 지시에 의하여 그야말로 물소리를 따라 '들어간' 경청의 심리는 그 물소리가 꿰고 있는 심근心根을 뽑습니다. 심근을 뽑고 마음의 세계에서 비로소 벗어난 것입니다. 이 일련의 심령적心靈的 진화 과정은 찰나간에 이루어졌습니다. 약간의 지체도 없이 즉각적으로 이루어졌습니다. 참으로 경이로운 현사의 지혜가 아닙니까.

정리해볼까요.

"저 물소리가 들리는가?"

"들립니다."

"그리로 들어가라."

"오, 스승이시여, 감사하옵니다."

2. 무도舞棹 – 선문염송 제829칙

암두巖頭가 한양漢陽에서 뱃사공 노릇을 할 때, 강의 양쪽에다 목판 하나씩을 세워놓고

"강을 건너려는 이는 이 목판을 치라."

고 써놓았다. 어느 날 한 노파가 아기 하나를 안고 와서 목판을 쳐서 강을 건너고자 하기에 암두가 초막에서 노탁를 가지고 춤을 추면서 나오니, 노파가 묻기를

"노를 바치고, 노로 춤을 추는 것은 그만두고, 말해 보시오. 이 노파의 손에 있는 아기는 어디서 왔는가?"

하매, 암두가 노로 때리니, 노파가 말하되

"내가 일곱 아이를 낳아 여섯은 소리 아는(知音) 이를 만나지 못했는데, 이것 하나도 소리 아는 이를 얻지 못했구나!"

하고 아이를 물에다 던져버렸다.

[난야각이 말하기를

"적을 속이는 이는 망한다."

하였다.]

암두전활巖頭全豁이라면 선문禪門에서는 북극성 같은 인물로서, 그 정신의 예리함을 당해낼 사람이 없었을 정도였다 합니다. 말후구末後句라는 최후의 관문을 설정하여 천하의 내노라 하는 선사들도 통과하지 못하게끔 가로막은 사람도 암두전활입니다.

암두전활은 '마지막 한마디', 즉 말후구라는 말을 즐겨 썼는데 역대 선사들도 이것을 이해하여 명쾌하게 깨뜨린 사람은 거의 없었습니다. 그러면서도 암두는 다른 사람들이 하는 '마지막 한마디'는 좀처럼 허락하지 않았다고 합니다.

하루는 암두와 설봉과 흠산欽山이 담소를 나누는데, 설봉이 문득 물동이에 담긴 맑은 물을 가리키자 흠산이 대뜸 말했습니다.
"물이 맑으면 달이 나타난다."
설봉의 말은 달랐습니다.
"물이 맑으면 달이 나타나지 않는다."
그러나 암두는 말없이 일어나더니 물동이를 발로 걷어차 버렸습니다.

어떻습니까. 암두가 그래도 좀 시원합니까? 하지만 한 동이나 되는 맑은 물을 왜 걷어차서 못쓰게 만듭니까? 그 물동이에 맑은 물을 가득히 채워둔 누군가의 노력과 정성을 생각해 보십시오. 그 맑은 물을 식수로 사용하고 생활용수로 사용하면서 느낄 고마움을 생각해 보십시오.

그따위 되먹지 못한 거친 행위 말고도 암두는 다른 방식으로 얼마든지 자기의 생각을 보여줄 수가 있었을 것입니다. 사막화가 진행되는 아프리카에서는 지하수의 수위가 낮아져서 지하로 100미터 정도 파서는 물이 나오지 않는 곳이 많다고 합니다.

진인眞人은, 진인이라면 순리順理에서 한 치도 벗어나지 않는 법입니다. 아니, 진인이란 순리 그 자체입니다. 현실을 벗어나고 현실을 초월하는 지도至道를 찾습니까? 현실을 버리다니요. 현실 밖의 지도를 구하다니요. 당치도 않습니다. 당치도 않은 발상입니다. 현실이 지도라는 사실을 알아야 합니다. 현실이 바로 지도인 것이니, 이러한 이치를 가리켜 순리라 하는 것입니다.

암두전활이 먼저 등장하기에 해본 이야깁니다.

그 대단했던 암두전활을 한 노파가 인정하지 않았다는 일화를 살펴봅시다.

원문에서 '소리 아는 이를 만나지 못했다(不遇知音)'는 구절이 눈에 띕니다. '지음知音'을 여기에서는 문자 그대로 '소리 아는'으로 번역했지만, '내 말을 알아듣는' 혹은 '내 마음을 알아주는'으로 이해하면 무난합니다. '지음의 벗'이란 말도 있지 않습니까?

난감합니다. 노파가 아기를 강물에 내던지다니요? 노를 움켜쥔 채 덩실덩실 춤추며 다가와서 등줄기를 때리는 암두전활의 짓거리에는 관심 없습니다. 암두의 짓거리에 관심이 없었다기보다도, 암두라는 인간에 관심이 없었다고도 여겨집니다. 그러기에 작심하고 찾아와서 아기를 강물에 내던졌을까요? 이렇든 저렇든 결과는 마찬가집니다.

그렇습니다. 공안을 읽는 이유는 바로 아무리 애써 봐도 해결책이 없다는 좌절감에 직면하기 위해서입니다.

선문에는 '발뒤꿈치로 참구하라'는 말조차 있을 정도니, 오죽하면 그런 지시를 내리겠습니까. 공안 해결을 도모하여 잔머리 굴리지 마십시오. 잔머리 굴려서 풀리는 문제가 따로 있지, 공안 해결을 위한 잔머리 굴리기는 당치도 않습니다.

선문염송 제829칙 무도舞棹에 대한 해답은 없습니다. 과거, 현재, 미래를 통틀어 인류 역사 전체를 뒤져봐도 정답은 없습니다.

왜일까요? 노회老獪한 노파가 정답 없는 문제를 던져놓았기 때문입니다. 뿐만 아니라 이것은 정답을 찾아내는 성질의 문제가 아니라는 사실을 독자들은 까맣게 모릅니다. 정답을 찾아내는 성질의 문제가 아니라니, 이건 또 무슨 말입니까?

이 공안을 대하면서 우리는 대의단大疑團을 이룹니다. 암두를 인정하지 않았던 노파는 아기를 강물에 던지고 사라집니다. 그와 함께 무도 공안을 보던 우리는 서서히 '의심 덩어리(대의단)'가 되어간다는 것입니다.

도대체 '대의단'이란 무엇입니까?

대의단이란 해결책이 전무한 문제에 직면했을 때 일어나는 인간정신의 밀봉화密封化 현상입니다. 인간정신의 탈출구가 사라지면 그 정신세계 전체를 가리켜 대의단이라 호칭하는 것입니다. 그러니까 인간정신 따로 있고, 대의단 따로 있는 것이 아닙니다. 인간정신이 따로 '의심(의정)'을 지어가는 것이 아니라는 사실을 명심하십시오.

반복합니다. 대의단이란 화두가 사라지면서 나타나는 인간정신의 밀봉화 현상입니다. 밀봉된 인간정신을 대의단이라 칭합니다.

화두가 왜 사라집니까? 해결책이 전무한 문제에 봉착했을 때 일어나는 인간정신의 밀봉화 현상이라고 밝혔습니다. 엄밀히 말하면 화두가 사라진다기보다 밀봉된 정신세계 안으로 떨어지고 말았다고 보아야 합니다. 마치 지구 궤도를 돌던 인공위성이 임무를 마친 다음에는 지상으로 추락하는 것과 마찬가지 이치입니다.

어제까지만 해도 자기존재를 과시하며 떵떵거리던 화두가 정신세계의 밀봉화가 진행되면서 오늘은 별 볼일 없는 존재로 영락零落한 것입니다.

그렇다면 화두(공안)를 보기 전에는 인간심리가 밀봉되지 않았다는 뜻일까요? 그럴 리 만무합니다. 공안을 보기 이전에도 인간심리는 밀봉되어 있습니다. 마음은 바깥이 없기 때문입니다.

마음은 바깥이 없고, 바깥이 없는 까닭에 탈출이 불가능하며, 탈출이 불가능한 까닭에 밀봉되었고, 밀봉된 까닭에 밀봉되었다는 자각自覺 현상이 가능해집니다.

정신세계가 본래부터 밀봉된 것이라면 공안은 뭣 하러 보며, 공안을 본다고 고생할 이유가 어디 있느냐는 질문입니까? 그것은 그렇지 않습니다. 공안을 봐야만, 공안을 보든 안 보든 '밀봉'은 불변이라는 사실을 알게 되기 때문입니다.

거기에 더하여 공안을 안 보면 광대무변한 정신세계에 대한 안목이 활짝 열리지를 않습니다. 공안 연구를 거듭하다가 마침내 정신세계의 광대무변함의 이치를 터득합니다. 공안 연구에 진척이 없으면 그때까지 써오던 왜소한 정신세계에 갇힌 상태가 지속되는데, 무슨 재주로 '바깥 없는 심리'를 깨닫겠습니까? 어림없습니다.

하지만 화두 공부가 하루아침에 성취되는 것이 아니라는 사실쯤은 알고는 있어야 합니다.

이 무도 공안도 그렇지만, 예를 들어 '이뭣고' 공안도 '밀봉' 현상에 대한 자각을 촉구하는 정신 작업에 불과합니다.

예컨대 무도 공안이라 합시다. 무도 화두를 하다 보면 슬슬 들지도 놓지도 못하는 시절에 들어서게 됩니다. 무도를 들지도 못한다는 것은, 무도 화두 자체는 돌아볼 가치가 이제는 없어졌다는 뜻이요, 놓지도 못한다는 것은 자기 밀봉화가 슬슬 진행되고 있다는 뜻입니다.

노파가 아기를 강물에 내던지고 공안은 깨끗하게 떨어져 나갑니다. 이 이치가 분명하고 또 분명해야 합니다. 공안이 떨어져 나갔다는 사실이 명명백백해져야 합니다.

아까까지 설해 오지 않았습니까. 해결 불가능한 문제에 봉착하면 정신세계의 밀봉화가 진행되고, 밀봉화가 진행되는 과정에서 공안은 돌아볼 가치조차 없는 물건으로 영락합니다. 밀봉화가 진행되면 공안은 광대무변한 정신세계에 묻혀 찾아보기조차 어렵습니다.

그것이 그렇지를 못하면 공안에 대한 이해가 역력분명해질 때까지 기다리든가, 아니면 다른 공안을 섭렵하든가 해야 합니다. 물론 이 공안은 몹시도 예리한 공안이므로 거의 대부분의 독자들은 이 공안에 걸려들 가능성이 높습니다.

노파가 아기를 강물에 내던지는데, 그것이 어째서 공안의 이탈離脫이냐고요? 질문과 답변의 반복이군요.

노파가 아기를 강에다 내던진 이유를 이제 와서 알아낼 수 있습니까? 없잖습니까. 노파의 속셈을 알아낼 방법은 전무합니다. 이와 같이 해결책이 전무한 문제에 직면하게 되면 비로소 인간정신은 자기 봉쇄를 단행합니다. 자기 봉쇄가 밀봉을 의미합니다.

이렇게 되면 마음은 바깥이 없어집니다. 물론 본래부터 바깥 없는 마음이지만 공안을 보다가 바깥 없는 마음임을 명료하게 깨닫습니다. 공안의 이치를 깨닫기 전의 마음은 왜소하다고 여러 번 설했습니다. 그런 까닭에 공안을 보다가 마음은 바깥이 없어진다고 말한 것입니다.

마음에 바깥이 없어질 때 공안은 바깥 없는 마음의 세계에 추락합니다. 어제까지만 해도 떵떵거리던 공안이 오늘에는 추락하고 별 볼일 없는 물건이 되어 굴러다니게 된다는 뜻입니다.

해결책이 없는 문제에 봉착하면 왜 마음은 밀봉되고 바깥이 없어지느냐고요? 질문이 겹겹이 밀려오는군요.

일상생활의 소소한 문제라면 잠재의식이 즉각즉각 처리합니다. 그러나 예컨대 공안 '무도' 같은 문제에 다다르면 잠재의식의 정보만으로도 해결이 불가능합니다.

이리 궁리해도 안 되고 저리 궁리해도 안 됩니다. 물론 궁리도 잠재의식의 몫이지 의식意識의 몫은 아닙니다. 그때서야 비로소 인간은 문제 해결을 위해 정신의 전체를 사용하게 된다는 의식이 분명해집니다. 즉 본격적으로 잠재의식의 가동에 들어가지만, 보통사람들은 처음에는 그런 사실을 모릅니다.

서서히 마음 전체를 사용하게 되면서 마음은 바깥 없는 것이라는 자각이 분명해집니다. 바깥 없는 마음이 분명해지면 마음에서 벗어나고, 잠재식에서 벗어납니다. 흔히들 잠재식을 뽑는다는 표현을 사용하는데, 벗어난다는 표현과 동일합니다.

해결이 불가능해 보이던 '무도' 같은 문제도 바깥 없는 마음의 세계에서의 추락은 필연적입니다. 추락하여 형편없는 물건으로 평가절하됩니다. 이런 과정을 밟아 학인學人은 공안에서 벗어나고 잠재의식의 세계에서 벗어납니다.

다시 한 단계씩 밟아가는 공부로 돌아갑시다. 화두는 하루아침에 성취되는 공부가 아닙니다. 결국 공안과 마주하여 얻게 되는 좌절감과 낭패감이야말로 금싸라기 같은 것임을 눈치 챘습니까?

이 무도舞棹 공안을 읽고 여러분은 좌절감과 낭패감으로 인하여 공안으로부터 떨어져 나오며, 떨어져 나와야 합니다. 그 이치는 앞서 말했습니다.

이제는 알아차렸습니까? 해결책이 없다는 지독한 좌절감과 낭패감 말입니다. 여러분의 정신적 존재 자체는 이제부터는 지독한 좌절감 같은 것이라는 뜻입니다. 아니 여러분은 좌절감 그 자체입니다.

어찌 보면 멍청해 보이기도 할 것이고, 타인이 볼 때 말입니다. 어찌 타인뿐이겠습니까. 사실 누구보다도 흐리멍덩하고 멍청한 자기 자신입니다.

그러나 사실을 말하자면, 그냥 멍청해진 것은 아니고 문제무의식問題無意識, 즉 잠재식에 몰입하는 현상입니다.

이때 몇 번이고 화두를 되돌아보십시오. 화두가 있습니까, 없습니까? 당연히 없어야 합니다. 무도라는 일화는 일회용 휴지 같은 것이 되고 말았습니다. 이제 와서 공안의 내용 따위가 무슨 소용입니까?

소중한 것은 날에 날을 더하여 심각해지는 여러분의 정신적 궁지窮地입니다. 정신적 궁지, 이것이 알파요 오메가입니다.

빼도 박도 못하는 정신적 궁지, 진퇴양난의 정신적인 봉착逢着, 이것이 서산 대사西山大師의 『선가귀감』에도 나와 있는 '노서입우각老鼠入牛角'입니다.

빼도 박도 못하는 정신적 궁지라 하여 두렵습니까? 그렇지 않습니다. 정신적 궁지란 이제 막 잠재식이 잡혀 들어오는 초기 현상입니다. 고려 시대의 고승 태고보우는 이런 상태를 금 까마귀에 비유했습니다. 주의해야 할 점이 있습니다. 간화선은 목숨을 걸듯이 해야 한다는 점입니다.

대장부로서, 이제 하나의 세계의 주인으로서 일어서는 것이라고 다짐하십시오. 맹세코 여기에서 물러서는 일은 없다고 다짐하십시오. 그러면 공부는 나날이 깊어집니다. 그러면 정신은 더욱더 의연해지고 결연해집니다.

화두 공부의 과정은 만 길 벼랑 끝으로 내몰리는 상황에 비유할 수도 있습니다. 어째서입니까? 화두가 이탈하면 남는 것은 오직 아득하기만 한 자기 자신의 세계뿐이기 때문입니다.

고독하다고 한다면 이보다 더한 고독은 없습니다. 도무지 의지할 것이라고는 없습니다. 그래서 만 길 벼랑 끝으로 내몰린 상황에 비유됩니다. 그래서 결연히 떨치고 일어서라는 주문을 냅니다. 만 길 벼랑 끝으로 내몰리는 상황에서 어찌하겠습니까? 선택의 여지가 있습니까?

만 길 벼랑 끝.

선비정신이라면 만 길 벼랑 끝에서 몸을 내던집니다. 비유가 그렇다는 것입니다. 비유를 들어서 그렇다는 것이지만, 이런 비유가 과장되었거나 심하지도 않습니다. 오히려 부족합니다.

화두 공부란 화두의 영향권에서 분리 독립을 하는 데 있다는 표현도 가능합니다. 분리 독립도 철두철미한 분리 독립이어야 합니다.

화두로부터의 분리 독립이 바로 만 길 벼랑 끝에서 몸을 내던지는 정신으로 비유됩니다. 간화선이란 철두철미해야 되고 어정쩡해서는 안 됩니다.

화두 하나 가지고 되게 그런다 싶은 생각도 들 것입니다. 화두가 그토록 대단한가 싶은 생각도 들 것입니다.

하루하루 세월은 흘러 나이만 먹고, 그러다 보면 머리는 백발이 되고 눈은 침침해지고 귀도 옛날 같지 않게 됩니다. 거울을 봅시다. 거울에서 빤히 자기를 바라보는 자기의 주름 잡힌 얼굴을 대하면 인생의 무상함에 한숨과 탄식이 절로 나옵니다. 제행무상諸行無常입니다. 무슨 수를 써도 써야지, 어찌 하겠습니까? 이대로 혼혼침침하게 늙어만 가겠습니까?

그 상태를 방치하면 '섣달그믐'에 이르러서야 후회하게 됩니다. 그때 가서 후회한들 무슨 소용 있습니까?

선문염송 제829칙 무도舞棹가 어떻습니까? 노파가 아기를 강물에다 내던지고 공안은 끝났습니다. 아득하고 난감합니다. 해결 방법은 없습니다.

이제부터는 세상만사 다 귀찮습니다. 텔레비전도 귀찮고 사람 만나는 일도 다 귀찮습니다. 오로지 이 문제 해결을 위해 정처 없이 떠돌리라. 물론 정신적인 방황입니다.

"노파는 왜 아기를 강물에다 내던졌을까?"

"노파는 왜 아기를 강에다 내던졌을까?"

이렇게 공부를 지어 가면 꽤나 괜찮을 것이라는 느낌도 듭니까? 하지만 이런 방식으로 공부하지 말라고 했습니다. 이렇게 공부를 지어 나가면 공안의 말씀 자체에 먹살잡이를 당하여 끌려 다니는 꼴을 못 면합니다.

노파가 아기를 강물에다 내던졌을 때 공안은 떨어져 나갑니다. 떨어져 나가고 공안을 보던 마음은 어디에도 의지할 것이 없는 천중天中이 됩니다. 천중, 즉 '하늘 한가운데' 의지할 만한 것은 어디에도 없음을 명심하십시오.

천중이고 태허太虛입니다.

마음을 태허로서 운용하십시오. 붙잡고 매달릴 만한 것은 어디에도 없습니다. 그러므로 천중입니다. 의지할 만한 것은 어디에도 없다는 사실을 명심하십시오.

3. 비원飛猿 — 선문염송 제919칙

익주益州 북원北院 통通 선사가 동산洞山에서 대중을 따라 참문하는데 뜻을 알 수 없었다. 마침내 동산을 하직하고 비원령飛猿嶺으로 들어가기 위해, 스승인 동산을 뵙고 하직인사를 드렸다. 동산이 말하였다.

"잘 가라. 비원령이 험준하니 조심해라."

이에 통 선사가 스승의 말씀을 곰곰이 음미하면서 침묵하는데, 동산이 다시 말했다.

"통 사리야!"

"예."

"왜 영嶺으로 들어가지 않는가?"

동산의 이 말씀 끝에 통 선사가 깨달았다.

【해설①】

'비원飛猿'은 제991칙 언계偃溪와 형제인 듯 닮았습니다.

언계 공안에서 현사玄沙의 압도적인 제자 지도능력을 목격했습니다. 비원 공안에서 동산洞山이 보여주는 혜안慧眼도 가히 보통 사람들

26

의 상상을 초월합니다.

그 두 초인超人들이 휘두르는 수법이 똑같은 이유는 어디에서 근거하는 것일까요? 대인大人들의 반열에 오르면 해결책을 내놓아야 할 경우에 처하여 정답을 제시하는 비율이 거의 100퍼센트에 달합니다.

【해설②】

동산회상洞山會上에서 통通 선사는 동산과는 인연이 없다고 생각했는지도 모릅니다.

그래서 그랬는지 통 선사는 동산을 하직하고 비원령으로 들어가 수행하기 위해 스승인 동산을 찾아뵙고 자기의 뜻을 밝힙니다.

그런데 언계 공안에서 스승과 제자는 만나자마자 몇 마디 질문과 답변을 주고받더니 제자는 금방 오도悟道합니다.

마찬가지로 비원 공안에서도 게임은 금방 끝납니다.

【해설③】

통 선사는 동산에게 비원령으로 들어갈 의향을 내비칩니다. 평소에 통 선사의 수행 경지를 파악하고 있던 동산은 대뜸 정확한 상황판단에 이릅니다. 찰나 간의 상황판단이었습니다. 동산도 천재였습니다.

통 선사는 비원령으로 들어가기를 원했지요. 비원령이든 무슨 영嶺이든, 어쨌든 '들어가기를' 원했던 것입니다.

통 선사는 '들어가기를' 원한다.

그것도 영嶺으로 들어가기를 원한다.

영에 올라선 자는 누군가가 뒤에서 슬쩍 등만 떠밀어도 영 안으로 고꾸라지듯이 처박힌다.

동산이 계책을 세우는 데는 찰나 간의 시간밖에 소요되지 않았습니다.

그런데 이 비원 공안이 언계 공안과 다른 점이 하나 있습니다. '비원' 공안에서는 동산이 통 선사의 비원령으로 내달리는 심리에 제동을 거는 장면이 나오기 때문입니다. 그것이 무엇인지 볼까요.

"잘 가라. 비원령이 험준하니 조심하라."

바로 이것이 통 선사의 비원령으로 내달리는 심리에 제동을 거는 장면입니다.

"잘 가라. 비원령이 험준하니 조심하라."

동산의 이 말씀에 통 선사는 스승의 의중을 짐작하지 못하고 침묵에 빠집니다. 통 선사의 심리에 제동이 걸리고 멍해지는 순간입니다.

눈 밝은 선사들은 제자를 계오契悟의 길로 인도할 때 반드시 제자의 다급한 심리에 일단 제동을 겁니다. 제동을 걸어 제자의 방심상태를 유도합니다. 방심상태에 들어간 인간심리는 깨달음의 상태에 몹시 접근해 있습니다.

아무튼 방심상태로 들어가면 이런저런 일로 내달리는 심리가 거의 온전히 복구됩니다. 그야말로 그 순간 심리는 '독 안의 쥐'가 되는 것입니다.

그런데 바로 앞에서 방심상태로 '들어간다'는 말을 하지 않았습니까? 이것이 이 '비원' 공안의 핵심입니다. 아, 물론 방심상태에 '빠진다'고 말해도 무방합니다.

동산의 머릿속에서 전광석화처럼 정리된 비책을 일목요연하게 정리해 보겠습니다.

① '들어가기를' 원한다.

② 그렇다면 '들어가라'고 말해주면 된다,

③ 게다가, 앞으로 내달리는 심리에 일단 제동을 걸었다가 갑자기 뒤에서 밀어붙이면 더욱 쉽게 '들어가게' 된다. 급제동을 걸겠다.

④ 급제동을 거는 바람에 심리는 순간적으로 움직임을 멈추고 방심상태로 '들어간다.' 방심상태에 '빠진다.' 그때 뒤에서 왈칵 밀어붙이겠다.

⑤ 급제동을 걸어서 얻는 수확물이 어디 방심상태뿐이랴. 관성의 법칙이 있다. 관성의 법칙에 따라 발은 묶여도 머리는 계속 앞으로 나가니 앞으로 폭삭 고꾸라지지. 중간 정산을 해볼까. 내달리는 심리에 급제동이 걸리면 설령 완전무결한 방심상태까지는 아니더라도 관성의 법칙에 의하여 앞으로 고꾸라져 처박힐 정도에 이른다는 계산이 나온다.

⑥ 그런데 그 높고 험준한 비원령에 올라서기를 꿈꾼다. 비록 몸은 아니지만 심리心理는 이미 높고 높은 영嶺에 올라서 있다. 기회는 이때로구나. 이 기회를 놓치면 천추에 한을 남긴다.

⑦ 이미 영嶺에 올라 위태로운 데다, 제동에 걸려든 까닭에 관성의 법칙의 지배를 받아 영 아래로 곤두박질칠 듯한 상태에 이른 심리다. 이때는 누군가가 뒤에서 손가락으로 살짝 밀어주기만 해도 심리는 영 아래로 굴러 떨어진다.

⑧ 어째서 영의 아래쪽이라고 부르는가? 높은 데서 낮은 곳으로 굴러 떨어지는 것이니, 이는 그만큼 쉽다는 뜻이기도 하다.

⑨비원령이니 어디니, 들어가겠다고 떠들어대는 이 사람에게 영으로 들어가라고 말해줌으로써, 비원령은커녕 도리어 전혀 엉뚱한 자기 자신의 세계로 들어가게 해줄 절호의 기회로구나.

⑩영의 아래란 곧 완전무결하게 회복되는 몽환夢幻의 마음의 세계다.

동산의 입에서 거룩한 가르침의 말씀이 흘러나왔습니다.

"어째서 영嶺으로 들어가지 않는가?"

동산의 이 말씀 끝에 통 선사의 심리 세계의 출구는 지워지고 적멸寂滅이 출현했습니다.

심리의 출구가 봉쇄되고 출구의 흔적조차 없어지면 생사生死는 소멸합니다. 생사가 소멸하니 이것이 이른바 적멸입니다. 적멸이란 세상만사가 몽환夢幻으로 바뀐다는 뜻입니다.

되풀이합니다.

'생사가 소멸한다'는 것은 생사가 없어진다는 의미가 아닙니다. 생사를 꿈(몽환)과 같은 것으로 알아본다는 뜻입니다.

4. 백수栢樹 – 선문염송 제421칙

조주趙州에게 어떤 승僧이 물었다.

"어떤 것이 조사께서 서쪽에서 오신 뜻입니까?"

조주가 말하되

"뜰 앞의 잣나무다."

하였다. 승이 말하기를

"화상께서는 경계로써 사람들에게 보이지 마십시오."

조주가 대꾸했다.

"나는 경계로써 사람들에게 보이지 않는다."

승이 다시 말하되

"어떤 것이 조사께서 서쪽에서 오신 뜻입니까?"

하니, 조주가

"뜰 앞의 잣나무다."

하였다.

〔법안法眼이 각철취에게 묻기를

"듣건대 조주에게는 '뜰 앞의 잣나무' 화두가 있다 하는데, 사실인가?"

하니, 각철취가 답하기를

"선사先師께서는 그런 말씀이 없었소."

하였다. 법안이 다시 묻기를

"천하 사람들이 다 아는 일을 가지고 왜 그러시는가?"

하니, 이에 각철취가 말하였다.

"선사先師를 비방치 마시오. 선사께서는 그런 말씀이 없었소.")

【해설】

선문염송 제421칙 백수栢樹는 소위 정전백수자(庭前栢樹子, 뜰 앞의 잣나무) 공안입니다. 그런데 여기에서는 조주의 '뜰 앞의 잣나무' 공안을 도외시합니다. 도외시하여 무심히 지나갑니다. 조주의 '정전백수자'를 슬쩍 비켜가서 엉뚱하게도 그의 상수上首 제자 각철취覺鐵嘴의 말씀에 초점을 맞춥니다.

이 공안 후반부에서 각철취는 뭐라고 했습니까? 그의 스승 조주는 '뜰 앞의 잣나무'라는 말씀을 한 적이 없었다는 것입니다. 빤한 사실을 가지고 시치미를 떼면서까지 왜 그러느냐고 법안문익이 다그치자, 각철취는 자기 스승을 비방치 말라면서 엄엄하게 말끝을 맺습니다.

각철취는 조주의 제자 가운데서 가장 뛰어났다는 인물입니다. 각철취도 악독한惡毒漢임에 분명합니다. 딱 잡아떼는 솜씨가 이만저만이 아닙니다.

법안문익法眼文益은 중국불교 5가7종五家七宗에서 법안종法眼宗의

창시자입니다. 그 대단했다는 법안문익이 슬슬 접근해서 집적거리자 각철취가 탁, 밀치기해서 끊어버리고 시치미를 뗀 것입니다. 아주 유들유들하게 노는 각철취의 수작에 법안문익은 헛기침을 하면서 차茶 한잔 더 내오라고 딴전을 부렸을지도 모릅니다.

"어째서 각철취는 뻔한 사실을 부정한 것일까?"
"각철취는 왜 뻔한 사실을 부정했을까?"
"조주는 '뜰 앞의 잣나무'라는 말을 한 적이 없었다니?"
"그런 말을 한 적이 없었다니?"
"그런 말을 한 적이 없었다니? 이 무슨 꿍꿍이 속인고?"
이런 방식의 공부는 안 됩니다. 이런 방식의 공부는 절대로 금물입니다.

선가禪家에서는 대체로 다음과 같이 가르칩니다. 누군가가 조주에게 '조사서래의祖師西來意?' 따위의 질문을 던집니다. 조주는 걸핏하면 뜰 앞의 잣나무라고 내뱉습니다. 각철취는 그 뻔한 사실을 부정합니다. 왜 그랬을까요?

각철취는 무슨 까닭인지 천하 사람들이 다 알고 있는 일을 쓱싹 문지르고 뒤집습니다. 그런 각철취의 뱃속을 알아내십시오. 이렇게 지도하는 것이 선문禪門의 현실입니다. 각철취의 새까만 뱃속을 알아맞추라는 주문입니다.

이치에 맞지 않는 말이 아닙니다. 각철취의 새까만 뱃속을 알아내라는 주문은 상당한 타당성이 있어 보입니다. 그도 그럴 것이 무자화두無字話頭나 정전백수자 등의 화두가 가진 문제점인, 화두의 찌꺼기가 거의 떨어져 나간 듯이 느껴지기 때문입니다.

그러나 '각철취의 흑요석黑曜石처럼 새까만 뱃속'이라는 문제가 남지 않습니까? 이런 방식이라면 분명히 화두를 잡고 의심에 골몰하는 꼴이 되는데, 화두든 무엇이든 도대체 무엇인가를 잡고 의정疑情에 사로잡히는 공부는 한계가 있다는 점입니다.

한계가 있다기보다 공부의 초점이 그쪽으로 쏠려서는 안 된다는 것입니다. 공안을 대하고 문제의식이 머리를 쳐들 때, 어디를 향하는 문제의식일까요? 머리를 쳐드는 문제의식이 지향하는 방향이 어느 쪽이냐는 질문입니다. 그것은 엉뚱하게도 공안 쪽이 아니라 자기 정신세계 쪽입니다.

주문이야 각철취의 새까만 뱃속을 알아내라는 주문입니다. 그러나 각철취의 의도를 알아낼 방도가 없는 것은, 알아낼 방도가 없어 답답한 것은 학인의 뱃속이요 학인의 마음이 아닙니까?

그러니까 여기에서는 각철취의 속마음을 알아내라는 지시가 떨어지면, 각철취의 마음을 알아낼 길이 없는 자기 자신의 정신세계에 관심이 집중되게끔 되어 있다는 논리입니다. 각철취의 속마음을 알아내려다가 엉뚱하게도 자기의 속마음을 알아내려는 시도를 하게 된다는 것입니다. 자기의 속마음이 곧 잠재식潛在識입니다.

각철취의 속마음을 알아낼 길이 없는 '새까만' 자기 자신의 정신세계에 집중하게 된다는 것입니다. 모든 공안의 이치가 동일합니다.

각철취의 속마음을 알아낼 길이 없는 자기 자신의 마음이 도리어 새까맣습니다. 각철취의 속마음을 짐작조차 못하니까 새까맣지요.

각철취의 마음을 짐작조차 못하는 자기 정신세계의 잠겨진 새까만 부분이 잠재식입니다.

화두한다고 하다가 자기의 잠재식에 집중하게 되는 꼴입니다. 잠재식은 드러나지 않으니까 새까맣다고 부른 것입니다.

반대로 공안에 전적으로 의존하는 경우를 생각해봅시다.

이런 방식으로 한참 공부하다 보면 다음과 같은 의구심이 머리를 쳐들 때가 많습니다. 아주 많습니다.

지금 치중하고 있고, 지금 골똘히 사무치고자 하는 이 설명하기 어려운 의심(의정)이 과연 이 공안―여기서는 선문염송 제421칙 백수柏樹인데―에서 유래하는 것인가? 과연 이 공안의 참구에서 일어나는 의심인가? 하는 의구심에 노출되어 끊임없이 시달린다는 것입니다. 끊임없이 시달립니다.

즉 의심과 화두의 연결선이 부단히 끊어져서 수도 없이 헷갈립니다. 수도 없이 헷갈려서 도무지 갈피를 잡지 못합니다.

공안에 전적으로 의존하며 일으키려는 의심의 성질이 일과성이라서 그렇습니다. 그래서 공부에 진보가 없고 그냥 그 지점에서 뱅글뱅글 헛바퀴 돌면서 갈팡질팡합니다.

이래서는 안 됩니다. 화두란 학인의 등을 뒤에서 확 떠밀다시피 해서 대공大空 속으로 처박아 넣는 역할을 해야 하는데, 그것이 그렇지 못하다면 미끄러지기만 하는 기름(참선)을 못 면합니다.

앞에서 의심(의정)과 화두의 연결선이라는 표현을 사용했습니다. 그도 그럴 것이 공안의 말씀이 선행하고 뒤이어 의심을 일으킵니다.

그래서 공안의 말씀과 자기가 일으키는 의심을 반드시 연결시키고 결부시키는 확인 작업을 그만두지 않게 된다는 것이지요. 소위 공안에 멱살잡이를 당해서 끌려 다니는 꼴입니다.

왜냐하면 각철취의 속셈을 알아내라는 요구를 받았기 때문이니, 자기의 공부는 각철취의 속셈과 불가분의 관계에 있다고 보기 때문입니다.

이런 공부 방식은 잠만 들면 끊어져 흔적도 없이 사라집니다. 흔적도 없이 사라지고 잠만 자기 마련입니다. 천하에 다시없는 소중한 물건도, 소중한 사상도 잠만 들면 끊어집니다. 그런 공부를 어찌 진짜 공부라고 하겠습니까?

결론 내립니다.

옛 고승들의 일화에 사로잡혀 끌려 다니다가는 볼일 보기도 전에 날 샙니다. 반복합니다. 학인의 등을 뒤에서 확 떠밀듯이 하여 대공大空 속으로 곤두박질치면서 떨어져 들어가게끔 만들어 주니까 공안입니다. 그것이 그렇지를 못하면 곤란합니다. 이치가 이러할진대, 공안의 내용 자체에 사로잡혀 허송세월하겠습니까?

중언부언重言復言입니다. 어째서 선문염송 제421칙 백수가 학인의 등을 확 떠밀어서 대공 속으로 처박고, 대공 속의 고아 같은 신세로 빠뜨립니까?

각철취가 이 공안의 후미後尾, 즉 뒤꼬리에서 무어라고 했습니까?

"선사를 비방하지 마시오. 선사께서는 그런 말씀이 없었소."

이 부분입니다. 선문염송 제564칙 생야生耶 공안에서도 공안의 배타성에 대한 언급이 나옵니다. 배타성이란 끌어당기는 힘이 아니고 밀어붙이는 힘입니다.

확 떠밀어 붙이는 바람에 학인의 심리가 대공 속으로 곤두박질치듯이 떨어져 들어갑니다. 그렇게 느끼는 이유가 바로 공안의 배타성에 있습니다. 이 제421칙 백수도 매우 배타적인 공안입니다.

그런 이유로

"······없었소."

가 중요한 대목이라는 것입니다. 각철취의 말씀 끝에 이 공안 전체도 떨어져 나간다고 느껴집니다. 학인의 심리를 밀어붙이는 것과 동시에, 그 바람에 공안 자체도 저절로 떨어져 나가는 것입니다.

대공大空 속으로 곤두박질치면서 떨어져 들어온 사람에게 다시 이 백수 공안을 되돌아볼 일 있습니까? 없습니다. 공안의 떠밀어붙이는 배타성으로 인하여 시현示現되는 대공입니다. 공안의 떠밀어붙이는 배타성으로 인하여 대번에 확 시현되거나, 아니면 서서히 시현되는 대공입니다.

대공이 대번에 확 시현되는 전자의 경우와 서서히 시현되는 후자의 차이는 사람마다 닦아온 수행과 복업福業의 차이를 의미합니다.

다시 복습입니다.

지금부터의 과제는 무엇입니까? 대공大空은 무엇을 의미합니까? 대공이란 잠재의식을 포함하는 정신세계 전체를 의미합니다. 잠재식이 드러나니까, 잠재식이 드러나기 시작하니까 시현되는 대공이라고 말하는 것입니다. 잠재식은 잠겨 있어 드러나지 않으므로 잠재식이라 불립니다.

잠재식을 뽑는 것이 지금부터의 과제입니다. 잠재식은 잠겨 있어 드러나지 않는 까닭에 '새까맣다'고 표현해 왔습니다. 공안의 배타성으로 인하여 우연찮게도 거머쥐게 된 '새까만' 잠재식입니다. 놓치면 안 됩니다.

아둔해지십시오, 멍한 상태를 유지하십시오, 속수무책의 상태를 유지하십시오, '마음을 써서 어찌해 보려는 시도를 해서는 안 됩니다', '마음을 사용하면 안 됩니다' 등등의 표현을 사용하여 물끄러미 지켜보라는 식의 주문을 해왔습니다.

둔근의식鈍根意識이 한계에 다다를 때가 되면 잠재식은 빠집니다. 둔근의식이란 잠재식의 각성覺醒 현상을 의미합니다. 둔근의식이 한계에 다다른다는 말은 잠재식의 각성 현상의 한계를 의미합니다.

이 부분에 대한 해설은 이 정도로는 부족합니다. 그러나 어쩌겠습니까? 나머지는 화두 공부를 해나가는 과정에서 본인 스스로 해결해야 합니다. 선각자에게 물어보는 일도 물론 필요합니다.

이와 같이 되었다면, 이제 바야흐로 그대는 그 어떤 것에도 매달리지 않고, 그 어떤 것에도 소속되지 않은 출격대장부出格大丈夫의 기본을 갖추게 된 것입니다. 이제 바야흐로 진정한 공부가 시작되는 것이니 다른 사람에게 함부로 질문하지 말고, 스스로 증명하고 스스로 확인해 가면서 진보해야 합니다. 왜냐하면 이런 이치를 아는 사람은 극소수이기 때문입니다.

5. 동서東西 – 선문염송 제1222칙

악주岳州 파릉巴陵에게 어떤 승僧이 물었다.
"어떤 것이 동쪽과 서쪽에서 비밀리에 전한 것입니까?"
파릉이 말했다.
"그것은 신심명에서 말한 것이 아니던가?"
"참동계에 있는 말입니다."
"요즘 내가 늙어서 망령이 났구나!"

【해설①】

"요즘 내가 늙어서 망령이 났구나!" 파릉의 이 말씀이 아무래도 야릇하지 않습니까? 어디 분석해볼까요.

"어떤 것이 동쪽과 서쪽에서 비밀리에 전한 것입니까?"

이것이 시작입니다.

"그것은 『신심명信心銘』에 나오는 말이 아니냐?"

이것이 격파 제1단입니다.

"『참동계參同契』에 나오는 말입니다."

이것은 격파 제2단입니다.

"요즘 내가 늙어서 망령이 났구나."

이것이 격파 제3단입니다. 게임은 끝났습니다.

3단 논법으로 쪼개버린 셈입니까?

그 중은 이에서 더 물어볼 염두나 흥미가 남아 있었을까요?

노회한 파릉의 수완에 넘어간 그 스님은 어안이 벙벙해졌을 것이고, 어쩌면 이치를 낚아챘을지도 모릅니다.

【해설②】

"요즘 내가 늙어서 망령이 났구나!" 하는 이 말이 "어떤 것이 동쪽과 서쪽에서 비밀리에 전한 것입니까?" 하는 질문을 귀신처럼 지워버립니다.

그 스님의 질문을 파릉의 귀신 같은 수완으로 지워버리고 나니 이것이 무엇입니까? '동쪽과 서쪽에서 비밀리에 전한 뜻'이 그동안 어디에 숨어 있었던 것도 아니었다는 사실이 드러납니다. 숨어 있었기는커녕 노골적으로 눈앞에 드러나 있었던 것이지요.

"어떤 것이 동쪽과 서쪽에서 비밀리에 전한 것입니까?" 하는 질문이 "요즘 내가 늙어서 망령이 났구나!" 하는 말에 의하여 지워집니다. 그러면 '있는 그대로의 현실'이 '동쪽과 서쪽에서 비밀리에 전해 온 것'이었음을 묵묵히 깨닫는다는 이치입니다.

이것이야말로 이 공안의 뒷면에서 읽어내야만 하는 진정한 뜻입니다.

질문했던 사람의 수행이 무르익었다면 아마도 도道를 구하여 헤매던 그 치구심이 문득 뚝 끊어져 나갔을지도 모릅니다.

치구심이 떨어져 나가면 오도悟道의 길에 들어선 것입니다.

6. 허공虛空 – 선문염송 제291칙

서산西山 양 좌주亮座主가 42종의 경론을 강설하고 마조馬祖를 뵈러 갔더니, 마조가 물었다.

"듣건대, 대덕이 많은 경론을 강의했다는데 사실인가?"

좌주가 대답했다.

"변변치 못합니다."

마조가 묻되

"무엇으로 강의를 하는가?"

좌주가 대답하기를

"마음으로 강론합니다."

마조가 말했다.

"마음은 공교한 배우 같고, 뜻은 장단 치는 자 같거늘, 그가 어떻게 경론을 강講하는가?"

좌주가 말하되

"마음이 강의하지 못하면 허공이 강의를 합니까?"

마조가 대꾸했다.

"허공이 강의한다."

이에 좌주가 소매를 뿌리치고 나가거늘, 마조가 좌주를 불렀다. 좌주가 고개를 돌리니, 마조가 말하기를

"무엇인고?"

하였다. 이에 좌주가 크게 깨닫고 온 몸에 땀을 흘렸다. 양 좌주는 절로 돌아와서 대중에게 선언했다.

"나의 평생 공부에 아무도 나를 따를 이 없으리라 여겼는데, 오늘 마조의 한마디 질문을 받고 평생 공부가 얼음 풀리듯 하였다."

하고, 이어 강의를 그만두고는 곧장 서산으로 들어가 영원히 소식이 끊겼다.

【해설】

여기에서 문제 삼고자 하는 바는 원문의 끝부분, 즉 '서산西山으로 들어가 영원히 소식이 끊겼다'는 부분입니다.

그러니까 "무엇인고?", 즉 '시삼마?'를 문제 삼지 않으며, "허공이 강강講한다"도 문제 삼지 않습니다.

참고로 '무엇인고?'는 '그 무엇인고?' 혹은 '이 무엇인고?' 혹은 '이 뭣고?' 혹은 '그 뭣고?'와 동일한 문구입니다.

"허공이 강강講한다"의 허공은 대원경지大圓鏡智를 의미합니다. 약설略說했습니다.

서산 양 좌주는 강의를 그만두고 서산으로 들어가 영원히 소식이

끊겼다.

서산으로 들어가 영원히 소식이 끊겼다.

영원히 소식이 끊겼다.

공안이 소멸되었습니다.

공안의 소멸입니다.

해설은 사실상 여기에서 종료되었습니다.

'영원히 소식이 끊겼다'의 '……다'에서 이 공안은 사라진 셈입니다.

'……다'에서 공안은 흔적 없이 소멸하고, 봄·여름·가을·겨울에 이어 또 봄·여름·가을·겨울이 번갈아 찾아듭니다. 춘하추동春夏秋冬이 바뀌기를 몇 번이나 하였던고.

아기가 태어나 아이가 되고, 아이가 자라 어른이 되고, 어른이 늙어 노인이 되고, 노인이 타계하기를 그 얼마나 하였던고.

누가 있어 이 세상 살아가는 이치를 바꿀 것이며, 누가 있어 이 세상 돌아가는 이치를 바꿀 것인가.

크나큰 이치에 순응順應하십시오. 지순至順하십시오.

세상 저절로 돌아가는 이치에 지순하다 보면 저절로 지인至人이 됩니다. 지인이란 지극至極하고 지극한 사람을 두고 일컫는 말입니다.

양 좌주는 마조와의 인연을 만나 지인을 이루고 지리至理에 순응하여 꿈결인 듯 서산으로 들어가고 맙니다. 지리에 순응하다 보면 말을 잊게 되고, 말을 잊게 되면 지리에 들어갑니다. 지리라 합시다. 지리는 잠재식을 벗어난 이치입니다.

방 거사는 이런 부류의 사람을 '일 끝낸 범부凡夫'라 일렀습니다.

양 좌주는 서산으로 들어가 영원히 소식이 끊어졌습니다.

왜 원문의 끝 구절에 의미를 둘까요?

이 말씀을 끝으로 이 공안은 흔적 없이 소멸했다고 보기 때문입니다. 양 좌주는 한마디 말씀도 남기지 않았습니다. 선문염송의 수많은 일화에서처럼 구체적인 말씀이나 기발한 행위 같은 것은 없습니다.

공안의 이야기는 기막히게 종료되었습니다. 아주 감명적입니다. 이토록 이야기가 어떤 문제점도, 어떤 흔적도 남기지 않고 감쪽같이 종료되는 경우는 이것뿐입니다. 가히 선문염송의 백미라 일컬어 부족함이 없습니다.

선문염송에 나타나는 수많은 선사들의 그 어떤 말씀이나 그 어떤 행위보다 감명적입니다. 그것도 동산東山이 아니고 기막히게 서산西山입니다. 그는 서산으로 들어가 소식을 끊음으로써 선문염송을 종결짓고 몰沒했다 해도 과언이 아닙니다.

그는 선문염송을 종결짓고 몰했습니다. 몰함으로써 후세를 고스란히 후세 사람들의 몫으로 남겨 놓았습니다. 양 좌주는 우리의 몫을 있는 그대로 고스란히 우리에게 돌렸으므로 우리는 저절로 대의단大疑團, 즉 의심 덩어리를 이루었습니다.

껄껄껄. 어째서 모두들 적잖게 놀랍니까? 어째서 모두들 잔뜩 의구심을 품은 시선으로 바라봅니까? 양 좌주가 후세에 손가락 하나 대지 않고 우리들 몫으로 돌려준 덕분에, 우리는 저절로 대의단을 이루었다고 선언하니 모두들 꽤나 놀라는군요. 안 믿기는 모양입니다.

독자들도 앞으로 한 이삼십 년 수행하면 이해될는지 모릅니다. 말이 나왔으니 말인데, 이삼십 년 닦아서 이해된다면 아주 빠른 편에 속합니다. 그건 그렇다 치고, 아무튼 양 좌주가 서산으로 들어가 몰하는 바람에 우리들은 저절로 대의단을 이루었다는 것은 불변의 사실입니다.

또 한 가지 주의해야 할 점은, 우리가 대의단을 지어 가는 것은 아니라고 누누이 강조해 왔습니다. 마음 따로 있고, 대의단 따로 있는 것이 아니라고 누누이 강조해 왔습니다.

그렇게 되면 공부가 두 동강이 납니다. 존재 전체가 대의단이요, 의심 덩어리라고 했습니다. 물론 선문염송의 저자는 이런 목적을 염두에 두고 제291칙 허공을 쓰지는 않았을 것입니다.

그런데 후세의 사람이 선문염송 제291칙을 만나면서 지극至極해지기만 하는 심정을 금할 길 없습니다. 되새기고 되새길수록 심금心琴을 울립니다.

양 좌주는 마조도일을 만나 '무엇인고?'라는 한마디를 듣고 심령적인 일대 격변을 겪은 끝에 서산으로 들어갑니다. 들어가지만 그 사실을 원문과 같은 일화로 재구성하다 보니 종결에 이르면서 뜻밖에도 세인들의 심금을 울리는 압권이 됩니다.

지도至道에 지순至順하니 지인至人입니다. 양 좌주는 마조의 말씀 한마디가 떨어지는 찰나에 지도를 획득하고 지인을 이룹니다. 지리 혹은 지도는 잠재식을 벗어난 이치를 뜻합니다.

지인至人을 이룬 양 좌주는 '크나큰 이치'에 지순至順하는 사람입니다. 그는 좌주로서의 생활을 정리한 다음, 서산으로 들어가면서 그럴싸한 말 한마디 남기지 않는 지극하고도 지극한 태도를 남겼습니다.

여기의 제목은 허공虛空이지만 이는 적절치 못합니다. 제목은 '영원히 소식이 끊겼다'가 옳습니다.

양 좌주는 자기의 주변을 정리하고 서산으로 들어감으로써, 서산으로 들어가 소식을 뚝 끊음으로써 후세의 사람들에게 하나의 지극한 공안을 남겨준 셈이 됩니다.

만에 하나, 양 좌주가 그 밖의 군더더기 말이나 군더더기 행위를 남기고 서산으로 들어갔다면 이야기가 달라집니다. 그렇게 되었다면 이야기의 긴장도가 턱없이 떨어지면서 사람들의 심중에 박히는 촌철살인寸鐵殺人의 촌철이 되지는 못합니다.

물론 원문에 국한되는 일이기는 하지만, 그는 숨소리 하나 남기지 않고 서산으로 들어갔습니다. 숨소리 하나 남기지 않고 서산으로 들어가 소식이 끊어짐으로써 완전무결한 공안을 성립시킨 셈입니다. 아주 감명적입니다.

그러니 후세는 전적으로 후세를 살아가는 우리들 자신에게 맡겨지지 않았습니까? 양 좌주는 서산으로 들어가고 이야기는 종결되었습니다. 종결되어 사라졌으니 후세는 전적으로 우리들 몫으로 남겨졌습니다. 후세는 전적으로 우리들 몫으로 돌아왔습니다. 그런 까닭에 우리는 저절로 대의단이 되었습니다.

후세란 우리가 살아가는 지금의 이 세상입니다. 공안에 의하면 양 좌주는 지금 우리가 살아가는 이 세상을 몽땅 우리의 몫으로 남겨주고 소리 소문 없이 사라집니다. 따라서 우리들은 제아무리 싫고(?) 제아무리 못마땅하다(?) 해도 도리 없이 대의단으로 성립되고 맙니다.

단지 우리들 존재 전체가 대의단이지, 대의단을 따로 지어가는 것

은 아닙니다. 심령心靈 덩어리 그대로 대의단이지, 심령 밖에 따로 대
의단을 지어가는 것은 아니라고 노파심절하게 강조합니다.

공안에 의하면 이런 결론이 도출됩니다. 이것이 이 공안의 골수骨
髓입니다.

그런데 이 세상이 어디로 갑니까?

세월이 약이란 말이 있습니다. 어떤 슬픔도, 어떤 기쁨도, 어떤 영
광도, 어떤 사상도 세월이 흐름에 따라 흐지부지되고 유야무야되다
가 끝내는 그런 것이 있었던가가 되고 맙니다.

그야말로 무심한 세월이요, 무심한 세상입니다. 한 개인의 인생, 인
류 전체의 역사 따위에는 아랑곳 않는 실로 무심함 세월입니다. 혹시
세월의 흐름에 묻히지 않는 것이라도 있습니까? 세월이 어디 눈 한
번 깜박이기나 하던가요? 그 어떤 것도 세월은 눈 한 번 껌벅이지 않
고 묻어버립니다. 실로 무심한 이 세상 이치입니다.

여기에서 여러분은 깨달아야 합니다. 그렇다면 무엇 하러 굳이 마
음을 쓰겠습니까?

마음을 잘 다스려 쓰지 않게 되면 마음이란 갈 데가 없다는 것을
알게 됩니다. 마음이란 갈 곳이 없습니다. 본래부터 그랬습니다.

결론짓습니다. 선문염송 제291칙 허공에서 양 좌주는 서산으로 들
어가 영원히 소식이 끊어졌고, 따라서 공안은 깨끗하게 소멸했습니다.

공안은 소멸하고 마음만 있는 그대로 고스란히 남았습니다. 갈 데
없는 마음은 추호의 훼손도 없이 그대로 남았습니다. 공안을 보기 이

전과 똑같습니다.

공안의 역할은 이것뿐입니다.

지금 있는 이대로의 마음이 전부입니다. 그밖에 무언가 있을 듯합니까? 전혀 그렇지 않습니다.

이렇게 해서 사람은 자유인이 되어갑니다.

이런 방식이야말로 진정한 공부입니다.

선문염송 제291칙을 보기 이전과 본 이후가 똑같습니다. 달라진 것이라고는 하나도 없습니다. 바로 이 사실을 알기 위해 공안을 보는 것이라면 이해됩니까? 그러나 공안을 연구하지 않으면 공안을 보기 이전과 본 이후가 똑같다는 사실을 어찌 알겠습니까.

그러나 번복합니다. 공안을 보기 이전과 공안을 본 이후가 하늘과 땅 차이만큼 다르다고 말을 바꿉니다. 공안을 보기 이전과 이후가 똑같아서 전혀 차이가 없지만, 또한 하늘과 땅만큼 차이가 납니다. 공안을 보든 말든 잠재식은 있으니까 똑같은 것이요, 공안의 이치를 꿰면 잠재식까지 사용하게 되니까 전혀 다른 것입니다.

공안을 보기 이전과 이후는 전혀 다릅니다. 공안의 이치에 정통하면 마음뿌리가 빠지는데, 왜 공안을 보기 이전과 이후가 같다고 하겠습니까.

공안의 이치를 모르면 의식意識밖에 쓰지 못합니다. 공안의 이치를 모르면 잠재식은 쓰지 못합니다.

그러나 공안의 이치를 꿰면 잠재식까지 쓰게 됩니다. 잠재식의 세계는 의식의 세계를 단숨에 뛰어넘고 상상을 초월하는 무한대의 세계입니다. 공안의 이치를 알기 이전과 이후의 차이는 천지天地 차이보다 더 벌어집니다.

기묘하게도 서산西山입니다. 들어가서 몰沒하기에는 딱 알맞은 방향입니다. 물론 우연이었을 겁니다. 좌우간, 그래서 그랬을까요? 서산 양 좌주는 서산으로 들어가 몰한 뒤로는 영영 소식이 끊어졌습니다.

그러니까 후세의 우리들은 철벽같은 고독을 누립니다. 양 좌주는 서산으로 들어간 후로 연락이 완전무결하게 두절됩니다. 우리들에게 돌아온 것은 양 좌주와의 완전무결한 연락두절뿐입니다.

양 좌주와의 연락두절이 의미하는 바는 무엇입니까? 철벽같은 고독입니다. 뼈에 사무치는 고독입니다. 이 사실에 눈 뜨십시오. 별스럽지도 않은 공안 하나 가지고 되게 그런다 싶습니까? 아닙니다. 아주 별스런 공안입니다.

서산의 양 좌주는 면도날로 자르듯이 우리들과의 관계를 잘라버렸습니다. 면도날로 자르듯이 잘라버렸다는 표현은 숨소리 하나 남기지 않고 귀신처럼 감쪽같이 잘라버렸다는 뜻입니다. 솜씨가 얼마나 귀신같았는가는 허공 공안을 보면서도 이것을 눈치 챈 사람이 하나도 없었다는 사실이 그 증거가 됩니다.

양 좌주의 가물가물 멀어져가는 몰沒 이후로, 나날이 심각성을 더해가는 절대 고독의 각성 현상, 이것이 대의단입니다.

공안에서 떨어져 나와 이렇게 자기 자신에 사로잡히게 되면 나날이 그 정도가 심각해집니다. 심각해진다 함은 자기 자신에 사무치고 또 사무친다는 뜻입니다.

자기 자신에 사무친다 함은 자기 존재 전체가 소위 대의단, 즉 의심 덩어리를 이루면서 형형炯炯해지기 시작했음을 의미합니다. 대의단을 이루면서 형형해진다 함은 드디어 잠재의식까지 사용하는 단계에 접어들었음을 뜻합니다.

공안은 소멸하고 마음만 고스란히 남는데, 고스란히 남는 마음인 까닭에 마음이란 올 데도 없고 갈 데도 없습니다. 올 데도 갈 데도 없는 마음인 까닭에 마음의 움직임(동요)은 멎습니다.

마음의 움직임이 멎으니 마침내 잠재의식이 잡혀 들어옵니다. 마음의 움직임이 멎으면서 잠재식이 서서히 정체를 드러냅니다. 이 정도 수준의 공부가 되면 공부는 저절로 된다는 사실도 깨닫습니다. 이른바 애쓰지 않아도 저절로 되기 시작하는 공부입니다.

7. 고곡古曲 – 선문염송 제1254칙

풍혈風穴에게 어떤 승僧이 물었다.

"옛 곡조에 음향이 없으니 어떻게 화답하시겠습니까?"

풍혈이 답하였다.

"나무 닭은 한밤중에 울고, 짚으로 만든 개는 새벽하늘을 짖는다."

그 유명했다는 '풍혈연소風穴延沼' 화상의 입에서 불거져 나온 말씀이니, 이 세상의 어느 누가 감히 시비是非를 걸어 따지겠습니까. 모름지기 이 공안의 해결을 위하여 전력을 다하십시오.

【해설】

선문염송 제995칙 신광神光에 현사玄沙의 이런 말씀이 나옵니다.

"사기성事己成 의기휴意己休. 일은 이미 이루어졌고, 뜻은 이미 쉬었다."

공안은 무너뜨리려고 해서는 안 됩니다. 무너뜨리기는커녕 도리어 공안은 성립시켜야 하는 것입니다.

예컨대 사람들은 '나무 닭'이나 '짚으로 만들어진 개'를 무너뜨리고 무시하려고 무진 애를 씁니다. 그것이야말로 공안 해결의 길이라고 철석같이 믿습니다.

화두타파話頭打破라는 용어가 선문에 있지 않습니까? '화두타파'는 화두, 즉 공안을 쳐서 깨뜨린다는, 깨뜨리겠다는 의도가 아닙니까? 누구나 그럴 듯하다고 느낄 것입니다.

그러나 이런 발상이 수많은 학인學人들을 이끌어 화두 미해결의 길로 들어서게 하고 있음을 알고 있는 사람은 없습니다.

'화두타파', 이 말이 근본적으로 공안에 대한 이해 부족에서 빚어진 엄청난 오해의 소산임을 인식하고 있는 사람은 아마 거의 없을 것입니다.

분명히 선언합니다. 화두(공안)는 성립시켜야 합니다. 화두는 성립시킬 때에야 비로소 완전하게 해결됩니다. 완전히 해결되어 떨어져 나가게 됩니다.

세상 사람들은 내 말을 우습게 생각할는지도 모릅니다. 하지만 나는 그런 사람들을 가엾게 생각합니다. 왜냐고요?

화두를 그야말로 타파打破, 즉 쳐서 깨뜨리겠다는, 무너뜨리고야 말겠다는 꿈은 그런 의욕에 사로잡혀 있는 동안에는 실현되지 않을 것이기 때문입니다. 그냥 실현되지 않는 정도가 아니라 윤회를 거듭하면서 부단히 시도한다 해도 절대로 실현되는 법은 없습니다.

한 가지 예를 들어볼까요. 나무의 그림자가 지워지는 법이 있습니까? 그림자는 실체가 없기 때문에 지워지지 않는 것입니다. 공안도 마찬가지입니다. 실체도 내용도 없는, 말도 안 되는 공안이 그야말로 사람을 잡아 묶는 데에는 두 손 들고 마는 것입니다.

어찌 공안뿐이겠습니까. 불교에서는 세상만사가 실체 없는 한낱 꿈이라고 하지 않습니까? 그럼에도 누구나 각박한 현실에 묶여 꼼짝 못하고 각박한 현실로서 살아가는 것입니다.

몽환夢幻의 현실임에도 몽환으로 살아가지 못하고 현실로서 살아 간다는 것입니다. 여하튼 환화幻化의 현실인 까닭에 현실은 절대로 지워지는 법이 없고 끊임없는 윤회로 이어지는 것입니다.

그와 같이 한낱 환화에 불과한 공안도, 한낱 환화인 까닭에 무너지는 일은 절대로 없습니다. 만일 공안에 실체나 실체 같은 것이라도 있다면 이미 까마득한 옛날에 무너지고 흔적조차 남지 않았을 것입니다.

'짚으로 만들어진 개'가 무슨 용빼는 재주로 새벽하늘을 짖습니까? 그러나 우리는 '짚으로 만들어진 개가 새벽하늘을 짖는다'는 말에 속수무책이 되고 전혀 꼼짝 못합니다.

'나무로 만들어진 닭'이 무슨 용빼는 재주로 한밤중에 웁니까? 하지만 우리는 '나무 닭이 한밤중에 운다'는 말도 안 되는 말에 걸려들어 헤어나지 못하고 떠도는 처량한 신세가 되고 맙니다.

이제 공안은 무너지지 않는다는 이치를 인정합니까? 인정하게 되었습니까?

혹시나 해서 다잡습니다. 혹자는 나의 이런 이야기를 '역발상'에서 시작된 논리전개가 아니냐고 따질는지도 모른다는 우려입니다. 이건 말도 안 되는 소립니다. 말도 안 되고 말고요. 도대체 공안이 발상의 전환 따위로 해결될 것 같습니까? 공안 해결은 인격적인 차원에서의 일대 격변이 일어난 이후에나 가능한 일입니다.

공안은 기술적인 차원에서 해결되는 법은 없습니다. 쓰레기 같은 발상의 전환 따위로 공안 해결을 시도하다니요? 어림없습니다. 어림없는 수작입니다. 내 말이 믿어지지 않으면 그런 식으로 공부해 보십시오. 뼈가 녹도록 노력해 본 이후에나 헛수고했음을 깨닫게 됩니다.

본론으로 되돌아갑시다.

공안은 무너뜨리려 해서는 안 됩니다. 무너뜨리기는커녕 도리어 공안은 온전하게 성립시켜야 합니다. 왜입니까? 지금껏 설해오지 않았습니까? 실체 없는 공안은 실체가 없는 까닭에 무너지는 법이 없다고 말입니다.

자, 그러면 공안을 어떻게 성립시킨다는 말입니까? 뿐더러 공안의 온전한 성립과 공안 해결과의 필연적인 관련성을 밝히라는 요구이겠지요.

처음 이야기를 회상해봅시다. 선문염송 제995칙 신광神光에서 현사가 말하기를

"사기성事己成 의기휴意己休. 일은 이미 이루어졌고, 뜻은 이미 쉬었다."

라고 했다고 합니다.

물론 이런 내용의 말을 불교 역사상 현사가 최초로 했다는 의미는 아닙니다. 내가 인용하는 현사의 이 말은 불교의 교리를 단적으로 드러내 보인 한 가지 보기에 지나지 않습니다.

그럼에도 내가 자주 현사의 이 말을 들먹이는 이유는 현사의 말이 원론적이라는 데 있습니다. 수학으로 치면 방정식의 공식과도 같다는 뜻입니다.

"일은 이미 이루어졌고, 뜻은 이미 쉬었다."

얼핏 보기에 이 두 개 문장의 시제가 과거시제로 여겨집니까? 정신 차리십시오. 시간은 시간관념일 뿐입니다. 시간은 없다는 뜻입니다. 아, 물론 공간도 공간관념인 것은 마찬가지입니다. 어찌 시간과 공간 뿐이겠습니까.

세상만사가 관념인 것은 마찬가지입니다. 만법유식萬法唯識이요, 만법유심萬法唯心인 것입니다.

"일은 이미 이루어졌고, 뜻은 이미 쉬었다."

이 두 개 문장의 시제가 과거시제가 아니라는 사실을 알아차렸을 것입니다. 마찬가지 이치를 따르자면 현제시제도 아니요, 미래시제도 아닌 것입니다. 시간은 본래부터 없는 것이요, 시제가 없는 것도 본래부터였습니다.

"일은 이미 이루어졌고, 뜻은 이미 쉬었다."

무슨 의미일까요? 내가 왜 자꾸만 해설을 뒤로 뒤로 미루는 걸까요? 그것은 독자 여러분들이 내 말을 믿지 않을까 하는 우려 때문입니다. 왜입니까? 공안은 타파할 성질의 것이 아니요, 오히려 성립시켜야 할 성질의 것이라는 논지를 내세웠을 때부터 의구심을 품을 독자들이 있을 수 있다는 전제하에 출발했기 때문입니다.

"일은 이미 이루어졌고, 뜻은 이미 쉬었다."

여기에서 또 하나 매듭을 짓고 넘어가야 할 것이 있습니다. 첫 번째 문장의 '일'과 두 번째 문장의 '뜻'을 성질이 다른 이질적인 것으로 보면 안 된다는 사실입니다. 체體와 용用, 혹은 이理와 기氣를 같은 것으로 이해하면 됩니다.

예컨대 '체'와 '용'은 동일한 것인데도 불구하고 버젓이 두 가지 이름으로 불립니다. 마찬가지로 '일'과 '뜻'도 동일한 것입니다. 동일한 것으로서 절대로 서로 다른 것이 아닙니다. 만일 서로 다른 것으로 이해한다면 이원론二元論에 떨어지면서, 그것은 불교가 아니고 전혀 엉뚱한 것이 되고 맙니다.

"일은 이미 이루어졌고, 뜻은 이미 쉬었다."

이것이 벌써 몇 번째입니까? 껄껄껄.

'일은 이미 이루어졌고, 뜻은 이미 쉬었다'는 이 말의 의미는 '다 이루었다'가 됩니다.

"다 이루었다."

사기성事己成 의기휴意己休.

이 말의 의미는 "다 이루었다"가 됩니다. 과거시제가 아니라는 것도 역시 동일합니다.

"다 이루었다."

더불어, 듣기에 좀 섭섭하겠지만, 보통사람들이 이 말의 깊고 깊은 의미를 이해한다는 것은 거의 불가능합니다. 갑자기 왜들 시끄러워집니까? 그렇지는 않다는 반론입니까? 조용하십시오. 재차 천명합니다.

"다 이루었다."

듣기에 좀 서운하겠지만, 보통 사람들이 이 말의 심오한 의미에 도달하기는 거의 불가능합니다. 이번에는 모두들 숙연해지시는군요. 내 말을 인정한다는 뜻이겠지요.

자, 이러고 보니 또 한 가지 대단한 문제점이 머리를 쳐들고 등장하는군요. 이건 보통 문제가 아닙니다.

"다 이루었다."

도대체 '누가' 다 이루었다는 말입니까?

명심하십시오. 그 '누가' 없는 까닭에 다 이루어지는 것임을 명심하십시오. 주재자主宰者 혹은 창조주創造主가 없어 본래부터 저절로 이루어지는 까닭에 '다 이루어짐'이 가능해진다는 사실을 명심하십시오.

불교에는 주재자 같은 괴물은 없습니다. 그래서 불교를 뛰어넘는 종교는 나올 수가 없다고 말하는 것입니다.

결론으로 들어갑니다.

"나무 닭은 한밤중에 울고, 짚으로 만들어진 개는 새벽하늘을 짖는다."

풍혈의 이 말씀을 두고 아까는 어떤 비평을 내렸습니까?

"나무 닭이 무슨 용빼는 재주로 한밤중에 웁니까?"

"짚으로 만든 개가 무슨 용빼는 재주로 새벽하늘을 짖습니까?"

이렇게 비평했습니다.

하지만 이제는 말을 완전히 바꾸어야 할 때가 되었습니다.

한 걸음 뒤로 물러서십시오.

"이미 다 이루었거늘."

"그리하여 나무 닭으로 이루었고, 짚으로 만들어진 개로서 이루었거늘."

무슨 까닭에? 이제 와서 새삼스럽게? 나무 닭에 덤벼들고, 짚으로 만들어진 개에게 덤벼듭니까?

무슨 까닭에? 한밤중에 우는 나무 닭에 덤벼들고, 새벽하늘을 짖는 개에게 덤벼듭니까?

한 걸음 뒤로 물러서십시오. 아니, 한 걸음이 아니고 좀 더, 좀 더 물러나십시오. 그 정도 물러나서는 안 됩니다. 그러니까 기껏해야 '나무 닭'이나 '짚으로 만든 개'에게나 덤벼들게 되지 않습니까.

"이미 다 이루었거늘. 그리하여 능히 나무 닭으로 이루었거늘. 나무 닭이라면 능히 나무 닭으로 이루거늘, 나무 닭으로 이루어 능히 한밤중에 울거늘."

어째서 한 걸음 뒤로 물러서지 않고, 흡사 사나운 닭처럼 '나무로 만든 닭'에게 덤벼듭니까? 덤벼들어 '나무 닭'을 기필코 어찌해 보겠다고 벼르고 또 벼릅니까?

한 걸음 더 뒤로 물러서십시오.

"이미 다 이루었거늘. 능히 짚으로 만든 개로서 이루었거늘. 짚으로 만들어진 개라면 능히 짚으로 만들어진 개로서 이루거늘, 짚으로 만들어진 개로서 이루어 능히 새벽하늘을 짖거늘."

어째서 한 걸음 뒤로 물러서지 않고, 흡사 사나운 개처럼 '짚으로 만든 개'에게 덤벼듭니까? 덤벼들어 '짚으로 만든 개'를 어찌해 보겠다고 벼르고 또 벼릅니까?

나무 닭을 어찌해 보겠다고 덤벼드는 꼴이, 축생인 '닭'과 일맥상

통하는 면이 있다고 생각되지 않습니까? 짚으로 만든 개를 어찌해 보겠다고 덤벼드는 꼴이, 축생인 '개'와 일맥상통하는 점이 있다고 생각되지 않습니까?

그래서 하는 말입니다.

공안은 타파의 대상이 아니고, 성립시켜야 하는 대상이라고 밝혀 왔습니다.

'지극한 이치', 즉 지리至理에서 바라보면 무너뜨릴 것은 하나도 없습니다. 뿐만 아니라 무너지지도 않습니다. 지극한 이치에서 바라보면 무너뜨릴 것도 없고, 무너뜨린다고 무너지는 것도 없습니다.

그런데 어째서 '나무 닭'과 '짚으로 만든 개'를 간섭합니까?

물러서도 조금 물러서는 정도로는 안 됩니다. 완전히 놓아버려야 되는 것입니다. 완전히 놓아버리는 까닭에 '다 이루는 것'입니다. 완전히 놓아버리는 까닭에 다 이루는 것이요, 나무 닭으로 이루어 한밤중에 울고, 짚으로 만든 개로서 이루어 새벽하늘을 짖는 것입니다.

이렇게 되어야 비로소 수수께끼 같은 공안에서 풀려납니다.

"나무 닭은 한밤중에 울고, 짚으로 만든 개는 새벽하늘을 짖는다."

이 공안이 무너지지 않는다는 지극한 이치가 이해됩니까?

이 공안을 간섭할 이유가 전혀 없다는 지극한 이치가 이해됩니까?

이 공안을 간섭해서는 안 된다는 지극한 이치가 이해됩니까?

공안이 기술로서 해결되는 법은 없고, 오로지 심령적인 차원에서의 일대 진화가 수반되면서 공안 해결의 문이 열린다는 이치가 이해됩니까?

8. 사분砂盆 - 선문염송 제1454칙

비전 암주肥田庵主가 암자에 산 지 30년 동안 오직 사기접시 하나만을 사용했는데, 어느 날 어떤 승僧이 깨뜨렸다.
비전 암주가 매일 사기접시를 찾거늘, 그 승이 사방으로 구하여 그런 것을 사서 변상했다. 하지만 비전암주는 받는 대로 모두 내던지면서 말했다.
"이것을 바란 것이 아니다. 나의 본래의 것을 달라!"

【해설】

화두란 해결이 불가능한 문제를 제시하고 문門을 닫습니다. 문을 닫고 즉시 퇴장합니다. 화두는 이야기가 끝나면 떨어져 나갑니다.

　이야기 자체가 남아서 끈질기게 괴롭힐 이유가 없습니다. 만일 이야기 자체가 뚜렷하게 남아서 괴롭힌다면, 그것은 공부가 엉뚱한 방향으로 흐르고 있는 것입니다.

　사분砂盆 공안은 의미심장합니다. 공안으로서의 개성이 특이하고 뛰어나서 압권입니다.

비전 암주는 무슨 까닭에

"이것이 아니다. 본래 쓰던 것을 달라" 했을까?

비전암주는 왜

"이것이 아니다. 그전에 쓰던 것을 달라"고 했을까?

이런 방식으로 공부를 지어가면 안 됩니다. 화두 공부는 그런 것이 아님을 명심해야 합니다. 그런 방식으로 시작되어야 한다면, 그런 화두는 그만두고 다른 화두를 찾아야 합니다.

비전 암주는 무어라고 했습니까? 그 스님이 시중市中에서 비슷한 사기접시를 사다 줄 때마다 내던지면서, "이것은 내가 그전에 사용하던 사기그릇이 아니다. 내가 그전에 사용하던 사기그릇을 내놓으라." 하지 않았습니까.

자, 그러니 어찌 해야 합니까? 해결 방법이 있습니까? 도대체 무얼 어떻게 할 것입니까? 바로 이것입니다. 화두 공부의 골수骨髓란 바로 이것입니다. 이러지도 못하고 저러지도 못합니다. 꼼짝 못하잖습니까? 진퇴양난입니다. 꼼짝 못합니다. 속수무책입니다.

이런 상태에 빠지기 위하여 공안을 봅니다. 명심하십시오. 이런 상태로 빠져들기 위하여 공안을 봅니다. 이런 상태로 빠져들면 드디어 잠재의식이 잡히기 시작합니다. 어째서 잠재식이 잡히는 걸까요?

사분砂盆과 같은 공안을 보면 꼼짝 못합니다. 속수무책이 됩니다. 진퇴양난이 됩니다. 아득해집니다. 그런데 이런 '꼼짝 못함'이나 '속수무책'이나 '진퇴양난'이나 '아득함'은 바로 잠재식 그 자체입니다. 그러니까 사분과 같은 공안을 보면 즉각 잠재식에 사로잡히고, 잠재식의 각성 현상이 시작된다는 의미가 됩니다. 그 결과 잠재식은 완전히 드러나고 빠진다고 말하는 것입니다.

어째서 잠재식이 '속수무책'이니 '꼼짝 못함'이니 '아득함'이니 '진퇴양난'이니 따위로 불리는 성질의 것입니까? 그것은 잠재식이 광대무변하기 때문입니다. 어째서 잠재식은 광대무변합니까? 그것은 시작도 끝도 없는 윤회의 과정에서 잠재식에 집적集積되는 정보의 종류와 숫자와 양이 무한정하기 때문입니다. 그런 까닭에 잠재식은 무한대에서 무한대로 뻗치는 식識이라고 말합니다.

이렇게 무한대에서 무한대로 뻗치는 잠재식인 까닭에 잠재식은 아득하게 느껴지고, 속수무책으로 느껴지고, 진퇴양난으로 느껴지고, 잠재식 하면 꼼짝 못하게 되는 것입니다. 잠재식의 각성 현상이 시작되면 아득해지고 속수무책이 되는 이유가 바로 이러합니다.

그러므로 사분沙盆과 같은 공안은 들이대어 사람으로 하여금 꼼짝 못하게 만듭니다. 꼼짝 못하게 만들어서 잠재식에 빠뜨립니다. 잠재식에 빠뜨려서 잠재식을 도려냅니다.

몇 달도 좋고, 몇 년도 좋고, 몇십 년도 좋습니다. 이런 상태가 유지되면 둔근의식鈍根意識에 사무치고 사무치게 됩니다. 겉으로는 넋 나간 듯이 보일 수도 있습니다. 그러다가 최후의 둔근의식에 들어가면 마침내 잠재의식이 빠집니다. 둔근의식이 바로 잠재식의 각성 현상입니다.

사분과 같은 공안에 걸려들면 대번에 잠재식이 잡히기 시작합니다. 잠재식은 잠겨 있는 식입니다. 잠겨 있어 드러나지 않는 마음이란 뜻입니다.

그래서 공안을 보다가 잠재식이 잡히기 시작하면 마음은 한없이 깊어집니다. 마음은 끝없는 데에서 끝없는 데로 뻗쳐 광대무변해집니다. 표현을 바꾸면, 잠재식은 그토록 광대무변하다는 뜻입니다. 잠재식의 영역은 무한합니다.

그전까지는 말 많았던 입도 저절로 다물어져 침묵을 지킵니다.

비록 공안을 보다가 알아채기는 했으나, '잠재식'의 세계를 완전히 뽑는 정신 작업이 쉽지만은 않습니다.

끝도 없이 헤매고 방랑하는 계절이 지속됩니다. 물론 정신적인 방랑입니다. 방랑자로서 잠들고 방랑자로서 깨어나며 방랑자로서 친구를 만나고 방랑자로서 사회생활을 해나갑니다.

이렇게 해나가다 보면 어느덧 마음이 꽉 차오릅니다. 왜일까요? 광대무변한 잠재식이라 했습니다. 광대무변한 잠재식이 잡히기 시작하면서 마음은 꽉 차오른다고 느끼는 것입니다.

그 속도는 대체로 더디고 처음에는 이게 뭔가, 이것이 무슨 현상인가 싶을 정도로 뚜렷하지도 않습니다. 왜일까요? 광대무변한 잠재식이라 하지 않았습니까. 바깥이 없는 잠재식이 빠지는 데에는 몇 년, 혹은 몇 십 년이 걸릴 수 있는데, 그것은 빠른 편에 속합니다. 평생을 두고 화두를 하다가도 끝내 해결 못하는 사람들이 거의 대부분입니다.

속도가 늦고 공부가 분명치 않다고 여겨지는 이유는 그것이 잠재식을 건드리고 잠재식을 쓰기 시작했기 때문입니다. 광대무변한 잠재식이라 하지 않았습니까.

선가에서는 잠재식을 산산조각낸다는 표현도 사용하지만, 잠재식은 산산조각나는 성질의 것도 아닙니다. 밑도 끝도 없어 몽환과도 같은 잠재식을 누가 무슨 재주로 산산조각냅니까?

이 사분砂盆 공안은 '무자'화두나 '정전백수자'화두 같은 공안의 찌꺼기가 남지 않는다는 아주 뛰어난 특성이 있습니다.

무자화두 공부는 일반적으로

"무…?" "무…?" "무라…?" 혹은

"어째서 무라 했을꼬? 어째서 무라 했을꼬?"

이와 같은 수작을 밑도 끝도 없이 해대는데, 멀쩡한 사람 잡는 방식치고는 소득이라고는 거의 없습니다. 아니 소득은 전무全無합니다.

이런 방식은 나도 너무나 잘 알고 있을 뿐더러, 지금 생각해도 진절머리나는 방식입니다. 나도 이런 공부 방식으로 30년 이상을 날린 사람입니다. 그래서 진절머리난다고 말하는 것입니다.

흔히들 큰절의 방장 스님을 찾아 화두를 받습니다. 그러나 그런 방식은 현명한 방식이 아닙니다. 왜일까요? 흔히들 '무자'화두나 '정전백수자'나 '마삼근' 같은 화두를 받기 때문입니다.

공안의 찌꺼기가 남는 공안은 피하십시오. 공안의 찌꺼기란 공안의 내용입니다.

예컨대 무자無字화두의 '무無'가 찌꺼기요, '정전백수자' 공안은 '정전백수자(뜰 앞의 잣나무)'라는 말이 찌꺼기이며, '마삼근' 공안은 '마삼근'이라는 말이 찌꺼기이고, '조주정대초혜趙州頂戴草鞋' 공안은 짚신을 머리 위에 얹고 밖으로 나가는 조주의 '행위' 자체가 공안의 찌꺼깁니다. 공안의 찌꺼기에 잡히면 평생을 날립니다.

그러나 이와 같은 공안들도 공안의 내용이 문제로 남지 않고 이탈離脫하는 동시에 자기 자신이 대의단이 된다면 물론 좋습니다.

공안을 보다가 공안이 이탈하면 자기 자신이 '대의단', 즉 '의심 덩어리'를 이루기 시작하는 것입니다. 공안이 이탈, 즉 떨어져 나가지 않는 한 공안에 잡혀 있는 가련한 꼴을 못 면합니다.

공안이 떨어져 나가야만 자기 전체가 회복됩니다. 공안이라는 장애물이 떨어져 나가기 때문에 비로소 자기회복이 이루어지는 것입니다.

공안을 보다가 잃어버렸던 자기 자신을 회복한다고 하는 편이 정확합니다. 회복되는 자기 전체가 대의단입니다. 자기 전체가 회복되면 회복될수록 자기 자신이 '대의단'이라는 사실이 뚜렷해집니다.

공안의 찌꺼기에 걸리지 말고, 발목 잡히지 말라고 극력 촉구합니다. 이런 방식의 공부는 잠만 들면 예외 없이 끊어져 없어지기 때문입니다.

공안의 찌꺼기에 잡히면, 자나 깨나 한결같다는 오매일여寤寐一如의 경지에는 까마득히 못 미칩니다. 오매일여, 나아가서 숙면일여熟眠一如의 경지는 하늘의 별 따기보다 어려워집니다. 이유는 근본적으로 화두 선별의 눈 어두움에 기인한다고 알아야 합니다.

찌꺼기로서의 화두에 잡혀 있으니, 수면에 진입하는 순간 화두는 날아가 버리고 잠만 자게 되는 것입니다. 찌꺼기를 잡고 있는 것은 의식입니다. 의식은 잠만 들면 날아가니까, 의식이 잡고 있는 공안의 찌꺼기도 의식과 함께 날아갑니다.

눈 뻔히 뜨고 공부하는 평시에는 어디 화두가 있기는 있습니까? 눈 뻔히 뜨고도 화두의 찌꺼기만 잡고 있을 뿐이니 무기공無記空만 계속됩니다. 공안의 찌꺼기를 잡고 있는 한은 공부를 전혀 하지 않는 것과 같습니다. 잠만 들면 날아가는 공부는 공부가 아닙니다.

마음의 전체가 잡혀 들어오는 대의단을 이루기 시작하면 잠이 들어도 대의단은 없어지지 않습니다. 잠이 든다고 마음 전체가 따로 어디로 날아갑니까? 오매일여가 되는 이유에 수긍이 갑니까?

전술한 모든 문제를 해결하는 방법이 있습니다. 이 사분砂盆과 같은 공안이 옳다 싶으면 잡고 공부하십시오. 이 공안에 무슨 찌꺼기가 남습니까? 이 공안에 눈 밝으면 눈 밝을수록 공안은 흔적 없이 사라지고, 자기 자신이 대의단이라는 사실이 역력 분명해집니다.

9. 청익請益 – 선문염송 제377칙

위산潙山에게 그의 제자 앙산仰山이 법을 물으니, 법담으로 종일을 보냈다. 위산이 이르기를

"종일토록 그대와 더불어 이야기를 나누었으나 이루어진 것이 무엇인고?"

하니, 앙산이 손으로 한 획을 그었다. 이에 위산이 이르기를

"만일 내가 아니었다면 그대에게 속을 뻔하였구나."

하였다. 앙산이 다시 묻기를

"종일토록 화상께 법을 물었으나 이루어진 것이 무엇입니까?"

하니, 위산이 대꾸했다.

"낚싯대는 언덕에 걸쳐 있고, 배는 물위에 떠 있다."

앙산이 예배하고 물러갔다.

【해설①】

스승이 말합니다.

"종일토록 그대와 더불어 이야기를 나누었거늘 이루어진 것이 무엇인고?"

이에 제자가 말합니다.

"종일토록 화상께 법을 물었으나 이루어진 것이 무엇입니까?"

스승이 마무리를 짓습니다.

"빈 배는 홀로 물 위에 떠 있고, 사공은 갈대꽃 속에서 잠들었다."

【해설②】

종일토록 그대와 더불어 이야기를 나누었지만, 이루어진 것이 무엇인고?

　요컨대, 세상만사가 무위로 돌아가고 세상만사가 허망하다는 것이지요.

　세상만사는 적멸寂滅합니다.

　세상만사는 환화幻化입니다.

【해설③】

『대혜서大慧書』에서 대혜종고大慧宗杲가 제자 여랑중呂郞中에게 편지를 보냈는데, 이런 내용이 담겨 있습니다.

　"겁화소해저劫火燒海底 풍고산상격風鼓山相擊 진상적멸낙眞常寂滅樂."

　여기에서 진상적멸은 진실상주적멸眞實常住寂滅의 약어입니다.

　해석해 봅시다.

　"겁화가 일어나 바다 밑바닥까지 태우고, 바람이 북치듯이 불어와 산끼리 부딪쳐도, 진실로 상주하는 적멸의 낙이여!"

　대적삼매大寂三昧의 '적寂'이 적멸을 뜻합니다. '대적멸'이 곧 '삼매'라는 의미입니다.

10. 생야生耶 – 선문염송 제564칙

담주潭州 점원중흥漸源仲興 선사가 도오道吾와 함께 어떤 집에 가서 조상을 하다가, 점원이 관을 더듬으면서 말하기를

"죽었는가? 살았는가?"

하니, 도오가 말하되

"살았다고도 말 못하고, 죽었다고도 말 못한다."

하였다. 점원이 말하되

"어째서 말 못합니까?"

하니, 도오가 말하되

"말 못한다. 말 못한다."

하고 소리쳤다. 돌아오는 길에 점원이 이야기하기를

"저에게 시원하게 말씀해 주십시오. 만일 말씀해 주시지 않으시면 스님을 때리겠습니다."

하니, 도오가 말하되

"때리기는 마음대로 때리라마는 말 못한다."

하매, 점원이 때렸다. 나중에 도오가 열반에 든 뒤에 점원이 석상石霜에게 가서 앞의 이야기를 했더니, 석상도 말하기를

"살았다고도 말 못하고, 죽었다고도 말 못한다."

하였다. 이에 점원이 이르기를

"어째서 말 못합니까?"

석상이 말하되

"말 못한다. 말 못한다."

하매, 점원이 깨달았다.

[어떤 책에는 이렇게 나와 있다.

"보문품에서 말하기를, 비구의 몸으로 제도할 이는 비구의 몸을 나타내어 설법해서 제도한다."

라고, 누군가가 외우는 소리를 듣고 깨달았다 한다.]

【해설】

이 공안도 공안 자체는 제법 깁니다. 하지만 지적하고자 하는 핵심은 간략합니다. 아울러 앞에서 살펴본 제421칙 백수栢樹와 비교하고 싶은 점이 있어 잠시 언급하고자 합니다. 뭔고 하면, 백수 공안에서 각 철취는 조주가 '뜰 앞의 잣나무'를 말한 적이 절대로 없다고 잡아떼긴 뗐으나 죽기까지는 않았습니다.

그런데 여기 생야生耶에서 도오는 절대로 말 못한다고 매몰차게 거절하고도 마침내 죽기까지 했다는 점입니다. 그러니 '생야'는 얼마나 냉혹한 공안입니까.

우선 강조하고 싶은 것은, 공안이란 이와 같이 냉혹하기 짝이 없어야 한다는 것입니다. 학인學人은 이제 바야흐로 공부를 해보겠다고 선문염송 제564칙 생야 공안을 펼쳤는데, 대번에 도오는 뭐라고 말했습니까? 뭐라고 말한 후에 타계하고 말았습니까?

"네 마음대로 때려라마는 나는 말하지 못한다."

이러고 천화遷化했으니 어찌해야 할지, 그만 속수무책이 되고 말았습니다. 이런 낭패, 이런 황당무계한 일이 있습니까.

그러나 눈 밝아야 합니다. 슬쩍 건드리지도 않았는데, 그냥 손가락만 살짝 갖다 댔을 뿐인데 생야 공안은 거짓말처럼 떨어져 나가고 말았습니다. 생야 공안은 거짓말처럼 무너지고 그림자인 듯 자취를 감추고 말았습니다.

앞에서는 생야를 냉혹하다고 평했는데, 뒤이어서는 그림자 같은 존재라고 했습니다. 그림자처럼 자취를 감추니 냉혹합니다.

"도오는 어째서 말 못하고 죽었을까요?"

만일 공부가 이렇게 시작된다면 시작부터가 잘못된 것입니다. 왜입니까? 화두(공안) 자체의 내용에 걸려들고, 걸려들어 멱살잡이를 당하면 안 되기 때문입니다. 화두에 멱살잡이를 당하면 언제 풀려날지 기약도 없이 질질 끌려 다니기 때문입니다.

예컨대 무자화두無字話頭를 볼까요?

"어째서 없다고 했을까? 어째서 없다고 했을까?"

이렇게 해나가는 사람이 압도적으로 많을 것입니다. 이런 현상을 가리켜 화두에 멱살잡이를 당했다고 이르는 것입니다. 마찬가지 이치로

"도오는 어째서 말 못하고 죽었을까?"

"도오는 어째서 말 못하고 죽었을까?"

이런 방식으로 일관해 나가면 결과는 무자화두 공부와 똑같아집니다. 이런 방식을 버리거나 바꾸지 않으면 백년이 가고, 천년이 가고, 머리털이 하얗게 세도록 해봤자 안 됩니다. 만일 된다면 그것이 도리어 이상합니다.

"말 못한다."

이 말씀 끝에서 이 생야 공안과는 볼일이 다 끝나야 합니다. 이 공안과는 볼일이 끝나고, 냉큼 자기의 정신세계로 돌아와야 합니다. 돌아와서 자기 세계의 문을 안에서 자물쇠로 걸어 잠가야 합니다.

공안의 이치는 학인을 냉큼 자기의 정신세계로 되돌려 보내는 데 있습니다. 되돌려 보내 자기 세계를 안에서 자물쇠 걸어 잠그도록 만드는 데 있습니다.

자기의 세계 안에서 자물쇠 걸어 잠그십시오. 자기봉쇄自己封鎖를 단행하십시오. 자기의 세계를 안에서 밀봉密封하십시오. 그래야 잠재식이 빠집니다. 완전무결한 자기 밀봉에 성공하면 잠재식이 뽑힙니다.

완전무결한 자기봉쇄가 이른바 대의단입니다. 잠재식이 꼼짝 못하고 잡히기 때문입니다. 잠재식이 대의단입니다. 잠재식의 세계는 광대무변하므로 아득하고 까마득하게 느껴집니다. 그런 까닭에 잡혀 들어오는 잠재식의 세계를 알기 어렵다는 의미에서 대의단이라 부릅니다.

"말 못한다"고 외쳤을 때, 이 공안은 그야말로 '말 못하고' 떨어져 나갔습니다. 뿐만 아니라 "말 못한다"고 외쳤을 때, 이 공안을 보던 사람도 공안에서 떨어져 왔습니다.

"말 못한다"고 외치는 냉혹한 공안 옆에 잠시라도 머물러 있을 필요가 어디 있습니까? 그럴 이유 전혀 없습니다. 즉시 떨어져 나오십시오. 이 생야 공안이 좀 길어서 그런데, 이 공안의 핵심은 이것뿐입니다.

참 그러고 보니 "말 못한다"고 외친 사람이 둘이었습니까? 도오에 뒤이어 석상도 앵무새처럼 "말 못한다"고 외쳤습니까? 두 번째로 등장하는 석상은 주역배우가 아니고 조역배우에 불과하니까 신경 쓸 필요 없습니다.

그렇다면 무슨 까닭에 점원은 석상의 말끝에 깨달았느냐는 질문입니까? 그런 거야 여기서는 전혀 중요하지 않습니다. 하지만 점원이 깨달은 이유는 바로 앞에서 해설한 이치 그대로입니다.

굳이 말하자면, 석상이 내뱉은 "말 못한다'에 초점을 맞추어도 상관없기는 없습니다. 아무튼 그따위는 전혀 문제될 것이 없고, 도오가 먼저 등장하여 "말 못한다"고 했으니 그것만 봅시다. 석상 쪽의 일은 신경 꺼도 무방합니다.

공안이란 이야기가 끝나면 대번에 새로운 세계의 문이 확 열리는 경우도 있고, 서서히 광대무변한 세계의 문이 열리는 경우도 있습니다. 대체로 후자의 경우가 많습니다. 윤회를 거듭하면서 닦고 닦는 수행의 강도와 수행의 시간에 차이가 있고, 더불어 닦는 복업福業의 정도가 다르기 때문입니다.

왜 여기에서 복업에 대한 언급이 나왔느냐 하면, 살생업殺生業과 해탈은 밀접한 관계에 있기 때문입니다. 뿐만 아니라 살생업과 상반되

는 방생업放生業에 대해서 진지하게 심사숙고하기를 바라는 마음에
서입니다.

살생업을 피해야 하는 것은 물론이고 고기를 먹는 일, 특히 짐승의
고기 먹는 일을 삼가십시오. 짐승의 고기를 먹는 사람들이 무수히 많
으니까 도축장이 있고, 짐승을 도살하는 무시무시한 악업이 인류역
사와 함께하여 끊이지 않습니다.

짐승 고기뿐만 아니라 활어회 먹는 것도 적극적으로 피해야 합니
다. 활어회는 살아 있는 상태에서 생선의 살점을 잘라냅니다. 그때
생선이 느끼는 고통은 도축장에서 짐승들이 도살당할 때 느끼는 가
공스럽고 기괴한 고통과 똑같아서 조금도 다름이 없을 것입니다. 살
생업을 끊지 않는 한 불교 공부라 한들 안 됩니다. 살생업은 기필코
끊어야 합니다.

살생업과 대조되는 방생업은 참으로 수승한 업입니다. 죽어갈 목
숨을 살려주는 것입니다. 경제적인 형편에 따라서 방생업을 지어가
되 적극적으로 하면 불교 공부, 여기서는 화두 공부에 절대적인 영향
을 미칩니다. 일타 스님도 방생 공덕은 암암리에 나타난다고 분명히
말했습니다.

굳이 이런 이야기를 하는 것은, 살생업이 얼마나 공부를 방해하며,
반면에 방생업은 얼마나 공부에 도움을 주는가를 알고 있어야 하기
때문입니다.

이 생야生耶 공안에는 하나의 함정이 있습니다. 점원의 질문에 대
한 도오의 대답도, 석상의 대답도 똑같았습니다.

"살았다고도 말 못하고, 죽었다고도 말 못한다."

이 구절에 신경 쓰지 마십시오. 물리적인 현상으로는 죽었으니 살았다고도 말 못하고, 한편 심령체心靈體란 죽을 수 없는 까닭에 죽었다고도 말 못한다고 해설하면 그럴듯하겠습니까?

아니면 심령 현상 자체는 살았다고도 죽었다고도 할 수 없다고 해설하면 되겠습니까? 아니면 살아도 산 것이 아니요(生不生), 죽어도 죽은 것이 아니라고(死不死) 해설하면 되겠습니까?

여하튼 이 구절은 생야 공안의 핵심이 아닙니다. 이 구절에 대한 신경은 끄십시오.

"도오는 어째서 '말 못한다'고 했을까?"

"도오는 왜 '말 못한다'고 했을까?"

이렇게 공부를 지어 가면 공안에 덥석 걸려든 것입니다. 공안에서 빠져 나올 기약이 없습니다. 말하지 않겠다고 외치는 도오의 심리 따위를 배려하거나 탐구하지 마십시오. 도오의 심리 연구는 학자들의 몫입니다. 깨달음을 얻고자 하는 사람의 일은 아닙니다.

유식학唯識學에서는 제8아뢰야식阿賴耶識을 '교묘한 기술자'에 비유합니다. 참으로 알기 어렵다는 뜻입니다. 제7말나식末那識은 '교활한 자'에 비유합니다.

제7식의 '교활한 자'에 비교하면 제8식의 '교묘한 기술자'에는 상상을 초월하는 차원의 악의惡意가 담겨 있습니다. '교묘한 기술자'인 제8아뢰야식은 아무리 잘 봐주려고 해도 잘 봐줄 수 없는 악업惡業의 정신세계입니다.

시작도 끝도 없는 윤회의 길에서, 제8아뢰야식에 집적集積되는 정보의 종류와 숫자와 양은 선성善性보다는 악성惡性이 압도적입니다.

"불보살은 행위로서의 악은 단절했지만 악성惡性은 그대로 있다."

이게 어느 쪽에서 나온 말인지 아십니까? 천태종에서 나온 말입니다. 부정할 수 없는 이야깁니다.

유식학 이야기는 잠재식 뽑기가 실로 지난至難하다는 뜻에서 나왔습니다. 제8아뢰야식은 심리학에서 말하는 잠재의식입니다. 모두가 자기 자신의 업일 뿐이지만, 흑만만黑滿滿한 잠재식을 뽑는 정신 작업은 정밀한 간화선이 아니고는 어렵습니다.

화두 공부하는 사람들에게 고합니다. 이 생야 공안의 "말 못한다"는 말이 끝나는 찰나에 문득 홀로 떨어져 나오라고 고합니다. 생야 공안에서 꿰뚫어보아야 할 핵심은 이것입니다.

"말 못한다"는 말이 끝나는 찰나에 공안에서 떨어져 나와야 합니다. 왜일까요? 공안의 배타성 때문입니다. 아주 중요한 대목입니다. 공안이 학인을 학인의 정신세계 속으로 밀어 넣는 것과 동시에 떨어져 나갑니다. 공안의 배타성으로 인하여 일어나는 현상입니다.

도오는 점원의 간청에도 불구하고 "말 못한다"면서 말하기를 거절합니다. 아주 완강한 거절입니다. 그러면서 나중에는 죽기까지 했습니다. 도오는 죽으면서도 입을 열지 않았습니다. 얼마나 지독한 배타성입니까. 상상을 초월하는 배타성입니다.

공안의 배타성으로 인하여 공안은 떨어져 나가고, 학인은 홀연히 자기의 정신세계를 고스란히 확인하게 됩니다. 공안을 보다가 공안의 배타성 덕분에 학인은 자기의 마음을 고스란히 돌려받는 셈입니다. 이것이 견성見性입니다. 도오는 절대로 '말 못한다'고 하면서 스스로 쪼그라집니다. 쪼그라져서 소멸합니다.

선가에서는 간화선 해나가는 심리를 노서입우각老鼠入牛角에 비유합니다. 옛날 이야깁니다. 늙은 쥐가 물소 뿔 속에 넣어둔 먹이를 먹으려고 들어가다가 진퇴양난의 상황에 빠진다는 이야깁니다. 실제로 그랬던 모양이지만, 늙은 쥐가 불쌍하니 별로 좋은 비유는 아닙니다. 하지만 어느 정도까지는 적절한 비유입니다.

어느 정도까지는 적절한 비유라고 평하는 것은, 공안의 말씀 끝에 심리의 퇴로退路가 끊어지기 때문입니다. 어느 정도까지는 적절한 비유라면, 또한 어느 정도까지는 부적절하다는 뜻입니다.

이 비유의 부정확성은 어느 정도일까요? 늙은 쥐는 소뿔 속에 걸려드는 것으로 끝납니다. 하지만 화두의 말씀 끝에 걸려드는 인간심리는 애매모호합니다. 인간심리는 묘하고 복잡하기 이를 데 없습니다.

무엇보다 인간심리는 공허합니다. 잠재식이 잡히는 초기에는 안목이 밝지 못하여 잠재식이 잡힌다는 사실에 눈 어둡습니다.

노서입우각老鼠入牛角이라면 사람들은 우선 영어로 타이트(tight)한 정신 작업을 상상합니다. 그러나 화두에서 떨어져 들어가는 공허한 정신세계는 그렇게 밀도密度 높은 세계가 아닙니다. 타이트하지 아니한 공허한 정신세계가 입을 쩍 벌린 채 기다립니다. 여기에서 등 돌리고 내빼면 애석한 일이 됩니다. 여기에서 등 돌리지 마십시오.

앞에서 해설했습니다. 공안의 배타성으로 인하여 있는 그대로의 자기 정신세계를 고스란히 돌려받게 된다고 말입니다. 그것이 이른 바 견성이라고도 했습니다.

이렇게 확인되는 자기의 정신세계는 자주독립의 세계입니다. 자주독립의 세계는 공허한 몽환의 세계입니다. 공안에 의하여 뿌리 빠진 세계이기 때문입니다. 뿌리 없는 세계는 몽환입니다.

그러기에 공허한 자주독립의 세계는 때로 두렵고 서글프고 외롭습니다. 하지만 절대로 그 어떤 것에도 의지하지 마십시오.

하지만 잠재식이 서서히 잡혀들고 서서히 뽑혀 나오면서 상황은 달라집니다. 마음은 드디어 그리고 서서히 꽉 차오릅니다. 잠재식이 뽑혀 나오면서 마음을 모두 사용하게 되니까 마음이 꽉 차오른다고 느끼는 것입니다. 이렇게 되면 그 어떤 두려움도 사라집니다. 기쁨은 이루 형언할 수 없습니다.

11. 서초鋤草 – 선문염송 제511칙

수주壽州 양수良遂 선사가 처음으로 마곡麻谷을 찾아뵈러 갔는데, 마곡은 양수가 오는 것을 보자 얼른 호미를 들고 나가서 풀을 매고 있었다. 양수가 마곡이 풀 매는 곳까지 갔건만, 마곡은 전혀 돌아보지도 않고 곧바로 방장실로 돌아가서 문을 걸어 잠궜다. 양수가 따라와서 문을 두드리니 마곡이 말했다.

"누구냐?"

양수가 대답하기를

"화상은 양수를 속이지 마십시오. 양수가 예배하러 오지 않았더라면 자칫 일생 동안 경론에 속았을 것입니다."

하였다. 그 뒤 양수는 자기의 강석으로 돌아가 설법하는 자리에서 말했다.

"여러분이 아는 곳은 양수가 알지만, 양수가 아는 곳은 여러분이 알지 못한다."

[어떤 책에는 이렇게 나와 있다.

마곡이 세 번 불러, 양수가 세 번 대답했다. 이에 마곡이 말하되

"둔한 중아!"

하니, 양수가 곧 깨달았다.]

【해설①】

이 일화에서처럼, 스승이 이끌어주는 과정을 밟아 제자가 깨달음의
세계로 진입하는 경우에는 대략 5가지 기연機緣의 만남이 필연적이
라 생각됩니다. 그 5가지 기연이란 다음과 같습니다. 이것은 물론 불
교 선문禪門의 경우로 한정합니다.

① 제자의 정신적인 진화가 선행되어야 합니다.
② 제자의 원숙한 영적 진화 상태를 첫눈에 간파한 스승이, 제자의
심리의 퇴로를 차단하기 위한 정신적 매복 작전에 들어갑니다.
③ 제자가 스승의 매복 작전에 완전무결하게 걸려듭니다.
④ 노회한 스승은 때를 놓치지 않고 제자의 심리의 퇴로를 끊습니
다. 이른바 심리단절心理斷絶입니다. 제자의 심리의 퇴로를 끊음과 동
시에 절대로 빠져나올 수 없게끔 자물쇠를 채웁니다. 자물쇠까지 철
두철미하게 채워둠으로써 제자는 절대로 빠져나올 수 없는 무루지無
漏智를 성취합니다.
⑤ 심리의 퇴로를 단절하는 수단방법의 문제입니다. 이를 달리 표
현하자면 퇴로를 차단하는 수단방법인 동시에 끊어진 퇴로에 자물쇠
를 걸어 잠그는 문제입니다. 그러나 퇴로의 차단과 자물쇠는 한 가지
현상을 두 가지 이치로 나누어본 것에 불과합니다. 그러므로 여기에

서는 퇴로 차단과 자물쇠가 서로 같은 의미로 사용되고 있음에 유의해야 합니다.

【해설②】

공안의 자물쇠 작용은 이치는 동일하고, 기연에 따라 나타날 때에는 다양한 양상을 띠게 됩니다.

자물쇠의 종류를 한번 생각해볼까요. 기연에 따라 나타나고 현실화하는 자물쇠의 종류는 대체로 3가지로 분류됩니다. 그러나 3가지든 5가지든 자물쇠의 이치는 불변입니다.

첫 번째, 이 공안에서처럼 '실제의 자물쇠', 혹은 실제의 자물쇠와 비슷한 물건을 사용하여 문을 닫고 잠그는 것입니다.

두 번째, 청각을 이용하는 '언어 자물쇠'가 그것입니다. 선문염송의 방대한 일화만 해도 대부분 언어를 이용하고 있습니다.

세 번째, 시각을 이용하는 '형상 자물쇠'가 그것입니다. 이 경우도 흔하지는 않습니다.

【해설③】

스승이 행사하여 제자의 심리의 출구를 차단하고 제자의 무루지無漏智를 성취시키는 자물쇠, 이 자물쇠는 시간의 제한에도 불구하고 스승의 번쩍이는 지혜에서 솟아나와 제자로 하여금 '반야般若'를 이루도록 유도합니다.

말이 나왔으니 하는 말인데, 반야는 식이 아닙니다. 흔히들 반야식般若識이니 하는 용어를 자주 쓰는데, '반야'는 비로소 식에서 벗어나

자유로워지는 것이므로 그냥 '반야'로 알아야 합니다. 반야식이라는 용어는 성립될 수 없음을 알아야 합니다. '반야'가 곧 무루지입니다.

심리의 퇴로를 차단하는 자물쇠로서의 공안의 이치, 공안의 이러한 이치야말로 '비의'에 속합니다. '비의'라 부르는 이유는, 숨기고자 해서 '비의'라 부르는 것이 아닙니다. 아무리 설명해도 알아듣지 못하는 까닭에 '비의'가 되고 마는 것입니다.

복잡 미묘한 심리의 단절을 유도하는 공안의 자물쇠는 그야말로 주도면밀하고 한 치의 오차도 용납되지 않습니다. 그것도 스승과 제자가 처음으로 만나 대담하거나 담소하는 그 짧은 시간 안에 스승의 지혜의 샘에서 아주 자연스럽게 흘러나와야 하는 성질의 것임을 감안한다면 참으로 놀라운 일이 아닙니까.

문제는 스승의 지혜에서 우러나오는 자물쇠가 예리하기 짝이 없어야 한다는 사실로 결론지어집니다.

【해설④】

이 공안의 자물쇠는 어떻습니까?

스승 마곡의 행위에는 말씀이 없습니다.

제자 양수가 시야에 들어오자, 스승 마곡은 기다렸다는 듯 거의 일직선적인 행동에 돌입합니다.

마곡은 호미를 찾아 손에 쥐고 나가서 풀을 맵니다.

양수가 마곡이 풀 매는 곳까지 다가가자, 마곡은 거들떠보지도 않고 무슨 급한 일이라도 있는 것처럼 이번에는 방장실로 돌아갑니다.

마곡이 방장실로 들어가더니 이번에는 문을 완전히 걸어 잠급니다.

"찰칵."

이것은 방장실의 문을 안에서 걸어 잠그는 소립니다. 마곡이 안에서 문 걸어 잠그는 매정하기 짝이 없는 소리를 다시 한 번 들어볼까요.

"찰칵."

물론 양수는 마곡의 뒤를 바싹 따라붙었을 것입니다.

그런데 앞장선 괴팍한 마곡이 자기를 바싹 뒤따르는 양수 따위는 전혀 안중에도 없는 듯이 굽니다. 혹시나 방장실 문을 걸어 잠그기 전에 양수가 머리라도 방장실 안으로 들이밀 기회라도 줄까봐서 마곡은 재빨리 해치웁니다.

"탁."

이것은 마곡이 안에서 문 닫는 소립니다.

"찰카닥."

이것은 마곡이 안에서 닫힌 문에 자물쇠를 채우는 소립니다.

어떻습니까. 호미를 손에 잡고 풀을 매는 데서부터 시작하여 방장실로 돌아가 문 닫는 데까지 이르렀습니다. 문을 닫고도 모자라서 자물쇠까지 채우는 마곡의 행위는 참으로 일사불란하지 않습니까. 그야말로 기계적인 동작의 연속이었습니다.

닫힌 문 앞에서 입실入室을 제지당한 양수는 "탁" 문 닫히는 소리에 더하여 "찰카닥" 자물쇠 걸어 잠그는 소리까지 들어야 했습니다.

이때 양수의 정신세계는 완전무결하게 봉쇄를 당하고 밀봉된 것입니다. 마음이 봉쇄를 당하고 밀봉되니 이것이 '무루지'입니다.

철두철미한 심령의 봉쇄로 새는 것이라고는 전혀 없어진 무루지. 마음이 새는 유루지有漏智에서 마음이 새는 일이 없어진 '무루지'로의 이행이 찰나 간에 이루어졌습니다.

양수가 성취한 '무루지'는 마곡이 방안에서 닫힌 문에 자물쇠 걸어 잠그는 소리 하나로 이루어진 것은 결코 아닙니다.

마곡은 양수를 보자마자 호미로 풀 매는 데에서부터 방장실 앞까지 고의적으로 끌고 다니면서 마지막 자물쇠 걸어 잠그는 '소리'의 힘과 효과를 최대한 증폭시킨 것입니다.

이것은 스승이 제자를 이끌어 깨달음의 세계로 들어가게 한 아주 빼어난 일화입니다.

12. 조설阻雪 – 선문염송 제780칙

설봉雪峰이 암두嚴頭와 함께 예주 오산진鼇山鎭에 갔다가 대설大雪을 만났다. 암두는 계속 잠을 자고 설봉은 계속 좌선을 했다. 어느 날 설봉이 잠만 자는 암두를 보고 말했다.

"사형이여, 사형이여, 일어나시오."

잠에서 깨어난 암두가 물었다.

"왜 그러시오?"

설봉이 대꾸했다.

"금생에 너무 편하게 지내지 마시오. 문수文遂와 함께 행각하면서 도처에서 그에게 누를 끼치고, 오늘은 사형과 함께 이에 이르렀는데, 또 잠만 자는구려."

암두가 할을 하고 말했다.

"잠이나 자시오. 날마다 평상 위에 앉아 있으니 마치 토지신 같소. 언젠가는 남의 집 남녀들을 홀리고 말겠구려."

설봉이 자기의 가슴을 두드리면서 말했다.

"나는 여기가 몹시도 편치 않은지라 속일 수 없는 일이오."

암두가 말했다.

"나는 그대가 언젠가는 우뚝한 봉우리 위에 절을 짓고 불일佛日을 빛내리라 믿었는데, 아직도 그 모양이었다니!"

설봉이 말했다.

"나는 진실로 편치 않소."

암두가 말했다.

"그대가 진실로 그렇다면 그대의 견해를 낱낱이 털어놓아 보시오. 옳은 곳은 증명해주고, 옳지 않는 곳은 다듬어주겠소.

설봉이 말했다.

"나는 처음에 염관鹽官에게 갔는데, 염관이 상당上堂하여 색色과 공空의 이치를 해설하는 것을 듣고 들어갈 곳을 깨달았소."

암두가 말했다.

"이로부터 30년 뒤에 혹시라도 잘못 이야기하지 마시오."

설봉이 말했다.

"동산洞山이 게송에서 이렇게 읊었소.

혹시라도 다른 데서 그를 찾지 말라.

오히려 그는 너를 떠나리라.

나 이제 홀로 자유로우니

곳곳에서 그를 만난다.

그는 바로 나이지만

나는 바로 그가 아니다.

이렇게 알기만 하면

바야흐로 여여如如에 계합한다.

나는 동산의 이 게송에서 다시 깨달았소."

암두가 말했다.

"그렇게 알아서는 자기구제도 철저하지 못한 것이오."

설봉이 또 말했다.

"나중에는 덕산德山에게도 물었소. 위로부터 내려오는 종승宗乘
을 학인도 배울 자격이 있습니까? 하고 말이오. 그랬더니 덕산
이 나를 한 방망이 때리면서 말했소. '무어라 하는가?' 하고 말
이오. 나는 그때 활연히 통 밑(桶底)이 빠지는 것 같았소."

암두가 할을 하면서 말했다.

"그대 듣지 못했는가? 문으로 좇아 들어오는 자는 집안의 보배
가 아니라는 것을."

설봉이 말했다.

"이후에는 어찌해야 옳습니까?"

암두가 말했다.

"물을 줄 아는구나! 물을 줄을 아는구나! 이후에 큰 가르침을
펴고자 한다면 하나하나 자기의 가슴에서 흘러나와야 나를 위
해 하늘을 덮고 땅을 덮으리라."

암두의 이 말끝에 설봉이 크게 깨달았다. 그리고는 일어나 암두
에게 예배하고 말하였다.

"오늘 오산진에서 비로소 도를 이루었다."

설봉雪峰의 오산성도鼇山成道 이야기는 너무나 유명한 까닭에, 불교를 하는 사람이라면 상당수의 사람들이 알고 있을 것입니다. 하지만 제법 긴 조설阻雪 공안에 나오는 제법 까다로운 내용까지 소화해낸 사람들은 아마 많지 않을 것입니다.

이 공안의 등장인물은 5사람입니다.

염관은 아닐 것입니다. 그러나 동산과 덕산은 암두가 인정하지 않았다는 기록이 남아 있습니다.

선문염송 제839칙 과주瓜州는 이 조설 공안과 어느 정도 관련이 있다고 여겨지므로 여기에 옮겨보겠습니다. 선문염송 제839칙 과주입니다.

암두巖頭가 나산羅山과 함께 탑塔 자리를 찾으러 가는 도중에 나산이 갑자기

"화상이시여!"

하고 부르매, 암두가 고개를 돌리며

"왜 그러시는가?"

하니, 나산이 손으로 땅을 가리키면서 말했다.

"여기 한 조각의 땅이 좋겠습니다."

암두가 할을 하고 말했다.

"과주瓜州에서 오이를 파는 놈이로구나."

다시 2, 3리쯤 가다가 휴식할 때, 나산이 절하고 물었다.

"화상께서는 30년 동안 동산洞山에 있었으나 동산을 긍정치 않으

신 분이 아닙니까?"

"그러하다."

나산이 다시 물었다.

"화상께서는 덕산德山의 법을 이었으되 덕산을 긍정치 않으신 분이 아닙니까?"

"그러하다."

이에 나산이 다시 물었다.

"덕산을 긍정치 않은 것은 그만두고, 동산에겐 무슨 허물이 있습니까?"

암두가 잠시 침묵하다가 말했다.

"동산의 좋은 부처에게 광명이 없을 뿐이었다."

나산이 다시 예배했다.

더불어, 선문염송 제840칙 허일성嘘一聲도 이 과주 공안과 밀접한 연관성이 있다고 여겨지므로 여기에 옮기고 약간의 해설을 덧붙입니다. 아주 짧습니다.

암두는 누가 무엇을 물으면 다만 "허!" 하는 외마디 소리를 질렀다.

누가 무슨 질문을 하면 암두는 왜 "허!" 하는 소리를 질렀을까요? 물론 불교 공부에 대한 질문이 주류를 이루었겠지요. 원체 대단했던 인물이었으니까 말입니다.

세상 사람들에 대한 암두의 교화教化 방식이 대체로 그러했다는 것입니다. 아무리 불교 공부에 대한 질문이라 하더라도, 불교 공부에 대한 것이므로 더더욱 입 다물라는 주의를 주었던 것입니다. 가능하다면 입 다물라는 요구였습니다. 왜였을까요?

더 이상 손댈 것이 없다는 가르침이었습니다. 어디든 무엇이든 더 이상 손댈 것이 전혀 없다는 가르침이었습니다.

뿐만 아니라 암두 자신도 그런 이치를 긴 말로 풀어 설명하는 짓을 지극히 꺼렸던 모양입니다. 그러니까 누군가가 질문을 시작하려는 낌새가 엿보이면 즉시 "허!" 하는 일성一聲으로 상대방의 입 다물기를 적극적으로 요구하는 경고와 주의를 주었던 것입니다.

암두의 이러한 정신적 완벽성은 선문염송 제838칙 불자拂子에서도 여실히 드러납니다,

암두가 앙산이 오는 것을 보고 불자拂子를 들었는데, 앙산이 방석을 폈다. 이에 암두가 불자를 놓으니 앙산이 방석을 걷어 어깨에 메고 나가매, 암두가 말했다.
"나는 그대가 놓는 것을 소중하게 여기지 않고, 그대가 거두는 쪽을 소중하게 여긴다."

그대가 방석을 거두는 쪽을 소중하게 여긴다는 말이 무슨 뜻입니까? 앙산에게 그만하면 되었으니 즉시 물러가라는 지시였습니다.

이제 암두의 긴 말이 필요 없어 간단명료한, 아니 말이 필요 없는 불교가 이해됩니까? 암두는 전혀 빈틈을 보이지 아니한 철벽같고 귀신같은 인물이었습니다.

【해설②】

자, 그러면 이제 제780칙 조설阻雪의 분석으로 들어갑시다.

조설 공안은 곧 설봉의 오산성도鼇山成道 이야깁니다. '오산진 성도'에서 문제로 부각되는 점은 2가지로 압축됩니다.

그 하나는 동산의 오도송이요, 또 하나는 설봉이 그 말씀 끝에 성도했다는, 암두의 "세상에 큰 가르침을 펴고자 한다면, 하나하나 나의 가슴 속에서 흘러나와야 나를 위해 하늘을 덮고 땅을 덮는다."라는 말씀입니다.

【해설③】

먼저 동산의 오도송을 봅시다.

"다른 데서 그를 찾지 말라.
오히려 그는 너를 떠나리라.
나 이제 홀로 자유로우니
곳곳에서 그를 만난다.
그는 바로 나이지만
나는 바로 그가 아니다.
이렇게 알기만 하면
바야흐로 여여如如에 계합한다."

동산의 오도송에서 핵심 내용은 이 두 줄의 문장입니다.
"그는 바로 나이지만

나는 바로 그가 아니다."

이 두 행의 문장을 두고 세상은 아주 의미심장하다는 평을 내린 모양입니다. 그 비평의 내용 가운데서 한 가지를 예로 들어보겠습니다.

동산의 오도송에 대한 세상 일반의 평입니다

"여기서 말하는 '나'와 '그' 사이에는 미묘한 차이가 있다. 즉 그는 나이지만 나는 그가 아니다. 이것은 신神은 나보다 더 진정한 나이지만 나는 신이 아닌 것과 같다. 나와 그와의 관계는 힌두교에서 말하는 '작은 나(Atman)'와 '큰 나(Brahma)'의 관계, 그리고 『도덕경道德經』에서 말하는 '참사람(眞人)'과 '영원한 도(常道)'의 관계와 같다.

이 깨달음의 시詩는 불교뿐만 아니라 전 세계 정신문화사를 통틀어 아주 귀한 보배 중의 하나다. 글자 한 자 한 자에 참되고 확실한 신념이 배어 있는 이 시는 우리에게 높은 통찰력을 심어주며 그의 살아 있는 체험을 전달해준다."

대충 이 정도입니다.

동산의 오도송에 대한 세상 일반의 비평이 옳다면 동산은 자기도 모르는 사이에 이원론에 떨어진 것입니다. 그뿐이겠습니까? 세계 정신문화사를 이끌어가는 소위 지성인들의 안목이 그다지 뛰어나지도 않다는 사실을 드러낸 어처구니없는 해프닝조차 연출하고 말았습니다.

하지만 암두라는 인물에 의하여 '오도송'에 나타나는 동산의 사상이 즉각 부정됩니다. 동산의 생각이 옳지 않다는 것입니다. 암두가 뭐라고 했습니까.

"그 사람은 자기구제도 끝내지 못했다."

이 오도송 하나만 본다면 이원론처럼 보이고, 솔직히 말해서 이원론입니다. 그러나 동산이 어떤 인물입니까.

그는 제자 조산본적曹山本寂과 함께 중국불교 5가7종 중에서 '조동종'을 일으켜 세운 인물입니다. 고덕古德에 대한 예의가 아닌 줄을 뻔히 알면서도 이 공안을 다루어야 하는 나의 고민을 어떻게 표현해야 좋을지 모르겠습니다.

하지만 동산의 오도송에 나타난 사상에 대한 나의 분석은 매우 다릅니다. 즉 동산은 정확한 깨달음의 세계로 들어갔음에도 불구하고 표현 방법의 단계에서 실수를 저지른 것입니다.

"그는 바로 나이지만, 나는 그가 아니다."

'그'의 등장으로 동산은 세상 일반의 오해를 불러일으키고 말았습니다. 마치 일신교에서의 유일신唯一神처럼 비쳐질 수 있는 여지를 남겼다는 말입니다. 실제로 암두는 동산의 생각을 가리켜 이르기를 "그는 자기구제에도 철저하지 못했다."라고 하지 않았습니까.

그러나 단언컨대 절대로 그런 것은 아닙니다. 그것은 암두의 오해였습니다. 동산의 실수 혹은 부주의는 어떤 성질의 것이었을까요? 동산은 유식학의 '아뢰야식'을 몰랐을까요? 잠재의식이라는 용어나 그 용어에 대한 이해는 동산 당시에는 물론 없었을 것입니다.

정리하자면, 동산이 내뱉은 '그'는 유식학의 '아뢰야식' 곧 '장식藏識'이며, 정신분석학에서 말하는 '잠재의식'이었음에 틀림없습니다. 요즘 선문에서 일컫는 '제8마계魔界'를 정확하게 짚어내고 뽑아내었음에도 불구하고 좀 엉뚱한 소리를 하고 말았다는 이야깁니다. '제8마계'라는 것이 무엇입니까? 바로 장식, 곧 잠재식 아닙니까.

동산은 '장식', 즉 '잠재식'을 두고 '그'라는 표현을 사용함으로써 예기치도 않았던 오해를 받았습니다. 안타까운 일입니다.

【해설④】

이번에는 암두의 다음 말씀을 다룰 차례입니다.

"이 세상에 거룩한 가르침을 펴고자 하면, 하나하나가 모두 나의 가슴에서 흘러나와야 나를 위하여 하늘을 덮고 땅을 덮는다."

'해설③'의 오도송에서 동산은 '그'라는 표현을 사용함으로써 일신교의 유일신으로 해석될 수도 있는 오해의 소지를 남겼습니다. 모르긴 하지만 암두의 오해 또한 그런 성질의 부류였을 가능성이 있습니다. 그래서 그랬는지는 모르겠으나, 암두는 대뜸 "하나하나가 모두 나의 가슴에서 흘러나와야 하늘과 땅을 덮는다."고 설했다는 생각이 듭니다.

즉 암두는 하나에서 열까지 '나'에서 시작하여 '나'에서 끝나는 것일 뿐이라고, '나'를 두드러지게 강조했다는 이야깁니다. 그 전에 암두는 이런 말도 했습니다.

"문을 좇아 들어오는 자는 집안의 보배가 아니다."

즉 얻어 듣고 깨달았다면, 더구나 그것도 여러 번씩이나 얻어 듣고 깨달았다면 그것은 정각正覺이 아니고 착각錯覺이니 정신 차리라는 지적입니다.

"하나하나가 모두 나의 가슴에서 흘러나와야 나를 위하여 하늘과 땅을 덮는다."

이건 또 무슨 말일까요? 표현 자체가 상당히 문학적이기도 합니다.

문학적이든 어떻든 간에 암두의 이 말에는 '깨달음'이라는 표현은 없습니다. 암두는 무슨 의도에서 이런 말을 구사했을까요?

'어떠한 깨달음도 결국에는 유야무야되고 흐지부지되다가 소멸한다. 여러 번씩이나 깨달음의 순간이 있기는 있었는데 말입니다. 결국엔 헛수고로 돌아갔고, 지금 돌이켜 회상해 보면 깨달음이라는 물건이 아무짝에도 쓸모없는 착각 나부랭이에 불과했다.'

그렇다면 깨달음은 없다는 것입니까? 그렇습니다. 그러나 단서가 따라 붙습니다. 세상 일반 사람들이 생각하는 그런 깨달음은 없다는 것입니다. 세상 사람들이 몽상하는 바와 같은 그런 낭만적인 깨달음은 없습니다.

좋습니다. 무슨 수단방법을 동원해야 나를 위하여 하늘을 덮고 땅을 덮을 수 있을까요? 나를 위하여 하늘과 땅을 덮는 어마어마한 사람이 될 수 있을까요?

그것은 잠재식을 뽑는 것입니다. 이 이야기는 이 책에서 누누이 설해집니다. 그 어마어마한 잠재식을 무슨 재주로 뽑기는 뽑는다고 주장합니까? 백번 지당한 지적입니다. 사실 잠재식을 뽑는다는 이야기는 풍風입니다. 풍이고, 표현을 그렇게 해보는 것일 뿐입니다.

실상은 잠재식에서 벗어나는 것입니다. 좋습니다. 그렇다면 무슨 재주로 잠재식에서 벗어난다고 단언합니까? 그렇군요. 무슨 재주로 잠재식에서 벗어날까요? 사실 잠재식에서 벗어난다는 이야기도 어쩌면 풍 비슷해 보이긴 합니다. 그러나 다음 이야기를 봅시다. 다음 이야기를 대하면 생각이 달라질 수 있습니다.

이야기가 여기까지 왔군요.

『대혜보각선사서』에, 대혜大慧가 여랑중呂郎中에게 답하는 편지 내용에 이런 글이 나옵니다.

"더 이상 멸滅하지 않으면 생멸生滅은 있을 수 없다. 이것이 적멸寂滅의 출현이다."

"아我라든가 밖으로 대부분의 물상物象과 낱낱의 음성상音聲相이 나타나도 한결같이 꿈처럼 알기 때문에 범성대립凡聖對立의 지견知見도 일으키지 않고, 열반의 정견定見도 일으키지 아니하여 유무有無의 이변二邊과 과거, 현재, 미래의 삼제三際를 끊고 있다."

"언제나 근기에 따라서 활동하면서 활동한다는 생각을 일으키지 않는다. 일체의 법을 분별하지만 분별의 생각을 일으키지 않는다."

"겁화劫火가 바다 밑까지 태우고 바람이 고동쳐서 산끼리 충돌하여도 진실상주적멸眞實常住寂滅의 낙樂이 요컨대 열반의 모양과 같은 것이다."

『대혜서大慧書』에서 첫 번째 나오는 글이 좀 어렵겠습니다.
"그 이상 멸하지 않으면 생멸은 있을 수 없다. 이것이 적멸의 출현이다."
여기서 "그 이상 멸하지 않으면"이 문제라는 것입니다. 이해됩니까? 설령 내가 대단한 문장력으로 풀이해 나간다 해도 이건 이해되기 어렵습니다.

『대혜서』에는 최후의 둔근의식鈍根意識에 사무친다는 말도 나옵니다. 몇 년이고 몇십 년이고 불교 공부를 해나가다 보면, 그야말로 '최후의 둔근의식'에 도달할 수 있습니다. 그때쯤에야 "그 이상 멸하지 않으면"이라는 말이 이해되면서 적멸이 출현하는 것입니다.

『대혜서』의 내용에 의하면 적멸의 출현으로 잠재식에서 벗어나고 마음에서 벗어나는 것이 분명해집니다.

또한 『대혜서』에 의하면 적멸하지 않는 것은 하나도 없습니다. 하늘도 땅도 적멸합니다. 하늘도 땅도 마음이기 때문입니다.

"큰 가르침으로 이 세상을 이끌고자 하면, 하나하나가 모두 나의 가슴 속에서 흘러나와야 나를 위하여 하늘과 땅을 덮는다."

암두의 이 말씀은 결국 '적멸의 출현'을 의미하는 것입니다.

설봉의 '오산성도'는 암두의 그 말씀 끝에 이루어졌다 하니, 설봉의 수행의 경지가 이미 거기까지 무르익어 있었으리라 상상되고도 남습니다.

13. 도화桃花 – 선문염송 제588칙

복주福州 영운지근靈雲志勤 선사가 위산潙山에서 복숭아꽃을 보고 도를 깨달은 다음 게송을 읊었다.

"삼십 년 동안 검 찾던 나그네
몇 차례나 잎 지고, 가지가 돋았던가?
복사꽃을 한 차례 본 뒤로는
오늘까지 다시는 의심치 않는다."

그리고는 위산에게 이야기하니, 위산이 이르기를
"인연 따라 오달悟達한 자는 영원히 물러나지 않는다 하였으니,
잘 간직하라."
하였다.

[어떤 승이 현사玄沙에게 이 일을 이야기하니, 현사가 말하기를
"당연하고 또 당연하나, 노형老兄은 아직 끝까지는 깨닫지 못했
다고 확정하노라."

하였다. 대중이 이 말을 이상히 생각하므로 현사가 지장地藏에
게 묻되

"내가 그렇게 말했는데, 그대는 어떻게 생각하는가?"

하니, 지장이 대답하되

"계침桂琛이 아니었다면 천하 사람들을 몹시 바쁘게 했을 것
이다."

하였다.)

【해설】

영운지근의 오도송은 건너뜁니다. 복사꽃 흩날리는 어느 봄날, 깨달
음의 경지로 들었다는 그의 오도송은 유명합니다. 그 유명한 오도송
을 여기서는 비켜갑니다. 지장계침地藏桂琛의 말씀에만 집중합시다.

현사를 누가 건드립니까. 이미 위산영우가 인정한 것을 단번에 뒤
엎고도 유들유들합니다. 그뿐입니까? 내친 김에 지장계침까지 어떻
게 해볼 생각입니다. 그러나 지장계침은 다르군요. 현사를 건드리기
는커녕 한 입에 삼킵니다.

현사를 건드리다가는 쪼개집니다. 예컨대, 선문염송 제985칙 일원
상一圓相을 봅시다.

현사玄沙가 고산鼓山이 오는 것을 보고 원상圓相 하나를 그려 보이
니, 고산이 말하되

"사람마다 그것을 벗어나지 못하더군요."

하였다, 현사가 말하기를

"나는 그대가 나귀의 태胎와 말 뱃속에서 살림을 하는 줄로 예측하였다."

라고 하였다. 고산이 다시 말하되

"화상은 어떠하십니까?"

하니, 현사가 말하되

"사람마다 그것을 벗어나지 못한다."

하였다. 고산이 말하기를

"화상의 그런 말은 되는데, 저의 그런 말은 어째서 안 됩니까?"

하니, 현사가 이르기를

"나는 되지만 그대는 안 된다."

라고 하였다.

선문염송 제985칙에서 현사는 분명히 고산鼓山을 인정하지 않습니다. 인정하는 게 다 뭡니까. 단번에 고산을 해치웁니다.

"나는 되지만 그대(고산)는 안 된다."

다시 풀이하면

"나는 알지만 그대는 아직도 모른다."

이런 말씀입니다. 현사는 고산을 한번 보자마자 고산의 심지心地를 꿰뚫어보았습니다.

일원상一圓相, 즉 동그라미 그리기는 혜충국사가 시작했다고 하는데, 대원경지大圓鏡智를 의미합니다.

육조혜능 이후로 현사만한 인물을 찾아보기가 그다지 쉽지는 않습니다. 또 하나의 예를 들어 봅시다. 선문염송 제983칙 견호見虎입니다.

　현사와 천룡天龍이 산에 갔다가 범을 보았는데, 천룡이 놀라면서 말했다.
"호랑이입니다, 화상이시여!"
하니, 현사가 고개를 돌리고 말하되
"바로 그대로다."
라고 하였다. 저녁이 되어 옆에서 모시고 섰다가 천룡이 말하기를
"오늘 범을 보고 화상의 지시해주심을 받았으나 제가 모르겠습니다."
하니, 선사가 말하되
"세상에는 네 가지 지극히 중대한 일이 있으니, 어떤 사람이 이것을 벗어나면 오음과 십팔계를 벗어날 수 있다."
하였다.

　선문염송 제983칙 하나만 해도 해설하자면 시간이 제법 소요됩니다. 여기에서 네 가지 지극히 중대한 일은 다음과 같습니다. 애욕의 물결에 빠지는 것, 성냄의 불길에 타는 것, 어리석음의 구름에 가리는 것, 기쁨의 바람에 날리는 것을 의미합니다.

　산길에서 만난 호랑이를 보고

"화상(현사)이여, 호랑이입니다!"

하고 놀라는 천룡을 돌아보며 현사는 무어라 했습니까?

"바로 그대(천룡)로다."

이 문장을 좀 더 친절하게 바꾸면

"호랑이가 아니고 바로 그대(천룡)로다."

이런 뜻이 됩니다. 이러고도 이게 무슨 말인가 싶을 것입니다.

바로 그대라니? 현사는 이미 확정된 사람입니다. 그는 추호의 동요
도 없는 북두칠성 같은 사람입니다. 북두칠성 같은 사람이 호랑이를
바로 코앞에 두고 제자를 타이릅니다. 엄엄하게 타이릅니다.

"호랑이라니? 그 무슨 섭섭한 말씀인가. 호랑이가 아니고 지금 호
랑이라고 외치며 놀라는 바로 그대가 아닌가?"

호랑이를 보고 눈 뒤집힌 순간의 천룡으로서는 호랑이가 아니고
바로 너라는 현사의 가르침이 귀에 들어갔을 리 만무합니다. 천룡은
눈앞의 경계를 따라 마음이 움직이는 사람, '호랑이가 아니고 바로
너'라는 현사의 말씀에 즉각 정신 차릴 수 있었겠습니까? 어찌 한 순
간에 신의信義를 지켜 의연할 수 있었겠습니까? 어찌 한 순간에 자신
의 정신세계를 은산철벽銀山鐵壁인 듯 다질 수 있었겠습니까?

자못 현사론玄沙論이 되고 말았습니다. 이렇듯 장황하게 현사에 대
한 일화를 늘어놓은 것은, 그 인물됨을 조금은 알고 있어야 하겠기에
그런 것입니다.

위산영우는 영운지근의 깨달음을 인정하고 격려까지 합니다. 하지
만 현사는 판결을 뒤엎고 그래봤자 그대(영운)는 끝까지는 깨닫지 못

했다는 최종판결을 내립니다.

난감한 일입니다. 이유가 뭡니까? 현사에게 걸리면 어지간한 사람은 인정을 못 받습니다. 북두칠성인 듯 성성惺惺하고 형형炯炯한 그의 눈빛에 걸리면 어지간한 사람은 단번에 정신적인 결함이 포착되고 뒤이어 불합격 판정이 내려집니다.

이런 뜻으로도 해설이 가능합니다. '그대 영운지근은 지금의 깨달음이 전부라고 생각하면 안 된다. 대장간의 쇠망치인 듯 두드리고 또 두드려서 순금 같은 진짜를 이루어야 한다.' 현사는 영운에게 이런 주문을 했다고도 보입니다. 또 있습니다.

영운지근의 오도悟道를 인정하지 않고, 위산영우의 인가認可를 인정하지 않고, 세상의 그 어떤 것도 인정하지 않음으로써 이 세상에 진정한 문제 하나를 새롭게 던져 놓았습니다. 이를테면 또 하나의 공안을 만들어 이 세상에 던져 놓은 것입니다. 그것이 무엇인가를 맞춰 보라는 것입니다. 현사의 속셈은 바로 이것이었습니다.

그런 다음에 현사는 지장계침에게로 슬슬 다가가서 수작을 겁니다. 영운의 오도에 대한 자기의 비평을 어떻게 생각하느냐고 말입니다. 그러니까 지장계침은 한 술 더 뜹니다.

"내가 아니었다면 천하 사람들을 몹시 바쁘게 했을 것이다."

이건 또 무슨 뚱딴지같은 소립니까?

현사 당시에는 불교의 천재들이 많았습니다. 우리가 일화로 읽으니까 그렇고 그랬던가 싶은 정도로만 느낄 뿐이지, 실제로 지장계침의 말씀은 참으로 밀도 높아서 단번에 이해하기란 어렵습니다.

"내가 아니었다면 천하 사람들은 현사의 판결에 끌려들어 이러지도 저러지도 못하는 난처한 처지에 빠져들 뻔했다."

"위산영우는 영운지근의 깨달음을 인정한 반면에 현사는 아직은 멀었다고 했다. 그러니 내가 아니었다면 사람들은 어찌할 뻔했는가!"

이렇게 문장을 조금씩 변형시키면서 해설을 해도 이게 무슨 소린가 싶은 심정은 여전합니다. 도화桃花 공안이 위력을 떨치는 이유가 여기에 있습니다.

지장계침은 영운지근과 위산영우와 현사사비와, 아니 선문염송 제588칙 도화 전체를 찰나 간에 꼴깍(꿀꺽이 아닙니다) 삼키고 몰沒합니다.

먹고 튀는 사람을 요즘 말로 하면 '먹튀'가 됩니까? 한탕 한 다음에 비호飛虎처럼 튀는 사람들 말이죠.

지장계침은 '먹튀'의 최고 고수高手입니까? 지장계침은 '먹튀'에 있어서는 10단입니까? 왜입니까? 그는 선문염송 제588칙을 한입에 꼴깍 삼키면서 순식간에 종적을 감춥니다. 재주 좋습니다.

좀 더 구체적으로. 지장계침은 현사를 순식간에 먹어치운 다음에, 아니 먹어치운 다음이 아닙니다. 지장계침은 현사를 삼키는 것과 동시에 몰沒합니다. 몰함으로써 세상에 평화를 가져다줍니다. 현사의 속셈을 알지 못해 전전긍긍해하는 세상에 평화를 안겨줍니다. 과연 그렇습니까? 과연 지장계침이 세상에 평화를 선물했습니까?

영운지근의 오도를 부정함으로써 현사가 먼저 세상 시끄럽게 만듭니다. 다음에는 '내가 아니었다면 세상 사람들이 몹시 바빴을 것'이라고 말함으로써 지장계침이 세상 시끄럽게 만듭니다.

지장계침은 말하기를, 자기가 아니었다면 세상 사람들이 몹시 바빼을 것이라고 말했습니다. 그러나 현사의 말씀보다 더욱 알 수 없는 지장계침의 말씀 때문에 이제 세상은 발칵 뒤집힐 만큼 바빠집니다.

좀 더 구체적으로, 지장계침은 현사와 현사의 질문을 심키는 것과 동시에 쪼그라들면서 몰沒합니다. 쪼그라드는 솜씨도 그냥 실실 쪼그라든 것이 아니고 전광석화처럼 쪼그라들어 몰하고 말았습니다.

무슨 까닭에 이런 결론이 도출되는가? 이런 논리의 내역은 밝히기가 어렵지는 않습니다.

'내가 아니었다면 천하 사람들을 몹시 바쁘게 했을 것'이란 말씀을 알기 쉽게 풀이하면, "나(지장계침)였으니까 이야기를 여기서 종결짓는다!"가 됩니다.

그럼 왜 처음부터 그렇다고 털어놓지 않았느냐고요? 그것은 그런 것이 아닙니다.

"계침이 아니었다면 천하 사람들을 몹시 바쁘게 했을 것이다."

이 말을 풀이하면 다음과 같습니다.

"현사에게 걸려든 사람이 나(계침)였으니까 이야기를 여기서 종결짓는다. 그것이 그렇지를 못해서, 현사에게 걸려든 사람이 다른 사람이었다면 아마도 꼼짝 못하고 말려들었을 것이다. 현사에게 붙잡힌 사람이 다른 사람이었다면 이야기가 여기서 종결되지 못했을 것이다.

그러나 나(계침)는 다르다. 현사가 영운지근의 오도를 인정하고는 나에게는 아무런 의미가 없다. 그래서 이야기를 여기서 종결짓는다. 종결지음으로써 세상을 조용하게 만든다."

"내가 아니었다면 세상 사람들을 몹시 바쁘게 했을 것이다."

"나(계침)였으니까 이야기를 여기서 종결짓는다."

이 두 개 문장의 의미는 같습니다. 종결짓는다. 어떻습니까? 내가 아니었다면 세상 사람들을 몹시 바쁘게 했을 것이라는 말의 의미는 이야기를 '종결짓는다'는 것이었습니다. 이야기가 종결되는 이치를 따라서 지장계침은 몰沒한다고 표현하는 것입니다.

몰함으로써 공안은 이탈합니다. 이탈離脫, 즉 떨어져 나갑니다. 공안이 이탈하면 자기의 정신세계는 확정됩니다. 불교에서 말하는 정定이란 있는 그대로의 정신세계의 확정確定을 의미합니다.

이 이하도 아니지만, 이 이상도 아니라는 뜻입니다. 이 이상도 아니지만, 이 이하도 아닙니다. 이렇게 되면 좀 어렵습니까?

그러나 확정의 이치는 본래부터 그랬다는 것이지, 공안의 이탈로 비로소 결정되는 것은 아닙니다. 잊어버렸던 확정의 이치를 공안의 이탈로 다시 확인하게 된다는 표현이 옳습니다. 본래성불本來成佛입니다.

현사의 말씀 끝에 지장계침은 공안을 삼키고 몰합니다. 반드시 이렇게 보아야 공안의 이치가 심리에 쩍 걸려듭니다. 공안의 이치가 심리에 걸려든다는 말의 의미가 무엇입니까? 공안이 떨어져 나간다는 것입니다. 공안이 떨어져 나가면서 자기의 정신세계가 확정된다고 했습니다.

그것이 그렇지 못하여 공안의 이야기 자체에 묶여 있으면 묶여 있는 동안은 헛수고입니다. 예컨대

"지장계침은 왜 그런 말을 했을까?"

"지장계침은 왜 자기가 아니었다면 천하 사람들이 몹시 바빴을 것이라고 했을까?"

이런 방식의 공부는 절대 금물입니다.

복습입니다. "내가 아니었다면"이라니?

'내가 아니었다면'이라니? 이 말씀이 기괴합니다.

그렇다면 공부를 이렇게 지어가란 말입니까?

'내가 아니었다면'이라니?

'내가 아니었다면'이라니?

이렇게 공부를 지어 가란 말입니까?

그렇지 않습니다. 절대로 그렇지 않다고 단언합니다.

아까 말하지 않았습니까. 지장계침은 몰했다고. 지장계침은 소멸했다고. 공안은 몰했다고. 공안은 소멸했다고.

그런데 무슨 '내가 아니었다면' 따위가 아직도 남아 있습니까? 공안 따위는 지장계침이 말끔히 삼키고 소멸했습니다. 그런데 무슨 '내가 아니었다면' 따위의 찌꺼기가 남아 있겠습니까. 이런 거 남아 있으면 절대로 안 됩니다.

공안이라고 눈에 힘을 주며 보긴 보는데 결국엔 어떻게 되었습니까? 공안을 보기 이전과 똑같지 않습니까? 이렇게 되면 본전 못 뽑는 셈입니까?

아닙니다. 공안을 연구하지 않았다면 공안을 보기 이전과 공안을 본 이후가 똑같다는 사실을 무슨 재주로 알 수 있었겠습니까. 이 사실을 뚜렷이 인식하고 또한 인정해야 합니다.

이렇게 되기 위하여, 이런 결론에 도달하기 위하여 공안을 본다고 한다면 어폐가 있습니까? 전혀 그렇지 않습니다.

공안을 보기 이전과 공안을 본 이후가 똑같아서 전혀 차이가 없지만, 또한 하늘과 땅만큼 차이가 있다고 말하면 놀라겠습니까? 말을 한 다음에 금방 뒤집으니까 독자들은 놀랍니까?

그렇습니다. 공안을 보기 이전과 이후가 전혀 차이가 없어 똑같지만, 또 한편으로는 공안을 보기 이전과 이후는 하늘과 땅만큼의 차이가 있다는 것을 절절하게 깨달아야 합니다.

그 차이를 아까 해설한 '확정確定'의 의미에서 찾아봅시다. 공안을 보기 이전은 미확정입니다. 도를 구하여, 해탈을 구하여, 깨달음을 구하여 부단히 수행합니다. 수행한다면서 사실은 헛수고합니다. 마음의 움직임이 그칠 때가 없습니다. 마음의 흔들림이 멈출 때가 없습니다.

하지만 공안이 이탈하면 마음의 움직임은 멈추고, 마음의 움직임이 멎으니 이것이 '확정'입니다. 미확정의 시절은 괴로움과 번뇌의 현실일 뿐입니다.

확정되면 현실이 태허太虛로, 몽환으로 성질이 바뀝니다. 확정되면 마음뿌리가 빠지기 때문입니다. 마음뿌리가 빠지면서 현실이 태허로, 몽환으로 성질이 바뀝니다. 뿌리 없는 것은 꿈입니다.

똑같은 현실이면서 그 현실의 성질이 다릅니다. 이런 까닭에 공안을 보기 이전과 이후가 천지 차이라고 말합니다. 이런 이유로 공안의 이탈 이전과 이후가 천지 차이라고 말합니다.

어째서 이런 깨달음이 다가올까요? 그것은 공안 때문입니다. 그것은 공안 때문이라기보다도, 그래서 공안을 본다고 말해야 마땅합니다.

장애물인 공안이 제거되니 공허空虛해집니다. 이런 것이었다면 구태여 공안을 볼 이유가 있었겠나 싶은 생각조차 듭니다.

공안은 장애물입니다. 공안을 보는 사람에 따라서 일시적인 장애물로서 작용하다가 소멸하든, 장기간에 걸쳐 장애물로서 작용하든 간에 장애물로서 작용합니다.

그런데 별것도 아닌 듯한 장애물의 해결 전후가 하늘과 땅만큼 차이가 있으니 참으로 놀랍습니다. 장애물의 해결 전후는 똑같지만, 한편으로는 전혀 다릅니다. 이런 이율배반이 버젓이 성립됩니다.

사실은 이율배반도 아닙니다. 전술하지 않았습니까. 장애물로서의 공안이 떨어져 나가면 우리가 살아가는 현실의 성질이 달라진다고 했습니다. 공안의 이탈 이전은 현실이 현실일 뿐입니다. 그러나 공안의 이탈 이후는 현실이 몽환으로 성질이 바뀝니다. 마음뿌리가 빠지기 때문입니다. 똑같은 현실이지만 현실의 성질이 바뀝니다.

장애물이 해결되면 공허해집니다. 어찌 보면 이렇게 되려고 공안을 보았나 싶은 생각마저 듭니다. 그러나 한편으로는 세상은 이미 바뀐 것입니다. 세상을 보는 눈은 이미 바뀐 것입니다. 공안이라는 장애물의 해결 전후가 그토록 다르기 때문입니다. 하늘과 땅 차이라고 하지 않았습니까.

이게 끝이라고 하지 않았습니다. 이게 시작입니다. 되풀이하자면 이게 시작이라고 분명히 선언합니다.

마음은 한없이 공허해지는데, 이 공허가 밀봉된 공허라는 사실도 알아야 합니다. 왜냐하면 한없는 공허라고 하지 않았습니까. 탈출구가 없는 공허이기에 밀봉된 공허라고 했습니다.

어디에 탈출구가 있습니까. 마음이란 바깥이 없습니다. 바깥 없는 마음이 도대체 어디로 탈출합니까. 탈출이 불가不可한 까닭에 밀봉되었다고 말하는 것입니다.

게다가 바깥 없는 마음인 까닭에 마음은 갈 데도 없습니다. 갈 데도 없고 올 데도 없는 마음입니다. 그런 까닭에 마음은 영겁토록 움직이지 않는 태허太虛입니다.

어째서 이런 설명을 덧붙이는 걸까요? 이런 사실을 알아야 공부에 속도가 따라붙기 때문입니다.

이런 사실을 알아차린 다음에는 다시는 그 마음을 바꾸지 않게 됩니다.

공허하여 태허인 그 마음을 다시는 바꾸지 않으리라는 결연한 다짐을 하게 됩니다.

14. 일언一言 – 선문염송 제293칙

오설산五洩山 영묵靈黙 선사가 석두石頭를 찾아가서 말하였다.
"한마디로 서로 계합契合하면 머무르고, 한마디로 서로 계합하지 않으면 떠나겠소."
석두가 자리에 버티고 앉았다. 이에 영묵이 소매를 떨치고 일어나 떠나려는데, 석두가 영묵을 불렀다.
"상좌여!"
영묵이 고개를 돌리니, 석두가 말하였다.
"태어나서부터 늙기에 이르도록 그저 그렇고 그런 친구에 불과하거늘, 고개를 돌리거나 머리를 돌린들 무슨 소용 있으리오?"
영묵이 이 말끝에 깨달았다.

【해설①】

여기에서도 스승이 제자를 이끄는 순서가 일목요연하게 드러납니다.

제동을 걸면 순간적인 방심상태로 들어가는 심리를 즉각 도려내어 보여줍니다.

제자의 심리가 바깥으로 바쁘게 내달리는 동안에는, 스승은 절대로 손을 쓰지 않습니다.

그러니까 스승은 반드시 제자의 심리에 제동을 겁니다.

아무리 바깥으로 치닫는 심리라 해도, 어느 한 순간 깜박 움직임을 멈추고 멍해지는 찰나가 존재한다는 것입니다. 심리에 제동을 거는 목적은 바로 거기에 있습니다.

심리의 기멸起滅이 깜박 끊어지는 그 찰나적인 순간을 이용하여 스승은 제자의 심리의 기멸을 영원히 끊어버리는 것입니다.

심리를 도려내어 보여준다는 말의 의미는 바로 이것입니다.

【해설②】

석두石頭가 어떻게 영묵靈黙의 심리를 도려내어 영묵의 면전에 던져 보여주었는지 알아봅시다.

영묵은 처음부터 당당하여 조금도 굽히지 않았습니다. 심리의 기멸이 끊어져 지인至人의 반열에 오른 사람이라면 그러는 법이 아닙니다. 영묵의 공부가 상당한 경지에 이르러 있었다 해도, 그의 언행을 감안하면 그때까지는 설익은 사람이었음에 분명합니다.

"한마디로 서로 계합契合하면 머무르고, 한마디로 서로 계합하지 않으면 떠납니다."

이 얼마나 도도한 폭언입니까.

석두는 청원행사의 법을 이은 대사大師입니다. 아무리 천하의 영묵이었다 해도 석두에게는 깍듯이 예의를 갖추어야 했습니다. 그것이 인간의 도리입니다.

그러나 영묵의 도도한 정신과 무례한 언행이 그에게 전화위복의 계기를 마련해 주었으니 얼마나 아이러니합니까. 그 무례한 언행으로 인하여 오도悟道의 길로 들어갔다니까 하는 말입니다. 따지고 보면 그것도 그의 복입니다.

【해설③】

영묵이 석두를 향해 '한마디' 해보라는 도도한 도전장을 던지자, 석두는 지긋이 버티고 앉습니다. 이를테면 '한마디 해보라'는 영묵의 요구에 석두는 불응하고 그냥 묵묵히 앉아 있었다는 뜻입니다. 영묵의 요구를 무시했다고는 여겨지지 않습니다.

자기의 도전에도 묵묵부답인 석두의 대응에 성질 급한 영묵이 대번에 소매를 떨치고 일어나 방장실을 나갑니다. 바로 이 대목이 영묵에게 오도라는 큰 복을 안겨준 계기가 되었으니 참으로 아이러니하다는 것이지요. 새옹지마塞翁之馬였던 것입니다.

그때 석두가 영묵을 불러 세웁니다.

"상좌여!"

방장실을 나가기 위해 걸음을 옮기던 영묵이 문득 걸음을 멈추고 고개를 돌립니다. 바로 이 대목에서 그처럼 도도했던 영묵도 '무방비'상태에 떨어졌던 것입니다. 이런 상황에 처한다고 누구나 다 영묵처럼 정신적 '공허상태'로 돌입하는 것은 아니겠지만, 영묵은 그랬다는 것입니다.

정신적 '무방비'상태니, 정신적 '공허'상태니 하는 말이 의미하는 바가 무엇일까요?

일체의 사념과 상념想念이 홀랑 날아가 버린 상황을 의미합니다.

정신적인 객기客氣 혹은 정신적인 '거품'이 일시에 제거된 순간을 의미합니다.

영묵을 불러 세워놓고 석두는 대가大家의 수완을 휘둘러 영묵의 혼을 빼놓습니다. 혼을 빼놓는다는 표현은 영묵의 마음을 완전무결하게 도려낸다는 뜻입니다.

"태어나서부터 다 늙도록 그저 그렇고 그런 친구에 불과하거늘, 이제 와서 부른다고 고개를 돌리고 머리를 돌린들 무슨 소용 있겠는가?"

석두의 이 말씀이 시사하는 바는 또 무엇일까요? 그것은 이렇습니다.

"그대의 지금 그 상태가 전부다. 부른다고 고개를 돌리고 머리를 돌리는 정신 빠진 짓은 할 필요가 없다."

영묵의 정신적인 객기 혹은 정신적인 '거품'은 완전 제거되었습니다. 영묵의 정신은 예리합니다. 영묵 선사의 경우처럼 일사천리一瀉千里로 진행되는 사례는 드뭅니다.

15. 염저念底 – 선문염송 제855칙

운거雲居가 어떤 승僧에게 물었다.
"그대는 무슨 경을 염송하는가?"
하니
"유마경입니다"
하였다. 운거가 다시 물되
"유마경을 물은 것이 아니다. 염하는 것이 무슨 경이냐 말이다."
하니, 그 승이 이로부터 깨달았다.

【해설】

"염하는 것이 무슨 경이냐 말이다."

하염없이 생각에 잠기도록 하는 말씀입니다.

"염하는 것이 무슨 경이냐 말이다."

"『유마경』을 물은 것이 아니다. 염하는 것이 무슨 경이냐 말이다."

유사한 논지의 글을 만들어 보겠습니다.

"지금 어디 가느냐?"

"서울 갑니다."
"서울을 물은 것이 아니다. 가는 데가 어디냐 말이다."
여기에서도 서울을 빼앗는 모습이 분명합니다.

"지금 무얼 먹는가?"
"수박입니다."
"수박을 물은 것이 아니다. 먹는 것이 무엇이냐 말이다."
여기에서도 단번에 수박을 빼앗고 몰아세우는 모습이 역력합니다.

"그대는 지금 무슨 경을 염하는가?"
"『유마경』입니다."
"『유마경』을 물은 것이 아니다. 염하는 것이 무슨 경이냐 말이다."

　　운거雲居가 『유마경』을 탈취하고 그 스님을 몰아세우는 솜씨가 매섭다 못해 준엄합니다. 게임은 간단하게 끝납니다. 그 스님은 『유마경』을 잃고 자기의 전체全體를 얻었습니다. 『유마경』을 뺏기는 대가로 전체를 획득했습니다. 전체를 얻고 보니 『유마경』도 잃은 것이 아닙니다.
　　『유마경』을 염송하고 있었을 때는 『유마경』뿐이었는데, "유마경을 물은 것이 아니다. 염하는 것이 무슨 경이냐 말이다" 하는 운거의 힐문詰問이 떨어지는 찰나 『유마경』은 떨어집니다. 『유마경』이 떨어지는 찰나 전체가 복구됩니다.
　　'복구된다'는 말은 윤회를 거듭하면서 잊고 있었고, 잃어버리고 있었던 자기 정신세계 전체였기 때문입니다. 살아가다 보면 누구나 마음을 왜소하게 사용하기 마련입니다. 마음을 왜소하게 쓰고, 마음 전체를 쓰는 일은 꿈에서도 상상조차 못합니다. 그러다가 좋은 인연을 만나 홀연히 마음의 전체를 쓰게 되었으니 '복구되었다'고 말하는 것입니다.

독자들도 마찬가집니다.

"『유마경』을 물은 것이 아니다. 염하는 것이 무슨 경이냐 말이다." 이 말씀 끝에 『유마경』이 떨어져 나가고, 자기의 마음 전체를 회복해야 합니다. 독자들도 그 스님이 자기의 정신세계 전체를 되찾은 전철을 그대로 밟아야 합니다. 이것이 이 공안을 보는 이치입니다.

다시 말하지만, 하염없이 생각에 잠기도록 하는 말씀입니다.

바로 그것입니다. 하염없이 생각에 잠기도록 하는 그것입니다. 명심하십시오. 바로 그것입니다. 그것밖에는 아무것도 없습니다. 다음과 같이 공부를 지어 나간다면 천만부당합니다.

"어째서 '유마경을 물은 것이 아니다. 염하는 것이 무슨 경이냐 말이다'라고 했을까?"

"유마경을 물은 것이 아니다. 염하는 것이 무슨 경이냐 말이다"라니?

"염하는 것이 무슨 경이냐 말이다"라니?

이런 방식의 공부는 절대 금물입니다.

처음에는 대체로 잘 모르게 마련입니다. 이것이 무슨 뜻인지 아득하기만 합니까? 그냥 아득한 것이 하염없이 아득해지기만 하십시오.

이것이 이 공안을 보아 나가는 방법입니다.

모르겠으면, 그냥 하염없이 아득해지기만 하면 됩니다. 하염없이 아득해지는 그 일에 지극히 충실하십시오.

그런데 왜 '하염없이 아득해지라'는 주문을 계속할까요? 어째서 '하염없이'라는 말을 되풀이하며, 어째서 '아득해지라'는 말을 되풀이할까요?

그것은 마음의 뿌리가 '하염없이 아득한' 물건(?)이기 때문입니다. 마음의 뿌리가 하염없이 아득한 물건(?)이기 때문에, 어쩔 수 없이 저절로 '아득해지는' 것입니다. 마음의 뿌리는 잠재식입니다.

"『유마경』을 물은 것이 아니다. 염하는 것이 무슨 경이냐 말이다."

이와 같은 의식意識으로서는, 하염없이 아득하게 여겨지는 말씀은 '하염없이 아득한' 잠재식에 곧바로 날아가 꽂힙니다. 그러면 본래부터 하염없이 아득한 물건이었던 잠재식이 반응을 보이기 시작하고, 따라서 하염없이 아득해지고 하염없이 아득해지는 것입니다.

즉 하염없이 아득한 말씀을 본래부터 하염없이 아득한 물건이었던 잠재식은 즉각 알아듣는다는 뜻입니다.

화두 공부를 떠나서 누구든 한가할 때 조용히 앉아 있으면 저절로 아득한 시간을 가지게 됩니다. 그것이 모두 마음뿌리, 즉 잠재의식이라는 물건(?)이 본래부터 그토록 '아득한' 물건(?)이기 때문입니다. 화두 공부가 저절로 되는 이치가 이해됩니까? 억지로 애를 쓰면서 하는 공부는 화두 공부가 아닙니다.

잠재식이란 적멸寂滅과도 같아서 마음, 즉 의식으로서는 절대로 거머줄 수 없는 물건입니다. 왜입니까? 잠재식은 적멸과 같다고 하지 않았습니까. 마음의 뿌리, 즉 잠재식은 적멸과 같아서 아득한 물건입니다. 적멸과 같이 아득해지고 아득해지기를 하염없이 반복해가다 보면 잠재식이 빠지는 경지에 이릅니다.

"『유마경』을 물은 것이 아니다. 염하는 것이 무슨 경이냐 말이다."

이와 같은 말씀에 의식은 어리둥절해집니다. 이게 무슨 말씀이냐는 것입니다. 그러나 이와 같이 의식을 어리둥절하게 만드는 말씀일수록 잠재식에는 쩌억 걸려든다는 사실이 기묘합니다. 의식을 어리둥절하게 만드는 말씀이면 말씀일수록 잠재식은 재깍 알아듣습니다. 잠재식은 재깍 알아듣고 각성 현상을 보인다는 사실이 놀랍습니다. 왜일까요?

윤회는 끝이 없습니다. 끝없는 윤회의 과정에서 잠재식에 쌓이는 정보의 양은 무량합니다. 컴퓨터에 비유하자면 의식은 모니터요, 잠재식은 본체입니다. 의식의 입장에서 보면 잠재식은 불가사의 그 자체입니다. 그러니까 의식의 입장에서 '불가사의'로서의 잠재식을 보면 어리둥절해질 수밖에 없습니다.

의식의 입장에서 보면 잠재식의 존재란 망망대해와도 같습니다. 그러나 망망대해는 마침내 끝이라도 있지만, 잠재식은 시작도 끝도 없으니 어찌하겠습니까.

의식의 모니터에 떠오르는 일체의 정보는 잠재식에서 내보내는 것입니다. 특히 "유마경을 물은 것이 아니다. 염하는 것이 무슨 경이냐 말이다."와 같은 말씀이 잠재의식에서 나온 것은 물론이거니와, 그에

앞서 상당히 잠재의식적이라는 인상을 지울 수가 없습니다. 이 책에 수록된 53개 공안의 기묘한 말씀들, 그 말씀들의 성질이 한결같이 잠재의식적이라는 점에서는 차이가 없습니다. 그래서 공안마다 잠재식에 걸리는 것입니다.

"『유마경』을 물은 것이 아니다."
"염하는 것이 무슨 경이냐 말이다."
이런 말은 의식으로서는 생소하고 낯선 것입니다. 이런 말을 접하고 의식이 어리둥절해지는 이유가 거기에 있습니다. 잠재의식적인 만큼 잠재의식은 즉각 알아듣습니다. 잠재의식적인 말은 즉각 알아듣는 잠재의식의 각성 현상으로 인하여 잠재의식의 존재는 포착되고 뿌리를 뽑히게 됩니다.

이제 공안 자체는 아무런 필요도 없어질 단계가 되었습니다. 이제 공안은 용도가 다했습니다. 무엇하러 공안을 들었다 놓았다 하겠습니까. 그런 고생할 이유 없습니다.

하염없이 아득해져가기만 하면 되는 것을! 하염없이 답답해지기만 하면 됩니다. 그런 과정을 거치면서 마음뿌리가 빠집니다.

다른 궁리하지 마십시오. 그러다가는 일 망칩니다.

생활하다 보면 공안을 잊을 때가 많습니다. 하지만 "『유마경』을 물은 것이 아니다. 염하는 것이 무슨 경이냐 말이다." 하는 말씀에 생각이 미치기만 하면 아득해집니다. 이 무슨 말씀인고? 이 무슨 말씀인고?

이런 과정을 밟아서 공안 자체는 떨어져 나가고 바로 자기 자신이 의심 덩어리가 되어갑니다. 공안이 이탈되면 마음 전체가 대의단을 이룹니다. 대의단이 이른바 '의심 덩어리'입니다.

어째서 마음 전체가 대의단을 이룹니까? 어째서 마음이 '대의단'입니까? 이에 대한 해설도 여러 번 되풀이되는 해설입니다.

"『유마경』을 물은 것이 아니다. 염하는 것이 무슨 경이냐 말이다."와 같은 잠재의식적인 말씀에 그야말로 잠재의식은 즉각 반응합니다. 잠재식의 반응이라는 표현은 잠재식이 잡히기 시작했음을 의미하고, 잠재식이 그 거대하고 무량하고 아득한 덩어리(塊)를 드러내기 시작했음을 의미합니다.

그런데 잠재식의 그 거대함과 기괴함과 아득함으로 인하여, 의식의 입장에서 보면 밑도 끝도 없이 거대해 보이니까 '대大'입니다. 기괴하고 이해하기 어려우니까 의심스럽다는 '의疑'입니다. 게다가 사방팔방으로 한없이 쌓이고 쌓여 아득하게만 느껴지니까 둥글다는 '단團'입니다. 물론 단團을 '덩어리'로 이해해도 무방합니다.

한없이 크다는 의미에서의 '대大'와 한없이 의심스럽다는 의미에서의 '의疑'와 한없이 둥글다는 의미에서의 '단團'을 조합하면 이른바 대의단大疑團이 됩니다. 그러므로 잠재식이 대의단이라는 결론이 나옵니다.

마음이란 끝도 없습니다. 잠재식이란 광대무변합니다. 광대무변해서 몽환夢幻과 같습니다. 아니, 광대무변한 까닭에 몽환입니다. '대의단'이란 표현도 부족하지만, 그 정도로 해두는 것입니다.

공안의 말씀 자체가 떨어져 나가고 잠재식이 반응을 보이니, 자기

존재 전체가 의심 덩어리가 됩니다. 저절로 자연적으로 그렇게 되는 것이니 이치로만 따지면 힘이 전혀 안 듭니다.

그러나 처음에는 나의 설명처럼 그렇게 쉽지만은 않습니다.

복습입니다.

아득해지는 것과 '의심 덩어리'가 무슨 상관인가? 하는 점입니다. 아득하기만 한 잠재식이 의심 덩어리입니다.

아득해지기만 해서 어떻게 해볼 도리가 전혀 없어지는 심리상태 (잠재식)가 바로 의심덩어립니다.

이렇게만 되어 가면 공안의 말씀 자체는 아무런 쓸모가 없어지는 까닭에 폐기처분됩니다. 공안의 말씀 자체에는 연연해하지 마십시오.

공안의 말씀은 떨어져 나가고 의심 덩어리만 남습니다. 역으로, 의심 덩어리만 남으면서 공안의 말씀은 떨어져 나갑니다.

공안은 떨어져 나가고 '아득함'만 남습니다. '아득함'만 남으면서 공안은 떨어져 나갑니다.

이 '아득함'을 나날이 강화하십시오. 이 '아득함'을 나날이 다지십시오.

유의해야 할 점이 있습니다. 여러분의 존재 자체와는 분리해서 생각하는 '아득함'이 아니요, 여러분의 존재 그 자체가 '아득함'입니다. 여러분의 마음 밖에 따로 지어가는 '아득함'이 아닙니다. 마음 따로 있고, 아득함 따로 있는 것이 아닙니다.

이렇게만 해나가면 기필코 성공합니다.

16. 배석拜席 – 선문염송 제178칙

마조馬祖가 법상에 올라 침묵하자 백장百丈이 나아가서 배석拜席을 걷으니, 마조가 법상에서 내려와 방장실로 돌아갔다.

〔마조 사가록四家錄에 다음의 내용이 기록되어 있다.〕
백장이 마조의 시자로 있었는데, 어느 날 모시고 길을 가던 차에 들오리 날아가는 소리가 들렸다. 마조가 물었다.
"무슨 소리냐?"
"들오리 소립니다."
마조가 다시 물었다.
"아까 그 소리가 어디로 갔느냐?"
"날아갔습니다."
이에 마조가 문득 돌아서서 백장의 코를 잡아 비트니, 백장이 비명을 내질렀다. 마조가 말했다.
"날아갔다고 또 말해 보라."
마조의 이 말끝에 백장이 깨달았다.

이튿날 마조가 법당에 들어와 법상에 막 앉는데 백장이 나와서 배석을 걷으니, 마조가 법상에서 내려왔다. 백장이 마조의 뒤를 따라 방장실에 이르니, 마조가 말했다.

"아까 중요한 인연을 한번 이야기하려 했는데 그대는 어째서 배석을 걷었는가?"

백장이 대답했다.

"제가 코끝이 아파서였습니다."

마조가 말했다.

"그대는 어디를 갔다 왔는가?"

"어제 우연히 나갔다가 모시지를 못했습니다."

마조가 할을 하니, 백장이 나가버렸다.

【해설①】

'배석拜席' 또한 너무나 잘 알려진 공안입니다. 그럼에도 그 의미를 파악하고 있는 학인은 거의 없을 것입니다. 유명하기는 한데 이치를 아는 사람은 전무한 지경입니다.

'백장과 들오리'로 알고 있는 이 공안의 원리는 '충격요법'에 있습니다. '충격요법'이라는 용어도 독자들로서는 처음 접하는 이야기일 겁니다.

정신적 충격도 그렇지만 '물리적 충격'에도 마음의 전체가 그야말로 들오리처럼 날아가 버리는 일이 가능합니다. 물론 순간적인 일이기는 하지만 말입니다. 그런 사례가 드물어서 그렇지, 물리적인 충격파는 정신적인 충격파를 능가하는 모양입니다.

【해설②】

"무슨 소리냐?"

"들오리 소립니다."

"그 소리가 어디로 갔느냐?"

"날아갔습니다."

이것은 마조가 백장의 코를 비틀겠다는 복안에 따라 백장을 무방비상태로 유도하기 위한 사전 정리 작업이요, 매복 작전입니다. 백장의 방심상태를 최대한 증폭시킨 다음, 불시에 공격하기 위한 수법입니다.

백장이 마조의 매복 작전에 걸려들자, 마조는 갑자기 호랑이처럼 백장에게 덤벼들어 백장의 코를 잡아 비틀었습니다. 백장의 코 물렁뼈가 부러졌다는 이야기까지는 없습니다. 마조는 왜 백장의 가슴팍을 걷어차지 않았을까요? 코 잡아 비틀기는 쉬운 기술이 아니었을 텐데요.

수료 화상은 마조의 '가슴팍 걷어차기'를 한 번 당하는 순간에 뒤로 벌렁 나자빠지면서 깨달았다고 전해집니다.

아까 물리적 충격파가 정신적 충격파에 우선한다고 말했습니다.

비록 코뼈까지 부러지는 불상사로 이어지지는 않았으나, 아무튼 그 고통은 대단했던 모양입니다. 왜냐구요?

고통의 극치에 이르러야 마음은 통째로 날아가고, 마음이 통째로 줄행랑쳐야 이른바 대오大悟를 거머쥐게 됩니다. 마음이 조금이라도 남아 있었다면, 그것은 보통 수준의 깨달음일 뿐 '대오'는 아닙니다.

마조가 행사한 '코의 물렁뼈 비틀기' 기술 한 판으로 백장이 대오를 획득했다니까 그렇다는 것입니다. '대오'는 아무나 획득할 수 있는 성질의 물건이 아닙니다. 사람들마다 깨달음의 깊이는 다르다는 것을 알아야 합니다.

얼마나 고통스러웠기에 마음이 다 날아갔을까요. 코를 비틀리는 찰나에 찾아온 찰나적이고 지극한 고통으로, 백장은 육체는 물론이고 마음까지 완전하게 잃어버렸다고 잘라 말할 수 있습니다.

자기의 전체를 상실하고, 자기의 전체에서 이탈하니 이것이 대오입니다. 어째서 '대오'라고 판단하느냐고요?

그런 사연이 있은 이후의 백장의 행적을 보면 압니다. 백장은 마조의 기라성 같은 제자들 중에서 가장 뛰어났던 까닭에 마조의 법을 이어 받고 대종사大宗師가 됩니다.

이런 사실 하나만 봐도 마조의 '코 비틀기' 기술은 완벽했고, 따라서 백장의 고통은 극치에 이르렀으리란 판단의 근거는 탄탄합니다.

이와 같이 찰나적인 정신이탈을 유도하기 위한 물리적 충격요법이 사용되었다는 이론에 수긍이 갑니까?

【해설③】

백장은 마음이 없는 사람이 되고 말았습니다.

어째서 마음 '없는' 사람이 되었는가?

백장은 대오大悟를 거머쥐었기 때문입니다.

'대오'였다고 판단하는 근거가 무엇이고요?

마조의 제자들 가운데서 백장이 가장 뛰어났다는 사실이 그것을 증명합니다. 마조의 법을 이은 제자는 무수합니다. 그중에서 백장이 우두머리였다고 후세는 판단합니다.

이튿날 마조가 법상에 오른 채 잠시 침묵하자 백장이 냉큼 앞으로 나아가 배석拜席을 걷어버립니다. 마조는 도리 없이 법상에서 내려와 방장실로 돌아갑니다. 마음이 없어진 까닭에 '무애자재'해진 백장입니다.

17. 토각兎角 – 선문염송 제891칙

조산曹山에게 어떤 승僧이 물었다.

"마음이 곧 부처임은 묻지 않겠거니와, 어떤 것이 마음도 아니고 부처도 아닌 것입니까?"

하니, 조산이 대답하기를

"토끼의 뿔은 없앨 필요가 없고, 소의 뿔은 있게 할 필요가 없다."

하였다.

【해설】

토끼 뿔은 없앨 필요가 없다니?

아득해집니까? 이것이 전부입니다. 이것이 전부이기는 하지만 유의해야 할 점이 있다 했습니다. 여러분의 존재 자체와 분리되는 '아득함'이 아니요, 여러분의 존재 그 자체가 '아득함'이라는 것입니다. 마음 따로 있고, 아득함 따로 있는 것이 아닙니다.

"토끼 뿔은 없앨 필요가 없다"는 말씀 끝에 공안은 떨어져 나가고 오로지 아득함만 남습니다. 유의해야 할 점이 있긴 있습니다.

'토끼 뿔'이라는 말을 들었을 때 아주 심각해지는 사람이라면 이 공안을 해볼 만합니다. 그것이 그렇지를 못하고, 그냥 미적지근하게 느껴지는 사람은 굳이 이 공안에 매달릴 이유가 없겠지요.

'토끼 뿔'이라는 말을 들어도 '별로'인 사람이 있습니까? 그런 사람은 불교 공부를 많이 해온 사람임에 틀림없습니다. 그러나 토끼 뿔 '따위'라고 우습게 알면 안 됩니다. 토끼 뿔에서 벗어나기 전에는 '토끼 뿔'이 무너지는 일은 절대로 없습니다.

어째서 이런 황당한 일이 가능할까요? 어째서 '토끼 뿔'이 무너지지 않고 당당하게 버틸까요? 이유는 이렇습니다. '토끼 뿔' 하면 즉시 토끼 뿔에 잡히게끔 되어 있기 때문입니다. 토끼 뿔 하면 토끼 뿔밖에 모릅니다. 그뿐입니까? 예컨대 밥이라면 밥밖에 모릅니다.

윤회는 시작도 끝도 없습니다. 시작도 끝도 없는 윤회의 도상途上에서 쌓이고 쌓인 업식業識은 망망茫茫하기가 그지없습니다. 망망한 업식인 까닭에 부르면 부르는 대로 즉시 달려가서 잡히고 매달립니다. 아무개야 하고 부르면 부르는 소리에 즉시 잡혀서 '예' 하고 대답합니다. 업식의 망망함은 못 말립니다. 부르면 부르는 대로 달려갑니다. 달려가서 잡히고 매달립니다.

이러니 어찌 '토끼 뿔' 하면 토끼 뿔에 달려가서 잡히고 매달리지 않겠습니까. 눈에 보이는 대로 달려가서 잡히고, 귀에 들리는 대로 달려가서 잡힙니다. 토끼 뿔 하면 토끼 뿔밖에 모릅니다. 그러니 토끼 뿔이 무너지겠습니까? 나의 해설을 듣는 동안은 그런가 싶을 것입니다. 하지만 그것은 이해로만 끝납니다. 나의 해설에도 불구하고 독자들의 토끼 뿔은 안 무너집니다.

토끼 뿔이라는 말 한마디뿐입니다. 이 말 한마디 해결하면 세상만사를 일시에 벗어나고, 인생의 고뇌에서 벗어납니다. 이보다 희유한 일이 어디에 있습니까?

공안의 말씀 자체는 여러분을 이러지도 저러지도 못하는, 심히 곤란한 처지에 빠뜨리는 역할만 떠맡습니다. 그밖의 다른 역할은 없습니다.

그러니까 토끼 뿔은 없앨 필요가 없다는 말씀 자체에 매달려서는 안 됩니다. 그렇게 하면 공부가 완전히 빗나갑니다. 공부가 전혀 엉뚱한 길로 접어듭니다.

이러지도 저러지도 못하는 심히 곤란한 처지에 빠져들면 빠져들수록 심량心量은 거대하게 팽창하기 시작합니다.

그러나 사실을 말하자면, 심량이란 본래부터 무한한 것으로서 수축도 할 수 없거니와 팽창도 할 수 없습니다. 마음이란 본래부터 끝이 없는 것입니다. 세파에 찌들려 왜소하게 마음을 쓰긴 써 왔지만, 공안을 보다가 문득 마음의 전체를 사용하게 된 현상을 가리켜 심량이 거대하게 팽창한다고 표현했을 따름입니다.

세설細說합니다.

"토끼 뿔이라니? 토끼 뿔이라니? 토끼 뿔이라니?"

이렇게 공부를 지어나간다면 이야말로 엄청난 과오를 저지르는 것입니다. 토끼 뿔에만 잡혀 헤어나지 못하면 안 됩니다.

그러나 한편

"토끼 뿔이라니? 토끼 뿔이라니? 토끼 뿔이라니?"

이렇게 공부를 지어 나가면서 심량心量을 광대무변하게 팽창시키는 일에만 몰두한다면 그것은 올바른 공부 방법이라 하겠습니다.

그러나 토끼 뿔을 계속해서 중얼거린다면 그것은 역시 바람직한 방법이라고는 여겨지지 않습니다. 토끼 뿔이 남아 있기 때문입니다. 토끼 뿔이 남아 있는 동안은 토끼 뿔이라는 언어 자체에 걸려 있는 꼴이기 때문입니다.

토끼 뿔이 기괴하게 여겨지면 안 됩니다. 왜냐하면 토끼 뿔에 잡히기 때문입니다. 토끼 뿔 따위에 사로잡히게 되면 평생을 헛수고로 마감할 수도 있습니다. 헛수고 말입니다.

하긴 토끼 뿔이 기괴하긴 합니다. 토끼 뿔이 어찌 어불성설이 아니겠습니까? 하지만 토끼 뿔이 기괴하고 토끼 뿔이 말도 안 되는 수작인 까닭에 독자들은 아득해지고 망연해지는 것입니다.

기괴한 토끼 뿔의 역할은 독자들을 아득하고 망연한 심리상태로 빠뜨리는 것으로 끝납니다. 이 사실은 아무리 강조해도 지나치지 않습니다. 절대로 '토끼 뿔' 그 자체에는 묶여 있지 마십시오. '토끼 뿔'이라는 말에 묶이면 아무 소득 없이 평생을 날립니다.

아득하고 망연한 심리상태 그대로가 '의심 덩어리'입니다. 아득하고 망연한 심리를 견고하게 다지고 또 다져서 확정적인 것으로 만드십시오.

선문에서는 화두를 의심하라고 지시합니다. 그런데 의심이라는 언어 자체가 바로 잠재식입니다. 의심이 잠재의식입니다. 어째서 의심이 잠재식일까요?

잠재식은 의식에 잡히지 않는 식이기 때문에 의식의 입장에서 볼 때 잠재식은 의심입니다. 의식의 입장에서 볼 때 잠재식은 알 수 없는 의심인 것입니다.

이와 같이 잠재식인 의심은 알 수 없는 까닭에 아득하고 망망합니다. '토끼 뿔'이라는 말을 들으면 아득해지고 망망해지는 이유가 여기에 있습니다. 의식으로서는 알아들을 수 없는 '토끼 뿔'에 잠재식이 비로소 알아듣고 반응을 보이는 현상입니다. 놀랍지 않습니까?

이치가 이러하니, 소위 대의단이니 '의심 덩어리'니 하는 것은 사실 잠재의식 덩어리를 의미합니다. 잠재의식 덩어리라 하면 오해의 소지가 있을 수 있으므로 해설을 덧붙입니다.

무슨 말인가 하면, 덩어리란 표현이 문제라는 것입니다. 왜일까요? 잠재식은 광대무변하여 한계가 없습니다. 한계가 없고, 바깥이 없는 물건(?)에 어찌 덩어리라는 이름을 붙이겠습니까? 이건 덩어리도 아닙니다.

토끼 뿔이라는 말에 아득해지고 막연해지고 망망해지는 일에 전력을 다하라는 주문이 이해됩니까? 토끼 뿔이라는 말끝에 아득해지고 망망해지는 일에 집중한다는 뜻은 결국 잠재식에 집중한다는 뜻이 됩니다. 잠재식에 집중하니 드디어는 잠재식이 뽑히게 되는 것입니다.

그렇습니다. 토끼 뿔이라는 말을 듣고 마음이 망망해진다면 그 망망함에 집중하고 집중해서 확정적인 것으로 만들어 나가십시오. 그 망망함에 집중해서 확정적인 것으로 만들어 나간다는 말의 의미가 무엇입니까? 아까 해설했습니다.

'망망함'은 곧 잠재식을 의미합니다. 그러니까 망망함을 확정적인 것으로 만들어 나간다는 의미는, 잠재식의 자각自覺 현상을 확정적인 것으로 만들었다는 의미입니다. 잠재식의 자각 현상이 확정되면 잠재식은 뽑혀 나옵니다.

잠재식이 뽑혀 나오는 현상을 가리켜 잠재식의 자각 현상이라고 말하며, 잠재식의 자각 현상을 가리켜 잠재식이 뽑혀 나온다고 말하는 것입니다.

이 일련의 과정이 분명해지면 서서히 자나 깨나 한결같다는 오매일여의 경지로 접어듭니다. 잠재식이 의심입니다. 잠재식이 뽑히면 의심이 뽑힌 것입니다. 의심이 뽑히게 되면 의심이 의심으로 작용하지 못합니다. 그러니까 자나 깨나 한결같을 수밖에 없는 것입니다. 오매일여의 의미가 이러합니다. 잠재식이 빠지면 일체의 문제가 해결됩니다. 어찌 오매일여 문제뿐이겠습니까.

선문염송에는 토끼 뿔처럼 뚱딴지같은 이야기가 심심찮게 등장하므로 하나의 예로서 들어 보았습니다. 나머지는 다음을 보십시오.

18. 곡소哭笑 – 선문염송 제179칙

백장이 마조를 모시고 산 구경을 다녀와서 갑자기 우니, 동료들이 물었다.

"왜 우시오? 부모님 생각이 납니까?"

"아닙니다."

"누구한테서 욕을 먹었소?"

"아닙니다."

"그렇다면 왜 우시오?"

"마조 스님에게 가서 물어보시오."

동료들이 방장 스님인 마조에게 가서 백장이 우는 이유를 물으니, 마조가 대답했다.

"백장에게 물어보라."

동료들이 다시 백장의 방으로 와서 우는 이유를 물으니, 백장이 깔깔거리며 크게 웃어댔다. 동료들이 말했다.

"도대체 아까는 왜 울었고, 지금은 왜 웃으시오?"

"아까는 울었고, 지금은 웃습니다."

이에 동료들은 어리둥절해졌다.

【해설①】

이 공안은 제178칙 배석拜席 공안의 뒤를 이어 연결되어야 마땅하지만, 선문염송에서는 따로 떼어 다루고 있습니다.

회상해봅시다. 제178칙의 내용이 어떠했습니까?

마조가 백장의 코를 잡아 비트는 바람에 백장으로서는 뜻하지도 않았던 대오大悟를 거머쥐지 않았습니까. 이것이 제178칙의 내용이었습니다.

그런대 마조를 모시고 산행山行에서 돌아온 백장의 말과 행동에 문제가 있었던 것입니다. 갑자기 서럽게 꺼이꺼이 실컷 울다가, 이번에는 돌변하여 깔깔거리며 한바탕 거침없이 웃어댔다는 것입니다.

이게 보통 문젭니까?

【해설②】

마조가 백장의 코를 쥐어 비틀었을 당시 인정사정을 봐주었을까요?

적당히 비트는 수준에서 그쳤다면 아마도 마조는 성공하지 못했을 것입니다. 아니, '아마도'가 아닙니다. 재미 삼아 적당히 비틀고 말았다면 '보나마나' 마조의 작전은 실패했을 겁니다.

마조의 풍체는 대단했다고 합니다. 그런 그가 손아귀에 들어온 제자를 놓치는 실수를 저질렀을까요? 마조의 거사는 주도면밀해서 백장의 혼을 빼놓기에 충분했습니다.

그 순간 백장은 순간적으로 죽었다가 깨어났다고 해도 무방할 정도로, 격심하게 비틀린 코가 치명적인 고통을 선물했던 것입니다. 그 바람에 백장의 마음은 몽땅 날아가 버리고 마음 없는 사람이 되고 말았습니다. 마음 없는 꼭두각시가 되고 말았습니다.

불경佛經에도 분명 마음은 없다고 나와 있습니다.

마음이 있기는 있지요. 그러나 마음에서 벗어나는 까닭에 마음이 없다고 하는 것입니다.

마음이 없으니 이것을 가리켜 반야般若라 칭합니다. 그러므로 반야식般若識이란 용어를 쓰면 안 되는 것입니다. '반야'란 마음(識)에서 벗어났음을 의미하는데, 마음을 의미하는 '식'을 더한 '반야식'이란 합성어는 명백한 모순입니다.

【해설③】

젖먹이 아기도 마음은 있습니다.

백장은 마음이 없습니다.

젖먹이 아기는 순진무구하여 거침없이 울고 웃고 합니다. 그러나 아기는 마음이 있습니다.

백장도 아기처럼 거침없이 울다가 웃다가 했습니다. 그러나 백장은 마음이 없습니다.

백장과 아기 중에서 어느 쪽이 더 순진무구합니까?

결론은 자명해집니다.

젖먹이 아기는 아직 어린 까닭에 순진무구합니다.

하지만 마음 없는 백장은 순진무구조차 초월했습니다.

그러므로 백장이 순진무구하다는 말을 해서는 안 되는 것입니다.

백장은 코가 아프니까 울었고, 마음이 없어진 까닭에 거칠 것이 없어 크게 웃어댄 것입니다.

아기는 자라면서 잠재식이 활발한 활동을 개시하면 순진무구와는 거리가 멀어집니다.

하지만 잠재식에서 벗어난 백장은 꼭두각시가 되고 말았습니다. 꼭두각시로서 울다가 웃었던 것입니다.

백장이 울었던 까닭은 코가 아팠기 때문이요, 웃었던 까닭은 꼭두각시가 되어 너무나 통쾌했기 때문이었습니다.

어찌 마음 있는 아기의 그것과 비교할 수 있겠습니까?

【해설④】

말이 나온 김에 제273칙 서래西來를 보겠습니다.

홍주洪州의 수료 화상이 처음으로 마조馬祖에게 물었다.

"어떤 것이 달마 대사가 서쪽에서 오신 분명한 뜻입니까?"

"가까이 오라. 그러면 말해주겠다."

이에 '수료'가 다가가니 마조가 수료의 가슴팍을 걷어찼는데, 수료는 뒤로 벌렁 나가떨어지는 찰나에 크게 깨달았다. 벌떡 일어난 수료는 손을 만지고 깔깔대며 말했다.

"대단히 기특하고 몹시도 신기하구나. 백천 가지 삼매와 무량하고 묘한 이치의 근원을 단지 한 털끝에서 알았도다."

말을 마친 수료는 마조에게 예배하고 물러갔다. 수료는 뒷날에 주지가 되어 대중에게 말했다.

"내가 마조에게 한 번 걷어차인 뒤로 아직까지 웃음이 그치지 않는다."

이것이 수료 화상의 오도悟道의 기연機緣입니다.

마조에게서 걷어차이는 순간 수료를 엄습한 격심한 물리적 충격파가 '수료'로 하여금 마음에서 떨어져 나가게끔 만듭니다.

마조가 '수료'를 이끌어 깨달음의 세계로 진입시키기 위해 충격요법을 사용했다는 사실이 명료해집니까?

수료 화상은 정확하게 마음에서 이탈한 것입니다. 마음에서 이탈하니 마음이 없어진 수료 화상은 환술幻術로 지어진 인간이 되고 말았습니다.

"한 털끝"이란 말은 비유입니다. 마음에서 벗어나는 '순간'을 표현하다 보니 '털끝'이라는 말이 나왔던 것입니다. '털끝'은 미세함의 극한값을 의미하는데, 그러니까 '털끝'은 '순간' 혹은 '찰나'로 바꾸어 이해하면 됩니다. 마조에게 걷어차인 '찰나'에 마음이 '깜박' 끊어졌다는 뜻입니다.

수료 화상이 마음에서 이탈하는 것과 동시에 수료 화상의 마음은 소멸했습니다. 그 '소멸'이 '한 털끝'으로 표현된 것입니다. 이제 이해되었습니까?

【해설⑤】

이번에는 제766칙입니다.

정定 상좌가 임제臨濟에게 물었다.
"어떤 것이 불법의 올바른 뜻입니까?"
임제가 선상에서 내려와 꽉 쥐니, '정 상좌'가 머뭇머뭇하거늘 임

제가 뺨을 한 대 갈기고 풀어주었다. 이에 '정 상좌'가 우두커니 생
각에 잠겨 있는데, 곁에 있던 승僧이 말했다.
"정 상좌는 어째서 절을 하지 않습니까?"
'정 상좌'가 비로소 절을 하다가 갑자기 크게 깨달았다.

깨달음의 기연으로는 기묘합니다. 대중 앞에서의 뺨따귀가 기분
좋은 일은 아니지만, 어쨌든 그 대가를 치른 다음에 획득한 어마어마
한 대오가 어딥니까. 뺨따귀 맞고 깨닫게 된다면 세상 사람들 모두가
임제에게 달려가느라 정신없을 것입니다.

이 경우의 충격요법과 반응이 나타나기까지에는 약간의 시간 지체
가 있습니까?

뺨따귀와 예배. 그렇군요. 이 두 가지 과정을 거치는 순간 '정 상좌'
는 마음에서 벗어납니다.

【해설⑥】
운문문언雲門文偃이 오도한 기연을 알고 있습니까?

운문은 진 존숙陳尊宿의 가르침을 받기 위해 진 존숙의 거처를 드
나듭니다. 드나들다가 한 가지 사연을 겪습니다.

암자 안으로 들어가려는 운문을 진 존숙이 대문 밖으로 밀어내는
과정에서 일어난 일인데, 운문의 다리 하나가 미처 빠져나가지 못한
상태에서 진 존숙이 대문을 와락 닫아버렸다는 것입니다.

어찌되었겠습니까? 인정사정 두지 않고 닫히는 대문 사이에 끼이
게 된 운문의 발목 하나는 무참하게 치이고 말았다는 이야깁니다.

진 존숙의 행위가 의도적이었는가, 비의도적이었는가 하는 문제는 알아낼 방법이 없습니다만, 틀림없이 의도적인 짓이었다는 것이 나의 추측입니다. 진 존숙이 대단한 인물이었다는 사실은 잘 알려져 있습니다. 그러므로 그가 충격요법에 눈 밝았다는 추측은 얼마든지 가능합니다.

발목 하나가 무참히 치이는 순간, 운문의 육체를 덮친 충격파로 인하여 운문은 마음에서 이탈했습니다.

마음에서의 이탈은 무한정의 자유를 의미합니다.

19. 가중家中 – 선문염송 제212칙

남전南泉에게 육긍대부陸亘大夫가 물었다.
"저의 집에 돌 한 덩이가 있는데 어떤 때는 앉고, 어떤 때는 눕습니다. 불상을 새기고자 하는데 되겠습니까?"
하였다. 이에 남전이 대답하기를
"된다."
하였다. 대부가 다시 묻기를
"안 되겠지요?"
하니, 남전이 대답하기를
"안 된다."
하였다.

운암雲岩이 말하되,
"앉으면 부처요, 앉지 않으면 부처가 아니리라."
하고, 동산洞山은 말하되
"앉지 않으면 부처요, 앉으면 부처가 아니니라."
하였다.

【해설】

간헐적으로 으르렁거리며 차츰차츰 멀어져 가는 먼 뇌성雷聲. 남전보원의 말씀은 먼 뇌성입니다. 여름날 난데없이 덮쳐온 뇌우雷雨는 물러갑니다. 소나기의 빗발도 서서히 가늘어지고 하늘을 뒤덮었던 먹구름도 군데군데 열리면서 뇌우는 물러갑니다. 뇌성도 약해지고 간헐적으로 으르렁거리며 먼 산 너머로 물러갑니다. 멀고 먼 산 너머로 물러갑니다.

남전보원의 말씀은 멀고 먼 뇌성입니다.

불상을 새기고자 하는데 되겠습니까?

"된다."

불상을 새겨서는 안 되겠지요?

"안 된다."

차츰차츰 멀어져가면서도 나직이 읊조리는 뇌성.

불상을 새기면 되겠습니까?

"된다."

안 되겠지요.

"안 된다."

멀어져가는 먼 뇌성의 비유는 적절합니다.

남전보원에게 있어서 육긍대부의 질문 따위는 안중에도 없음을 아시겠습니까? 불상을 새기면 되겠습니까? 된다. 새기면 안 되겠지요? 안 된다. 이러한 남전의 마음을 잠시 읽어보겠습니다.

이래도 좋고, 저래도 좋다는 뜻이 아닙니다. 이래도 이런 것이 아니요, 저래도 저런 것이 아니며, 이런 것도 저런 것도 아니라는 뜻입니다. 영원히 모든 것을 떠났다는 뜻입니다.

　이래도 되고, 저래도 된다는 뜻이 아닙니다. 이래도 안 되고, 저래도 안 된다는 뜻이 아닙니다. 되어도 되는 것이 아니요, 안 되어도 안 되는 것이 아니라는 뜻입니다. 되고 안 되고 따위를 영원히 떠났다는 뜻입니다. 영원히 일체를 떠났다는 뜻입니다. 어쩌다가 남전은 이런 사람이 되었을까요?

　공안을 보다가 망연자실 덩어리, 즉 대의단이 되면 마음은 바깥이 없어집니다. 바깥이 없어지는 마음은 끝없는 데에서 끝없는 데로 뻗칩니다. 끝없는 데에서 끝없는 데로 뻗친다는 표현은 마치 '현재진행형'처럼 인식되겠지만 본래부터 그랬을 뿐입니다. 본래부터 그랬을 뿐인 '끝없는 데서 끝없는 데로 뻗치는' 마음이니, 어찌 '된다, 안 된다' 따위에 간섭하겠습니까? 어찌 '된다, 안 된다' 따위에 떨어지겠습니까? 어찌 세상만사에 떨어지겠습니까?
　선문염송 제1056칙 생사生死를 봅시다.

　운문문언雲門文偃에게 어떤 승僧이 물었습니다.
　"생사生死가 닥쳐오면 어떻게 피하리까?"
　운문이 대답했습니다.
　"어디에 있는가?"

　"어디에 있는가?"는 생사가 어디에 있느냐는 말입니다. 생사 공안에서도, 생사는 안중에 없습니다. 생사에 관여하고, 생사에 떨어진 흔적은 없습니다. 무한에서 무한으로 뻗치는 마음입니다. 세상만사에서 영원히 떠난 운문문언입니다. 아니 자기 자신에게서 영원히 떠난 운문입니다.

남전南泉은 꿈속의 사람입니다. 남전은 몽환夢幻의 사람입니다. 아니 남전은 몽환입니다.

그러니까 '된다, 안 된다' 따위가 무슨 볼일 있습니까. 불상을 새기든 말든 무슨 볼일입니까.

까마득하도록 아득해지고 망연자실해집니까? 이 무슨 말씀인고, 이 무슨 말씀인고, 싶어집니까? 이와 같이 까마득하도록 아득해지고 망연자실해지는 당신의 심령이야말로 진실로 소중합니다. 그것은 이 세상의 그 무엇과도 바꿀 수 없는 소중한 것이니, 그런 상태로 몰입해 들어가고 또 몰입해 들어가십시오.

'된다, 안 된다'에 걸리면 이 공안은 영원히 풀리지 않습니다. '된다, 안 된다'에 걸리면 이 공안에 묶여 꼼짝달싹 못하는 꼴을 면하지 못합니다. '된다, 안 된다'에 걸리면 이 공안에 덜컥 걸려든 당나귀 꼴이 됩니다. 그러고 보면 '된다, 안 된다'는 말 자체는 조금도 중요하지 않다는 이야기가 됩니다.

10년도 좋고 20년도 좋으니, 만일 이 공안에 몰입이 된다고 여겨지면 밀어붙이십시오. 이런 공부를 하는 데 소비하는 10년, 20년은 조금도 아깝지 않습니다.

무엇보다 이러한 해설이 옳고 옳을 뿐더러 지당하다고 생각되면 공부에 10년, 20년까지 소요되지도 않는다는 사실을 알아야 합니다. 몇 년 정도면 공부에 일단 성공할 가능성이 높습니다. 일단 성공이라고 말하는 까닭은, 깨달음의 세계는 들어갈수록 깊어지기 때문에 하는 말입니다.

끝도 없이 망연자실해지십시오. 그러다 보면 당신 자신은, 아니 당신의 심령 전체가 망연자실의 덩어리가 됩니다. 그러한 일련의 과정을 거치다 보면 당신의 심령의 뿌리가 서서히 드러나고 서서히 잡힌다고 인식되는 때가 도래합니다. 그것이 이른바 '의심 덩어리'요, 이른바 대의단인 것입니다.

주의해야 할 것이 있습니다. 당신의 마음 따로 있고, 망연자실 따로 있는 것이 아닙니다. 당신의 존재 전체가 망연자실 덩어리입니다. 망연자실 덩어리가 의심 덩어리요, 대의단입니다. 공부를 계속하면 그런 사실이 분명해집니다.

의심 덩어리, 즉 대의단이 곧 몽환입니다. 어째서 몽환인가? 현실을 각박하고 모질게 살아간다면 자기 자신이 몽환인 줄 모릅니다. 아니 각박하고 모질게 살아가니까 현실이라는 착각 속에서 벗어나지 못합니다.

각박한 현식은 모질고 모진 육체입니다. 육체로서 살다가 육체로서 죽습니다. 이것이 현실입니다. 사람 사는 세상 한 바탕 꿈이라면서도 꿈으로서 살지 못하고 악착같이 육체로서, 현실로서 살다가 갑니다.

그러나 공안에 몰입하게 되면 현실이 몽환으로 바뀌기 시작합니다. 공안의 이치에 투철하게 되면 그때부터는 자기의 목숨을 내놓습니다. 목숨이라는 것은 마음의 뿌리, 즉 잠재의식입니다. 공안을 보다가 잠재의식이 빠지면 이는 곧 목숨의 뿌리가 빠졌음을 의미합니다. 뿌리 없는 것은 뿌리 없는 까닭에 꿈이요, 환화幻化입니다.

마음뿌리, 즉 잠재의식이 빠진다는 것은 무엇을 의미합니까? 잠재의식은 한계가 없다는 뜻입니다. 환언하자면 마음에 바깥이 없다는 뜻입니다. 마음뿌리가 빠진다면서 마음에 바깥이 없다는 말은 어찌된 영문입니까? 이 무슨 역설이 이런 역설이 있습니까?

그것은 그런 것이 아닙니다. 빠진다는 표현은 실제로 빠져서 빠진다는 것이 아니요, 실체가 그대로 드러난다는 뜻입니다. 잠재의식의 자각 현상이라고 표현을 바꾸면 이해됩니까? 이와 같이 표현을 바꾸어 가면서 해설하면 의미가 분명해집니다.

잠재식의 자각 현상이라는 표현을 사용했습니다. 가능한 일이겠습니까? 가능한 일이라기보다도 사실입니다. 사실일 뿐더러 불경에도 분명하게 언급되어 있습니다. 잠재식의 존재가 원체 미세한 까닭에 보통사람들은 알아보기 어렵다는 것입니다.

불경에는 잠재식의 흐름을 비유하기를 '폭포수'에 비유하고 있음을 명심하십시오. 미세하고 미세하여 보통사람들은 알아챌 수 없는 잠재식을 비유하는데, 그것도 폭포수에 비유하고 있음을 잊지 마십시오.

결국 마음에 바깥이 없으므로 마음은 꿈이요, 환화라는 말입니다. 그야말로 중중무진법계重重無盡法界입니다. 현실을 살아가는 경우는 오직 육체밖에 모르는 것이요, 공안의 이치에 정통하게 되면 오직 태허太虛일 뿐입니다. 마음에 바깥이 있어서 몽환이 아니요, 마음에 바깥이 없으므로 몽환입니다. 마음에 바깥이 없으므로 그보다 더한 자유가 없습니다.

본래부터 몽환이라는 사실에 눈 어둡고, 눈 어두운 까닭에 누구나 현실로 살아가고 있다는 뜻입니다.

자기는 본래부터 몽환이요, 이 몽환으로 되돌아오기 위하여 화두를 합니다. 그래서 화두 공부가 중요합니다.

20. 법신송法身頌 – 선문염송 제1432칙

두순 화상杜順和尚이 법신에 대하여 송頌했다.

"회주懷州에서 소가 벼를 먹으니
익주益州에 있는 말의 배가 띵띵 불러온다."

【해설①】

이런 이야기가 있습니다.

"있는 법法도 없게 할지언정, 없는 법을 있게 하지 말라."

풀어보겠습니다.

① 법이 있기는 있다.

② 만유萬有를 구속하는 법은 없다.

③ 만유를 구속하는 법 따위는 없다는 것이 법의 내용이다.

④ 요약컨대, '법이 없다는 것'이 법이다.

⑤ 그러므로 있는 법도 없게 할지언정, 없는 법을 있게 하지 말라는
이야기도 성립된다.

법이나 법 같은 것은 없다는 법의 '성질'로 인하여, 법은 만유를 한 꼬지에 꿰고 있다. 이것이 두순杜順의 법신송法身頌의 내용입니다.

물론 소와 말도 존재하지 않는 법의 꼬지에 꿰여 있습니다. 존재하지도 않는 법은 존재하지 않는 까닭에 만유를 꿸니다.

【해설②】

이런 이야기도 있습니다.

'김가끽주金家喫酒 이가대취李家大醉.' 술은 김가가 마셨는데, 이가가 대취하여 관청 앞마당에 코를 박고 고꾸라진다. 이것도 두순의 이야기와 똑같습니다.

김가끽주 이가대취.

그 원리를 알아내기 위하여 사람들은 혼신의 힘을 쏟아 붓습니다. 그러나 이해가 쉬울 리 있습니까?

설사 그때는 이해가 되고 알았다 싶어도 공부에 그다지 도움도 안 됩니다. 그다지 도움 안 되는 정도에서 그치지 않습니다. 시간이 흐름에 따라 '이해'는 유야무야되고 흐지부지되다가 마침내 사라집니다. 이것이 '이해'라는 물건의 실상입니다. '이해'라는 물건은 물거품과도 같습니다.

【해설③】

해결 방법을 제시합니다.

세상만사가 공유共有하는 것이 무엇인가에 착안해야 합니다. 환언하면, 세상만사의 공유물이 무엇인가를 알아야 한다는 뜻입니다. 만유萬有가 공유하는 법法이나 법 같은 것이 있습니까?

없습니다. 즉 법이나 법 같은 것은 없다는 법의 성질로 인하여 '없는' 법이 결국 만유萬有를 한 꼬지에 꿰고 있다는 사실에 눈 열려야 합니다.

그래서 회주의 소가 벼를 먹으니 익주에 사는 말의 배가 떵떵 불러 온다는 노회한 이야기를 성립시킵니다. 다시 말해 봅시다. 소와 말의 공유물이 있기는 있습니까? 소와 말의 공유물이 무엇입니까?

공유물은 '없는' 법입니다.

회주의 소와 익주의 말이 공유하는 법이나 법 같은 것은 없습니다. 이것이 지극한 '이치'라면 '이치'인 것입니다. 만유를 한 꼬지에 꿰는 '이치'는 없다는 것을 다시 밝힙니다.

그러기에 도리어 다음과 같은 역설이 성립합니다. 어떤 역설 말입니까? 법이나 법 같은 것은 '없다'는 이치가 도리어 회주의 소와 익주의 말이 공유하는 물건이 된다는 역설입니다.

다시 해설합니다.

법이나 법 같은 것이 없다는 이치가 회주의 소와 익주의 말을 한 꼬지에 꿴다는 사실 말입니다. 그래서 회주의 소가 벼를 먹으면 익주의 말이 배불러 온다는 참으로 신비한 이야기를 태연히 내뱉습니다.

법이나 법 같은 것이 없다는 이치가 도리어 만유를 한 꼬지에 꿴다고 태연자약하게 내뱉습니다.

이와 같이 신비한 이야기에 세상 사람들은 꼼짝 못하고 두 손 들고 마는 것입니다. 그야 말로 꼼짝달싹 못하는 것입니다.

불경佛經에는 공空으로 돌아가는 인과법이 인과법을 장애하지 않는다는 말씀이 있습니다. 여기에서 공空이란 만유를 구속하는 법이나 법 같은 것은 없다는 이치에 해당합니다.

21. 교치咬齒 – 선문염송 제563칙

석상石霜에게 어떤 승僧이 물었다.

"어떤 것이 조사께서 서쪽에서 오신 뜻입니까?"

하니, 석상이 교치咬齒를 하거늘, 그 승이 알지 못하고 있다가 석상이 열반에 든 뒤에 구봉九峰에게 다시 물었다.

"선사께서 교치를 하신 뜻이 무엇입니까?"

하니, 구봉이 대답하기를

"내가 차라리 혀를 끊을지언정 나라님의 이름자야 범할 수 없다."

하였다. 그가 다시 운개雲盖에게 물으니, 운개가 대답하되

"나와 선사가 무슨 원한이 있겠소."

하였다.

【해설】

이 공안의 이치는 제564칙 생야生耶와 동일합니다. 하지만 이치는 같아도 등장인물에는 변화가 있고, 등장인물 두 명이 구사하는 언어는 격렬하다 못해 극적이라 할 만합니다. 이 공안은 이치에 있어서 제

564칙 생야보다 더 선명해 보이는지라 택했습니다. 약설略說합니다.

"나라님의 이름자를 범할 수 없다"는 의미는 이렇습니다. 석상石霜이 교치咬齒를 한 까닭을 지금에 와서 무엇 때문에 내가 설명하겠는가, 그런 짓은 절대로 불가하다고 뒤로 나자빠지면서 아주 완강하게 거절합니다. 아주 완강하게.

"나와 선사(석상)가 무슨 원한이 있겠소"의 의미도 이렇습니다. 나(운개)와 선사(석상) 사이에 무슨 원한이 있어서, 내(운개)가 선사의 교치한 까닭을 당신에게 고자질하겠는가? 하는 뜻입니다. 이 또한 완강한 거절입니다. 교치한 까닭에 대한 설명은 절대 사절한다고 손사래를 치면서 뒤로 나자빠지는 솜씨는 구봉九峯과 막상막하입니다.

구봉과 운개가 그 스님의 해설 요청을 잇달아 사절하니, 그 스님은 석상의 마음을 알아낼 방도가 완전히 사라지고 말았습니다. 그것은 그렇다 치고, 이제 독자 여러분의 차례가 되었군요. 여러분들이 어떻게 이 공안을 보아 나가는가 하는 문제에 직면했습니다.

어떻게 말입니까? 똑같습니다. 구봉과 운개가 번갈아가며 여러분의 해설 요청을 냉혹한 말로 잘라버리지 않았습니까. 딱 그 스님만 구봉과 운개에게 해설 요청을 했다고 볼 이유가 어디 있습니까? 이 공안을 보는 독자들도 그 스님과 동시에 구봉과 운개에게 해설 요청을 한 셈입니다.

그러니까 그 스님뿐만 아니라 독자들도 동시에 '석상이 교치한 뜻'을 알아낼 길은 영원히 사라지고 말았다는 사실입니다. 아니, 그러고 보니 지금에 와서 문득 깨닫게 된 것인데, 문제는 거기에서 끝나지 않고 전혀 예상치도 않았던 또 다른 엉뚱한 문제가 불거져 나왔다는 사실입니다.

그것은 다름이 아니고, 이 공안을 보던 독자들이 자기도 모르는 사이에 감쪽같이, 그야말로 감쪽같이 자기 자신의 세계에 갇히게 되었다는 것입니다. 마치 독 안의 자라처럼 말입니다. 흡사 먹이를 꺼내 먹으려고 물소 뿔 속으로 기어 들어가다가 물소 뿔 속에 끼어 옴짝달싹도 할 수 없게 된 늙은 쥐처럼 말입니다.

이 공안을 보다가 감쪽같이 당신 자신의 세계에 갇히게 된 것이 분명합니까? 철통같은 당신 자신만의 세계에 갇히게 된 것이 역력 분명합니까? 답답하게 생각하지 마십시오. 단속을 더욱 철통같이 하십시오. 당신 자신만의 세계에 갇히되 더욱 더 철통같은 자기만의 세계에 갇혀 들어가야 합니다. 그런 철통을 나날이 강화하십시오. 이것이 이 공안을 들어 보이며 강조하고 싶었던 것입니다.

여기에서 한 가지 이해를 구하고 넘어갈 일이 있습니다. 자라를 독 안에 가두어 두면 되겠는가 하는 문제입니다. 뿐만 아니라 쥐를 물소 뿔로 잡으면 되겠는가 하는 문제입니다. 사람으로 태어나서 어찌 그런 잔인한 짓을 하겠습니까.

불교의 선문에서 화두 공부의 본궤도 진입을 비유를 들어 설명할 때 흔히들 들어 보이는 비유이기는 하지만, 이야기 자체는 결코 아름답지 못함을 인정해야 합니다. 생각해 보십시오. 자라와 쥐로서는 목숨이 걸린 문제가 아닙니까.

다시 봅시다.

이렇게 여겨지지 않습니까? 구봉과 운개가 차례로 대답하기를 거절하는 바람에 공안 해결의 가능성은 제로가 되지 않았습니까? 공안 해결의 가능성이 제로가 되었다는 것은 공안이 소멸했음을 의미합니다.

공안을 보는 사이에 공안은 제로가 되고, 그 바람에 자기 자신도 모르는 사이에 감쪽같이 자기 자신의 세계에 갇히게 되었습니다.

자기 자신도 모르는 사이에 자기 자신의 세계에 갇히게 되었다는 표현을 바꾸면 이렇습니다. 공안이 제로가 되는 바람에 홀연히 자기 자신만 남게 되었다는 뜻입니다.

그 홀연히 남게 된 자기 자신을, 자기 자신만의 세계를 철저히 하고, 또 철저히 해나가십시오. 그렇게 해나가다 보면 저절로 자기의 마음 전체를 얻게 됩니다. 그러니까 마음이 밖으로 새나가도록 허락하면 안 됩니다.

이것이 이 공안이 말하고자 하는 핵심입니다. 절대로 다른 것에 의지하고, 다른 것에 매달리려고 해서는 안 됩니다.

공안을 보다가 홀연히 자기 자신만 남게 되니, 다시 천중天中임이 분명해집니다. 공안을 보다가 문득 천중임을 깨닫게 된다는 표현이 정확합니다. 천중이라니? 문자 그대로 '하늘 한가운데'라는 의미인데, 이는 공안을 보다가 마음이란 바깥이 없는 것임을 절감하게 된다는 뜻입니다.

선문염송 제1047칙 천중에 운문문언이 언급하고 있으니 참고하기 바랍니다.

뜻풀이를 계속합니다.

앞에서 '자기 자신의 세계에 갇히게 되었다'는 표현을 사용한 바, 이는 마음이란 바깥이 없는 까닭에 그렇다는 것이요, 마음이란 바깥이 없는 것임을 절감하게 되는 까닭에 더욱 그렇다는 것입니다.

마음은 바깥이 없는데, 바깥 없는 마음이 어디로 탈출합니까? 그러므로 자기 자신의 세계에 갇히게 되었다는 표현이 성립됩니다.

이 상태에서 물러서거나 달아날 수 있겠습니까? 그런 일은 불가합니다. 마음은 바깥이 없고, 바깥 없는 마음이 어디로 물러서거나 달아날 수 있겠습니까?

의연히 떨치고 일어설 일입니다. 제 아무리 이런 상태에서 벗어나려고 해봤자 소용없는 헛수고로 돌아갑니다.

적어도 수행修行의 과정이 이 정도 수준에 이른 사람이라면 공부에 더더욱 박차를 가하면 가했지, 물러서는 일 따위는 상상조차 할 수 없는 일입니다. 마음을 쫙 뻗치되, 끝 간 데 없는 데까지 뻗치면 뻗쳤지, 물러서서 다시금 옹색해지는 일은 없습니다.

이제부터가 진정한 공부입니다. 이제부터의 공부야말로 찬란히 빛납니다. 처음에는 얼떨떨하고 어리벙벙해서 실감이 나지 않을 수도 있지만, 세월이 흐르면 인정하게 됩니다.

입멸入滅을 앞두고 고오타마 부처님은 이런 말씀을 남겼습니다.

"자기 자신을 등불 삼고, 자기 자신을 의지할 곳으로 삼아라. 다른 사람에게 의지해서는 안 된다. 진리(법)를 등불 삼고 의지할 곳으로 삼아라. 다른 것에 의지해서는 안 된다."

22. 타구打毬 – 선문염송 제651칙

왕상시王常侍가 오니 진 존숙陳尊宿이 물었다.

"오늘은 어째서 늦게 들어오는가?"

"마타구馬打毬를 구경하느라 늦었습니다."

진 존숙이 다시 물었다.

"사람이 공을 치는가? 말이 공을 치는가?"

"공이야 말을 탄 사람이 치지요."

진 존숙이 다시 물었다.

"사람이 피곤하던가?"

"피곤하지요."

"말이 피곤하던가?"

"피곤하지요."

"돌기둥(露柱)이 피곤하던가?"

이에 왕상시가 망연해져 대답을 못했는데, 집으로 돌아와서 밤
중에 깨달았다. 이튿날 진 존숙을 찾아가 말씀의 뜻을 알았다고
하니, 진 존숙이 물었다.

"돌기둥이 피곤하던가?"

> "피곤합니다."
> 이에 진 존숙이 왕상시를 인가하였다.

【해설①】

"돌기둥이 피곤하다."

　꼼짝 못하겠습니까? 이런 말에 걸려 넘어지는 이유가 뭘까요?

　돌기둥은 돌기둥이요, 피곤은 피곤이기 때문입니다.

　어째서 돌기둥은 돌기둥이요, 피곤은 피곤일까요?

　'나'는 오로지 실존적인 '나'다. 이렇게만 알고 있기 때문입니다

　이런 철석같은 관념觀念 하에서는 돌기둥은 어디까지나 돌기둥이요, 피곤은 어디까지나 피곤인 것입니다. 그러니 어찌 돌기둥이 피곤하겠습니까? 있을 수 없는 일입니다.

　그렇다면 어째서 '나'는 오직 '나'일 뿐일까요?

　석두石頭의 말씀처럼, '태어나서부터 늙기에 이르도록 한낱 그렇고 그런 친구에 불과한 존재'가 바로 '나'라는 인식이 뼈에 사무친 적이 없었기 때문입니다.

　거의 대부분의 사람들에게 있어서 현실인식은 확고부동해서 도저히 뜯어고칠 수가 없습니다. '나'는 어디까지나 '나'일 뿐이고, 현실은 어디까지나 현실일 뿐이어서 몹시 엄숙합니다. 세상에서 전쟁이 끊이지 않는 이유도 여기에서 근거합니다.

　인류역사를 누가 문화사文化史라고 부르겠습니까? 인류역사는 전쟁사라고 해도 무방할 정도가 아닙니까?

158

【해설②】

돌기둥이 피곤하기 위해서는 다음의 과정을 밟아야 합니다.

'나'에 대한 나의 관심이 떨어져 나가야 합니다. '나'에 대한 나의 관심도가 제로에 이른다면 가장 바람직합니다. 나에 대한 나의 관심도가 제로라면 그것은 이미 정각正覺입니다.

아무튼 '나'에 대한 나의 관심이 떨어져 나간 상황에서는 어떤 일이 벌어지겠습니까?

'나'에 대한 관심도 없는데, 돌기둥 따위에 대한 관심이 없는 것도 당연하지요. '나'에 대한 관심조차 없는데, 돌기둥이 피곤하면 무슨 상관이고, 돌기둥이 피곤하지 않으면 또 무슨 상관입니까?

'나'에 대한 관심의 소멸로 인하여 환화幻化로 돌아간 사람에게는 돌기둥도 '환화'로 돌아가고, '피곤함'도 환화로 돌아갑니다.

23. 노주露柱 – 선문염송 제173칙

석두石頭에게 어떤 승僧이 물었다.

"어떤 것이 조사께서 서쪽에서 오신 뜻입니까?"

선사가 대답했다.

"노주露柱에게 물어 보라."

승이 다시 물었다.

"저는 모르겠습니다."

선사가 대꾸하기를

"나도 모르겠다."

하였다.

【해설】

노주露柱는 도량을 장엄하기 위하여 절 마당에 세워둔 돌기둥입니다.

　질문의 내용은 어떤 것이라도 상관없습니다. 조사서래의(달마가 서쪽에서 오신 뜻)를 물었든, 불법佛法의 뜻을 물었든, 무엇을 물었든 상관없습니다.

　그랬더니 석두희천石頭希遷이 대꾸하기를, 노주에게 물어보라고 했습니다. 이야기는 여기에서 끝납니다.

천고千古의 세월이 흐른다 한들 노주가 무슨 말을 합니까. 천고의 세월을 기다린다 한들 노주는 끝내 말이 없을 것입니다. 그래서 이야기는 여기에서 다시 한 번 더 끝납니다. 이야기는 철저하게 끝났습니다. 공안은 맡은 바 임무를 완료하고 퇴장했습니다.

이제는 독자들의 차례가 되었습니다. 독자들에게 주문합니다. 입을 다무십시오. 무슨 할 말이 있습니까? 없지요? 입을 열면 안 됩니다. 입을 한 번만 뻥긋해도 천만 리나 어긋나게 됩니다. 그냥 멍하니 계십시오. 그냥 멍청하니 계십시오.

이 공안은 독자들을 그토록 아둔한 존재로 만들기 위하여 이 책에 등장하고 또 한 쪽 지면을 차지하고 있는 것입니다. 여기서 일컫는 '아둔함'이란 매우 좋은 의미에서 사용하는 용어이므로 섭섭해할 이유도 없습니다. 멍하다느니, 멍청해진다느니 하는 말도 한결같이 좋은 의미로 사용하고 있음도 알아야 하겠지요.

잠재의식은 잠겨 있는 까닭에 의식으로서는 알아보기가 아득할 만큼 어려운 식입니다. 잠재식은 아득한 존재입니다. 혼자서 조용한 시간, 한가한 시간을 가지게 되면 아득해지는 이유가 잠재식 때문입니다. 다시 말하자면 잠재식은 그토록 아득하게 느껴집니다. 왜일까요?

잠재식은 광대무변하여 끝이 없기 때문입니다. 잠재식은 무한대에서 무한대로 뻗칩니다. 무한대에서 무한대로 뻗쳐, 마치 그 존재가 없는 듯이 느껴질 정도입니다. 보통사람들에게 잠재식 이야기를 하면 못 알아듣습니다.

그런 까닭에 잠재식 하면 아득해지고 까마득해지는 것입니다. 잠재식을 뽑기 위해서는 잠재식을 사용하는 수밖에 없습니다. 그러니까 잠재식을 사용하기 위해서는 자연적으로 아득해지고 까마득해지고 멍해지고 멍청해지고 망연자실해질 수밖에 없는 것입니다.

그토록 까마득한 잠재식인 까닭에 잠재식의 사용에 들어가면, 정신은 저절로 아득해지고 까마득해지고 멍해지고 멍청해지고 망연자실해지는 것입니다. 환언하면 아득함, 까마득함, 멍함, 멍청함. 망연자실함, 그 자체가 바로 잠재식인 것입니다.

또 한 가지가 있습니다. 아득함, 까마득함, 멍함, 멍청함, 망연자실함이 이른바 대의단이라는 사실입니다. 이 말을 바꾸면 어떻게 됩니까? 잠재식이 대의단인 것입니다. 잠재식의 자각 현상을 가리켜 대의단이라 칭합니다.

공안의 이치를 해설하면서 아득해지라, 까마득해지라, 멍해지라, 멍청해지라, 망연자실해지라, 이런 주문을 하는 이유가 이해됩니까?

멍한 정도가 심해지면 멍청해집니까. 날에 날을 이어서 멍청해지십시오. 날에 날을 이어 아둔해지십시오. 왜입니까? 아까 설명하지 않았습니까.

천고千古의 세월 뒤에, 다시 한 번 더 천고의 세월이 흐른다 한들 절 마당에 세워둔 노주가 말하겠습니까? 그러니까 멍해지는 것입니다. 그러니까 망연자실해지는 것입니다.

나날이 망연자실해지기만 하면 공부에 속도가 붙기 시작했다는 증거입니다. 그러니까 입 다물라는 것입니다. 이런 상황에서 입 열어 무슨 말을 하겠습니까?

그래서 이제부터 공안과는 아무 볼일 없어졌다고 선언하는 것입니다. 공안 따위는 되돌아보지 마십시오. 살다보면 공부가 희미해지는 때가 있기는 있습니다. 그런 때는 잠시 공안 자체를 되돌아 살펴볼 필요도 있긴 있겠지요.

노주에게 물어보라고 말한 석두희천의 마음이나 노주 따위는 조금도 중요하지 않습니다. 그런 것이 이제 와서 무슨 볼일 있느냐고 하지 않았습니까. 그런 것에는 신경 끄십시오.

입 다물라, 입 다물라 했지만 입만 다물 뿐 아니라 머릿속의 생각도 끝납니다. 머릿속의 생각 굴리기도 마침내는 정리하고 깨끗이 끝내야 합니다. 그래서 멍청해진다고 말하는 것이요, 아둔해진다고 하는 것입니다.

입만 다물 뿐 아니라 잔머리 굴리기도 동시에 멈추어야 합니다. 멍청해지고 아둔해진다는 표현은 머릿속 생각 굴리기의 종료를 의미합니다.

천년만년이 흐른다 한들 돌기둥이 무슨 말을 합니까? 그러니 잔머리 굴리기가 무슨 소용 있겠습니까? 무슨 보람 있겠습니까?

생각해서 알고 궁리해서 터득하는 것은 귀신 굴속에서 공부하는 것이라 했습니다.

"어째서 석두희천은 노주에게 물어보라고 했을까?"
"어째서 석두희천은 노주에게 물어보라고 했을까?"
물론 이런 방식의 공부는 절대 금물입니다.

공안은 '흙덩이'와도 같은 것입니다. 이런 말도 있습니다. 흙덩이를 던지면 개는 흙덩이를 쫓아가는데, 사자는 흙덩이 던지는 사람을 문다는 이야기가 있습니다. 공안은 흙덩이에 불과합니다.

그래서 '어째서 석두는 노주에게 물어보라고 했을까?' 하는 방식의 공부는 안 된다고 하는 것입니다.

"노주에게 물어보라니?"

"노주에게 물어보라니…? 노주에게 물어보라…?"

물론 이런 방식도 안 됩니다.

이런 방식이든 저런 방식이든 돌기둥에 걸려들고 석두희천에게 걸려들면 소중한 시간만 날립니다. 전혀 신경 쓰지 마십시오.

그렇다면 이제 아둔해지기만 하면 되고, 멍청해지기만 하면 되지 않습니까! 이 얼마나 쉽습니까? 그래서 입 다물라는 주문을 한 것입니다. 사람이 한없이 아둔해지면 입은 저절로 다물어집니다. 역으로 사람이 입 다물게 되면 저절로 아득해지고, 저절로 까마득해지고, 저절로 아둔해집니다.

이제 바로 옆에 있는 사람조차 인식하지 못할 만큼 아둔해진 '당신 전체'를 가리켜 '의심 덩어리'라 칭할 때가 다가왔습니다.

더불어 또다시 주의를 줍니다.

당신이라는 존재와 의심(의정)을 분리해서 생각하면 안 됩니다. 그렇게 공부를 해나가면 큰 과오를 저지르게 되는 것입니다.

당신 밖에 대의단이 따로 있는 것이 아닙니다. 의심을 따로 챙기는 공부는 항상 두 동강이 나 있어 공부라고 할 수 없습니다. 실제로 그런 공부는 잠만 들면 흔적도 없어집니다. 바로 당신이 대의단이요,

의심 덩어리입니다. 마음 따로, 의심 덩어리 따로가 아닙니다.

아둔해지는 여러분의 존재 전체를 통틀어 의심 덩어리라 하며, 여러분의 존재 자체와 의심을 따로 떼어서 하는 공부가 아니라는 사실을 이해하게 되었습니까?

이제 입 다물라는 주문이 이해됩니까? 표현이 입 다물기요, 표현이 아둔해지라는 것이지, 사실 입 다물고 아둔해지는 공부는 지극하고도 지극한 수행인 줄 알아야 합니다. 대현大賢은 대우大遇라 했습니다.

반복합니다.

여기서 '아둔해진다' 함은 참으로 좋은 뜻으로 사용하는 용어임을 이해해야 합니다.

멍청해짐이 어떤 경지를 넘어서면 그 정신은 지극히 형형炯炯해지고 지극히 성성惺惺해지는 때가 도래합니다. 잠재의식이 드러나는 현상입니다. 잠재의식이 곧 마음의 뿌리입니다.

결론입니다.

"아둔해진다, 멍해진다, 멍청해진다, 망연자실해진다" 합시다. 그때의 '아둔해짐'이니, '멍해짐'이니, '멍청해짐'이니, '망연자실해짐'이 의미하는 것은 무엇입니까? 그것은 잠재의식입니다. 그것은 지금 잠재식을 사용하고 있음을 뜻합니다.

환언하면, 잠재식이란 그토록 '아득한' 물건(?)이라는 뜻입니다. 잠재식을 뽑는 방법은 이와 같이 잠재식 자체를 사용하는 방법 이외는 없습니다. 그러니까 얼마나 좋은 의미에서 사용하는 '아둔함'이요, '멍청함'이요, '망연자실'이요, '아득함'입니까.

　이런 일련의 과정을 거치면서 마음은 뿌리가 빠지게 됩니다. 나머지는 다음을 보십시오.

24. 성색聲色 - 선문염송 제1406칙

운봉문열雲峰文悅이 대중에게 말했다.
"소리와 빛이 이르지 못하는 곳이므로 병은 보고 듣는 것에 있고, 말이 미치지 못하는 곳이므로 허물은 입술에 있다.
목구멍과 입술을 떠난 한 구절을 어떻게 말해야 하는가?
만일 말할 수 있다면 천하 사람들의 혓바닥을 앉아서 끊을 수 있겠지만, 만일 말하지 못한다면 법륜의 문하에 죽도 있고 밥도 있다."

【해설①】

"소리와 빛이 이르지 못하는 곳이므로 병病은 보고 듣는 것에 있다."

이 말의 의미는 다음과 같습니다. '소리와 빛이 적멸寂滅하는 까닭에 보고 듣는 것도 적멸한다. 그럼에도 사람들은 적멸하지 못하고 보고 듣고 분별한다. 이것이 병이다.'

"말이 미치지 못하는 곳이므로 허물은 입술에 있다."

이 말의 의미는 이렇습니다. '말은 적멸한다. 그럼에도 적멸하지 못한 사람들은 입으로 말을 하며 분별한다. 이것이 허물이다.'

"천하 사람들의 혓바닥을 앉아서 끊는다."

이 말의 의미는 이렇습니다. '천하 사람들의 입을 다물게 만든다.'

"법륜法輪의 문하에 죽도 있고 밥도 있다."

이 말의 의미는 이렇습니다. '법륜의 문하에는 죽도 있고 밥도 있으니 마음껏 드십시오.'

【해설②】

"목구멍과 입술을 떠난 한 구절을 어떻게 말해야 하는가?"

목구멍과 입술을 사용하지 말고 말해 보라.

이 지독한 말씀 끝에 잠적하듯이 적멸하면 됩니다. 얼마나 지독한 말씀입니까. 그러므로 경우에 따라서는 적멸의 세계가 열릴 가능성도 있습니다.

뒤로 밀어붙이는 듯한 말씀에 공안의 배타성을 명료하게 느낍니다. 뒤로 밀어붙여서 적멸의 세계로 들어가게 만듭니다. 이와 같이 안 되면 '해설③'을 봐야 합니다.

【해설③】

참구參究를 해야 합니다.

"목구멍과 입술을 떠난 한 구절을 어떻게 말해야 하는가?"

목구멍과 입술을 닫으니 나의 존재 전체가 '의심 덩어리'가 됩니까? 반드시 그렇게 되어야 합니다. 그렇게 되도록 유도하기 위하여 운봉雲峰은 여러분의 입을 봉쇄한 것입니다.

그냥 "입 다물고"라고 했다면 지독하지 않습니다. "목구녕과 입술을 떠난"이라고 하지 않았습니까. 그래서 운봉의 말씀이 강렬한 말씀으로 다가옵니다.

목구멍과 입술을 떠나니 이제 '존재의식'의 퇴로는 차단되었습니다. 무엇이 어떤 상태에 들어갔든 퇴로를 차단당하면 몸부림치게 되어 있습니다. 몸부림치는 것입니다.

몸부림치는 이 상황의 성질이 '의정'이요, 이른바 '대의단'입니다.

그냥 머릿속에서 굴리기를, "목구멍과 입술을 떠나서 한 구절을 말해 보라니?" 만일 이렇게 머리로 굴리기만 한다면 그것은 머릿속의 일로 끝납니다. 그런 공부를 가리켜 '존재 전체'가 '의심 덩어리'가 되었다고는 말하지 않습니다.

퇴로는 자물쇠로 차단당했습니다. "목구녕과 입술을 떠난"이 운봉이 걸어 잠근 자물쇠입니다. 이와 같이 퇴로가 봉쇄된 상태에서는 마음은 이러지도 저러지도 못해 몸부림치게 되어 있습니다.

출구 없는 상태에서 정신적인 몸부림이 지속되면 어떤 현상이 발생할까요? 마음이 꽉 차게 됩니다. 마음이 꽉 차서 보름달 같이 됩니다. 그때부터는 공부가 저절로 됩니다.

대의단大疑團의 '단團'에는 덩어리라는 의미도 있지만, 둥글다는 의미도 있습니다. 마음이 꽉 차면 보름달같이 된다는 말의 뜻이 이해됩니까?

만일 이 공안이 마음에 든다면 끝도 없이 몸부림치고 또 몸부림치십시오. 물론 정신적인 몸부림입니다.

분명하게 다지기 위하여 반복합니다.

절대로 머릿속에서 굴리면 안 됩니다. 목구멍과 입술을 떠나는 것이니, 설사 머릿속에서 "목구멍과 입술을 떠난 한 구절을 말해 보라니?" 이렇게 속삭인다면, 그것은 목구멍과 입술을 떠난 것이 아닙니다.

25. 문외門外 – 선문염송 제1072칙

운문雲門에게 어떤 승僧이 물었다.
"어떤 것이 화상의 가풍입니까?"
하니, 선사가 대답하되
"문밖에 글 읽는 어떤 사람이 와서 말하더라."
하였다.

【해설】

운문문언雲門文偃의 말씀 중에는 이런 글도 있습니다. "온 시방세계와 건곤의 땅 덩어리와 천하의 노화상老和尙을 백 조각으로 부수리라." 이런 말씀도 내뱉은 사람입니다.

그런데 "문밖에 어떤 글 읽는 사람(讀書人)이 와서 말하더라."

이게 뭡니까?

정처 없는 한 말씀, 뜬 구름 같은 한 말씀입니다. 문밖에 어떤 사람이 와서 말하더라니? 이 정도라면 척 일어서서 자기 볼일 보러 나가면 됩니다. 뭣 하러 이런 이야기 듣고 있습니까?

이건 동문서답東問西答도 아닙니다. 동문서답이라면 서쪽을 보고 동쪽을 짐작이라도 해볼 텐데. 그래서 정처 없는 말씀이라고 했습니다.

운문문언은 꿈속의 사람입니까? 현실로 살아 본 적이 한 순간도 없었던 꿈속의 사람입니까? 몽환夢幻의 한평생입니다.

서산 대사西山大師의 삼몽사三夢詞가 있습니다.

"주인主人의 꿈 이야기 손(客)에게 하고
손의 꿈 이야기 주인에게 하고
지금 꿈 이야기하고 있는 두 사람 다
꿈속의 사람인 줄 누가 알리오."

어떤 객客이 주막에서 하룻밤을 묵은 다음날 아침, 주인과 지난밤에 꾼 꿈 이야기를 주고받는 정경을 서산 대사가 삼몽사라는 글로 남긴 내용입니다.

몽환夢幻의 세상만사입니다.

운문문언은 그 스님의 질문의 내용을 알아듣기는 들었을까요? "어떤 것이 화상의 가풍입니까?"

운문문언은 그 스님의 질문에 귀를 기울이기는 했을까요? 화상이여, 한 말씀 부탁합니다.

운문문언은 그 스님의 존재를 인식하고 있기는 있었을까요? 그 중의 존재를 실감이나 하고 있었을까요?

어제 누가 문밖에 와서 말하더라니?

제1056칙 생사生死에는 다음과 같은 글도 나옵니다.

어떤 승僧이 운문에게 물었습니다.

"생사生死가 닥쳐오면 어떻게 피하리까?"

운문이 대답했습니다.

"어디에 있는가?"

이는 운문문언이 얼마나 무관심한 사람인가를 명명백백하게 보여줍니다. 운문문언의 관심을 끄는 그 어떤 것도 없는 이 세상입니다. 대나무 그림자 하루 종일 뜨락을 쓸어도, 티끌 하나 쓸지 않는 운문문언입니다. 영원히 떠났다고 말하는 듯한 운문문언입니다.

그래서 하는 말인데, 언뜻 호랑이 같은 인물이라는 선입견의 지배하에 세상은 운문문언이라는 인물을 평評한 것이라는 생각이 듭니다.

하지만 이 경우는 어떻습니까? 운문은 몽환의 인물이라는 판단이 섭니다.

'어디에 있느냐?'고 되물었을 당시의 운문의 시선은 비교적 흐릿했을 것이고, 기껏해야 상대방을 물끄러미 바라보는 정도였을 것이란 판단도 섭니다.

그런 것이 어디에 있는데?

그런 것이란 생사生死를 말합니다.

생사가 어디에 있는데?

생사 '따위가' 어디에 있지? 이렇게 말하지는 않습니다. 왜냐하면 생사의 문제를 두고 어찌 생사 따위라고 말할 수 있겠습니까. 사실 말이지, 삶에서 생사의 문제를 뛰어넘는 문제가 또 있습니까? 이보다 더 심각한 문제가 있습니까? 생사의 문제야말로 그 밖의 모든 문제를 압도합니다.

운문은 생사의 문제를 해결하고 몽환으로 돌아간 사람입니다. 아니 생사를 놓아버리고 몽환으로 돌아간 사람입니다.

그래서 운문의 말씀을 두고 정처 없다고 했습니다. 정처 없는 한 말씀. 뜬 구름 같은 한 말씀입니다.

누가 무슨 말을 했든, 누가 무슨 질문을 했든 간에 그런 것이 문제되겠습니까? 본래부터 몽환이었던 사람이 몽환의 사람으로 되돌아갔을 텐데, 그 누구의 그 무슨 질문인들 의미가 있겠습니까?

"어제 누가 문밖에 와서 말하더라."

뜬금없는 소리라 해도, 이보다 더 뜬금없는 소리일 수 있겠습니까?

"어제 누가 문밖에 와서 '무슨' 소리를 하더라."

이 정도 수준도 아닙니다. 무슨 소리를 하더라는 수준의 이야기도 못 됩니다. 무슨 소리를 하더라는 정도의 내용이라면 이토록 정처 없는 이야기로 전락하지는 않았을 텐데.

제148칙 여능廬陵에는 이런 글도 나옵니다.

어느 날 청원행사清源行思에게 어떤 승僧이 물었습니다.

"어떤 것이 불법佛法의 뜻입니까?"

청원행사가 대꾸했습니다.

"여능의 쌀값이 어떤고……?"

이 경우도 청원행사가 대답같은 대답을 했다고 볼 수는 없고, 그냥 몇 마디 대꾸같은 말은 했다는 정도로 느껴집니다. 아니 그냥 몇 마

174

디 중얼댔다고 하는 편이 정확합니다.

그래도 쌀값 이야기는 쌀값이라는 알맹이나 있습니다. 운문문언의 이야기에는 알맹이랄 것도, 내용이랄 것도 없습니다.

쌀값 이야기는 세상 살아가는 이야기로 슬쩍 비켜간다는 것 정도는 알아차리련만, 세상살이 그대로 이른바 불법佛法이련만, '어제 누가 문밖에 와서 말하더라'는 고약하고 곤란합니다. 어제 누가 문밖에 와서 말하더라니!

물론 '어제'란 말은 원문에는 없고 내가 슬쩍 갖다 붙였습니다. 그래도 상관없습니다. 의미는 똑같습니다. 표현이 조금씩 바뀌어도 아무런 상관없습니다. '어제' 따위가 무슨 볼일입니까.

꿈결 같은 나날들.

그러니 누가 무어라 하든 무조건 이런 말을 내뱉습니다. 누가 와서 뭐라고 질문하든 간에 무조건 이렇게 내뱉습니다.

"누가 문밖에 와서 말하더라."

어떻습니까? 참으로 수상쩍다면 수상쩍지 않습니까?

정처 없는 인생. 정처 없는 이야기.

그러기에 이런 공안에 한번 딱 걸리면 꼼짝 못합니다. 몽환의 말씀에 한번 딱 걸려들면, 화두를 보는 사람의 인생도 몽환으로 돌아가기 시작합니다. 몽환의 말씀에 걸려들면 공안을 보던 사람도 몽환으로 돌아가기 시작합니다.

"어제 누가 문밖에 와서 말하더라."

공안의 이 말씀에 걸리면 안 됩니다. 어제 누가 문밖에 와서 말하더라니? 공안의 이 말씀에 걸려 넘어지면 안 됩니다. "아까 누가 문밖에 와서 말하더라." 공안의 이 말씀에 묶여 있으면 안 됩니다.

"아까 누가 문밖에 와서 말하더라." 허망하기 짝이 없는 공안의 이 말씀을 뛰어넘어 길고 길게, 멀고 멀게 나자빠져야 합니다. 그냥 길고 멀게 나자빠지는 것이 아닙니다.

길고 길어서 끝이 없고, 멀고 멀어서 끝이 없게 나자빠져야 합니다. 아득하고 아득하게 뻗치는 마음을 허락해야 합니다. 까마득하고 까마득하게 뻗치는 마음을 허락해야 합니다.

아득하고 아득하게 뻗치는 마음을 되돌리려 하지 마십시오. 까마득하고 까마득하게 뻗치는 마음을 되돌리려 하지 마십시오. 불안해하거나 두려워하거나 뜻 붙일 곳이 없어하지 마십시오. 이미 내친김입니다. 무한대에서 무한대로 쫙, 내뻗치는 마음 그대로 나자빠지는 것입니다. 이것이 이 공안을 해나가는 이치입니다.

이렇게 해나가다 보면 잠을 자도 자는 것이 아니요, 깨어 있어도 깨어 있는 것이 아닙니다. 잠을 잔다 한들 그 무엇이며, 깨어 있다 한들 그 무엇이겠습니까. 별 의미 없습니다.

이렇게 공부를 지어나가다 보면 어느덧 '누가 문밖에 와서 말하더라'는 이야기 자체는 저절로 떨어져 나갑니다. 공안에 덜컥 걸려들면 공안의 말씀 자체는 빛이 바래기 시작하고, 어느새 쓸모없는 물건이 되어가다가 이윽고는 폐기처분됩니다. 쓸모없는 것이 되어야 합니다.

"어째서 누가 문밖에 와서 이야기하더라"라고 했을까?
"어째서 누가 문밖에 와서 이야기하더라"라고 했을까?

176

이런 방식으로 공부를 지어나가면 안 됩니다. 이런 방식으로 공부하면 의식의 세계에 묶이고, 의식의 세계에서 벗어나지 못합니다. 간화선은 잠재의식을 뽑아내기 위하여 창안되었습니다.

"누가 문밖에 와서 말하더라니?"
"누가 문밖에 와서 말하더라니?"
"누가 문밖에 와서 말하더라?"
"누가 말하더라?"
"누가 말하더라?"

이런 방식도 똑같이 안 됩니다. 역시 공부가 의식의 세계를 벗어나지 못하기 때문입니다. 공부가 의식의 세계를 벗어나지 못하는 한, 잠만 들면 공부는 없어지고 잠만 들면 공부는 두 동강이 납니다.

처음에는 "누가 문밖에 와서 말하더라"는 말씀 자체가 막강한 위력을 떨치며 문제성을 제기합니다. 하지만 시간이 흐르면서 공안은 어디론가 사라지고 엉뚱하게도 공안을 붙들고 씨름하는 자기 자신이 엄청난 문제라는 사실이 서서히 부각되기 시작합니다. 왜 그럴까요? 왜 공안의 문제에서 자기 자신의 문제로 성질이 바뀌는 걸까요? 이유는 다음과 같습니다.

"아까 누가 문밖에 와서 말하더라." 이 얼마나 실속 없는 말씀입니까. 이 얼마나 밑도 끝도 없는 말씀입니까. 이 얼마나 뜬 구름 같은 말씀입니까. 이 얼마나 정처 없는 말씀입니까. 이 얼마나 허망한 말씀입니까. 이 얼마나 아득한 말씀입니까. 이 얼마나 망연자실해지는 말

쏨입니까. 이 얼마나 꿈결 같은 말씀입니까.

"아까 누가 문밖에 와서 말하더라." 운문문언의 이 말씀만 떠오르면 어떻게 됩니까? 실속 없어지고, 밑도 끝도 없어지고, 뜬 구름 같아지고, 정처 없어지고, 허망해지고, 아득해지고, 망연자실해지고, 꿈결 같아집니다. 왜일까요?

"어제 누가 문밖에 와서 말하더라." 이와 같은 밑도 끝도 없이 허황하기만 한 이야기에는 반드시 잠재의식이 반응을 보인다는 것입니다. 왜일까요? 왜 잠재식이 그런 허망한 이야기에만 반응을 보이는 걸까요?

이유는 이렇습니다. 잠재식의 성질이 실속 없고, 밑도 끝도 없고, 뜬 구름 같고, 정처 없고, 허망하고, 아득하고, 망연자실하고, 꿈결 같기 때문입니다. 환언하면 이런 말이 됩니다. 실속 없음, 밑도 끝도 없음, 뜬 구름 같음, 허망함, 아득함, 망연자실함, 꿈결 같음은 잠재식 그 자체라는 뜻입니다.

그러니까 "아까 누가 문밖에 와서 말하더라"는 이야기를 듣고 허망한 말씀, 밑도 끝도 없는 말씀, 망연자실해지는 말씀, 정처 없는 말씀, 아득해지는 말씀, 꿈결 같은 말씀이라고 느낍니다. 그렇게 느끼는 찰나에 잠재식이 정체를 드러내기 시작했다는 사실이 이해됩니까? 그러한 느낌 자체가 반응을 보이는 잠재식이라는 사실이 이해됩니까?

그래서 다음과 같은 주문을 계속하는 것입니다. '실속 없어지십시오. 뜬 구름 같아지십시오. 허망해지십시오. 밑도 끝도 없어지십시오. 망연자실해지십시오. 정처 없어지십시오. 아득해지십시오. 꿈결 같아지십시오.'

즉 처음에는 공안의 말씀 자체가 문제였는데, 시간이 흐르면서 공안의 말씀은 떨어져 나가고 이러지도 저러지도 못하는 자기 자신의 문제로 성질이 바뀌어 간다는 사실입니다.

그러니 공안의 말씀 자체에 중점을 두면 안 됩니다 .

공안에는 의미가 없음을 깨달으면 자기 자신이 엄청 고민스런 존재가 되어 갑니다. 참으로 알 수 없는 존재가 자기 자신입니다. 자기 자신이 참으로 알 수 없는 존재가 되어 갑니다. 날에 날이 흐를수록 이러한 불가사의는 정도를 더해 갑니다.

자기 자신은 결국엔 불가사의 그 자체입니다. 이 불가사의를 해결하기 위한 공부가 간화선입니다.

이런 공부 방식을 취하게 되면 비로소 잠재의식을 감지할 수 있게 됩니다. 왜입니까? 잠재식이 바로 '불가사의'이기 때문입니다. 잠재식이 부사의不思議입니다.

여기에서 더욱 진보하면 잠재의식이 드러납니다. 집요하게 추구해야 뿌리를 뽑을 수 있습니다. 면밀해야 합니다.

잠재의식이 곧 '제8아뢰야식'이고 명근命根, 즉 목숨의 뿌리입니다.

날에 날이 흐를수록 불가사의의 정도를 더해 가십시오.

이제 와서는 공안의 영향권에서 완전히 벗어나야 합니다. 공안의 영향권에서 완전히 벗어나십시오.

당신 자체는 원래부터 불가사의였습니다. 본래부터 당신 자신은 불가사의였습니다. 그 사실을 까맣게 모르고 지냈을 뿐입니다.

그 불가사의 자체에 몰입하고 또 몰입하십시오.

26. 인아因我 – 선문염송 제992칙

현사玄沙가 새로 온 승僧이 절을 하는 것을 보고 같이 절하면서 말했다.
"나 때문에 그대에게 절을 하게 되었구나!"

【해설①】

이상하지 않습니까?

나 때문에 그대에게 절을 하게 되었다니요?

여기에서 다음의 사실을 알아차려야 합니다.

【해설②】

현사는 분명히 '나'를 제3인칭으로 부르고 있다.

그러므로 현사는 '나'를 '객관화'하였다.

그러므로 현사는 '나'에서 이탈하였다.

그러므로 현사는 환술幻述의 인간이 되었다. 꼭두각시가 되었다.

180

【해설③】

참구해볼 만합니다.

이 공안의 경우에는 참구 방법이 약간 다릅니다.

"나 때문에 그대에게 절을 하게 되었구나."

"나 때문에 그대에게 절을 하게 되었구나."

"나 때문에 그대에게 절을 하게 되었구나."

이렇게 하다 보면 '나'에게서부터 빠져나가게 됩니다. 이렇게 하다 보면 '나'에게서부터 이탈하게 됩니다.

이렇게 하다 보면 나중에는 "나 때문에"라는 말만으로도 충분해집니다.

이렇게 하다 보면 나중에는 "나 때문에"라는 말도 필요 없어집니다.

말이 필요 없는 단계에 이르면 '나'로부터의 완전 이탈에 성공하겠지요. 이유가 무엇일까요?

"나 때문에"라는 말이 '나'를 눌러줍니다.

"나 때문에"라는 말이 '나'를 눌러주고 제지해주는 덕분에, '나'로부터의 이탈에 '내'가 딸려 와서 '나'로부터의 이탈을 방해하는 현상이 차단됩니다.

27. 일로一路 – 선문염송 제589칙

앙산仰山이 동사東寺에게 물었다.

"한 가닥 길을 빌어서 저쪽으로 통과하려는데 되겠습니까?"

하니, 동사가

"도대체 사문이란 한 길뿐일 수는 없다. 다시 다른 길이 있는가?"

하였다. 앙산이 양구良久를 하고 있으니, 동사가 도리어 묻되

"한 가닥 길을 빌어서 저쪽으로 가려는데 되겠는가?"

하니, 앙산이 말하기를

"도대체 사문은 한 길뿐일 수는 없습니다. 다시 다른 길이 있습니까?"

하였다. 이에 동사가 말하되

"이것뿐이다."

하니, 앙산이 말하기를

"우리 당나라 천자의 성은 결정코 김金씨입니다."

하였다.

【해설】

"우리 당나라 천자의 성은 결정코 김씨입니다."

그런데 당나라 천자의 성은 이李씨였습니다. 어찌된 일입니까?

당나라 천자의 성은 이씨인데, 앙산혜적仰山慧寂은 태연히 눈썹 한 올 꿈틀거리지도 않고 김씨라고 선언합니다.

앙산이 천하 사람들을 놀립니까? 앙산이 천하 사람들을 가지고 놉니까?

앙산은 대인격자입니다. 앙산은 그의 스승 위산영우潙山靈祐와 함께 중국불교 5가7종 가운데 한 가닥인 위앙종潙仰宗이라고 불리는 위대한 가르침의 산맥을 형성한 인물입니다. 후세는 위앙종을 가리켜 평하기를

"동강난 비석이 길가에 비스듬히 서 있다."

라고 하였습니다. 천고의 세월을 두고 동강난 비석은 그렇게 서 있는 것이라고. 거룩하다 못해 천고의 세월 그 자체인 것입니다.

앞에서 위앙종을 해설하면서 위앙종을 천고의 세월 그 자체라고 해설했습니다. 이 정도면 이해가 좀 됩니까, 안 됩니까?

문제는 이씨인 당나라 황제의 성을 두고 김씨라고 한다는 데 있습니다. 그것도 '결정코' 김씨라고 세웁니다.

외고집입니까? 뭔가가 잘못되었습니까? 앙산이 좀 오락가락합니까?

사문이 몸을 가로 누이면, 가로 눕히면 우주를 덮는다 했습니다. 사문이 몸을 가로로 누이면 우주를 덮습니다. 이래도 외고집입니까? 이래도 앙산이 뭔가가 잘못되었다는 말입니까? 이래도 앙산이 좀 오락가락한다는 말입니까?

상전벽해桑田碧海란 말이 있습니다. 불교를 좀 공부한 사람이라면 들은 적이 있을 것입니다. 뽕나무 밭이 푸른 바다로 변한다는 뜻이니, 지구의 지각 대변동이면 얼마든지 가능한 일이겠지요.

상전벽해라는 문구의 의미는 그렇다 칩시다. 이 상전벽해라는 말을 들어 보이는 경우는 뒤따르는 말이 있습니다. 무슨 말인고 하면 '이 마음 변치 않는다'는 말입니다. 그러니까 앞뒤의 말을 연결하면 이런 말이 됩니다.

어느 날 갑자기 지각 대변동이 일어나면서 산더미처럼 일어서는 파도가 겹겹이 밀려와 뽕나무 밭을 덮치고, 뽕나무 밭이 푸른 바다가 된다 해도 '이 마음' 변치 않는다는 뜻입니다.

정월正月의 밤이면 밤마다 나무숲에 하얗게 피어나는 서릿발인 듯, 이 얼마나 결연한 선비의 절개입니까.

폭풍이 밀어닥쳐 태산이 무너지고, 상전벽해가 된다 해도 '이 마음' 변치 않는다는 것입니다. 앙산혜적의 마음은 상전벽해에 비유됩니다.

"당나라 천자의 성은 결정코 김씨입니다."

이 말을 내뱉었을 당시의 앙산의 마음은 상전벽해에다 비유할 수 있습니다. 상전벽해에 비유되는 앙산의 마음이라면 이 공안도 이해가 가능해집니다.

어떻습니까. 이래도 앙산혜적이 외고집으로만 비칩니까?

외고집 아니고말고요. 외고집이란 속인俗人들의 기껏해야 주먹만한 크기의 고집을 의미할 뿐입니다.

그렇다면 좋습니다. 앞에서 상전벽해가 된다 해도 이 마음 변치 않는다고 했는데, '이 마음'이란 구체적으로 무엇입니까? 이것이 드디어 문제로 떠올랐습니다.

이제야 본론에 접어들었습니다. 그래 말해 보십시오. '이 마음'이란 것이 무엇입니까?

사문이 몸을 가로 누이면 우주를 덮는다고 했습니다. 마음이란 끝 간 데가 없습니다. 이것이 '이 마음'입니다. 이해됩니까?

상전벽해를 다시 인용해 볼까요. 상전벽해 된다 해도 '이 마음' 바꾸지 않는다. 이것이 '이 마음'입니다. 이해됩니까?

정답은 이미 나왔습니다. 누가 나의 논論을 차용하여 이런 말을 하고 다닌다 해도 그는 아무것도 모르고 그런 짓거리를 하는 셈입니다.

그런가 싶을 정도로 좀 이해된다 해도 그는 전혀 모르는 것입니다. 깜깜하게 모르는 셈입니다.

이씨인 당나라 황제의 성을 두고 결정코 김씨라고 강변하다니! 놀라운 일 아닙니까. 보통 사람들이 볼 때는 기괴한 일입니다.

천고의 세월을 동강난 비석이 길가에 비스듬히 서 있다. 이것이 위앙종의 정신입니다.

동강난 채 길가에 비스듬히 서 있는 비석 자체가 천고의 세월이다. 이것이 위앙종의 정신세계입니다.

"당나라 천자의 성은 결정코 김씨입니다."

이것은 하나의 비유입니다. 앙산은 자기 심정을 표현하는 방법의 하나로 그렇게 말했을 뿐입니다. 하나의 비유일 뿐입니다.

그러므로 아닌 사실을 두고 무조건 우겨대는 것도 아니요, 억지고집을 부리는 것도 아니요, 일부러 다른 사람이 알아들을 수 없는 소리를 하는 것도 아닙니다.

공부가 깊어지고 수행을 천년만년 억만년을 끌어나가다 보면 심량心量은 거대해지고 마침내는 거령신巨靈神이 됩니다. 세세생생 수행을 계속한다는 뜻에서 하는 말입니다.

그러면 이 제589칙 일로一路도 이해됩니다.

영겁의 세월을 두고 수행하여 서방정토를 건립하신 인물이 아미타불 아닙니까?

"당나라 천자의 성은 결정코 김씨입니다."

선문염송을 보다가 만나고 또 만나게 되는 앙산혜적의 말씀.

"당나라 황제의 성은 결정코 김씨입니다."

이게 대체 무슨 말씀인고? 이 무슨 해괴한 소린고?

선문염송은 언제나 곁에 두고 볼 만한 책입니다. 선문염송 그 많은 일화들 가운데 유독 제589칙 일로一路와 마주치면 마주칠 때마다 딱딱 걸리는 사람이 있을 수도 있습니다. 도대체 이게 무슨 소리냐는 것입니다.

이런 현상을 두고 화두가 걸리는 것이라고 말합니다. 아주 귀한 인연입니다.

볼일 보다가 문득 '결정코 김씨입니다.' 세수하다가 문득 '결정코 김씨입니다.' 거울 보다가 문득 '결정코 김씨입니다.' 버스를 타고 가다가 문득 '결정코 김씨입니다.' 아침에 잠자리에서 일어나다가 문득 '결정코 김씨입니다.' 잠자리에 누워 베개를 베다가 문득 '결정코 김씨입니다.' 예컨대 처음에는 이런 식으로 화두 공부가 전개되기도 한다는 것입니다.

그러나 그렇다고 해서

"어째서 결정코 김씨라고 했을까?"

"어째서 김씨라고 했을까?"

이런 방식으로 공부하라는 것은 결코 아닙니다. 그렇게 하는 것이 아니라고 누누이 설해 왔습니다.

밥 먹다가 결정코 '결정코 김씨입니다.' 볼일 보다가 '결정코 김씨입니다.' 버스 타려고 기다리는 중에도 '결정코 김씨입니다.' 거리를 걸어가다가 '결정코 김씨입니다.'

이 설명은,

"결정코 김씨입니다?"

"결정코 김씨입니다?"

"김씨라?"

"김씨라니? 결정코 김씨라니?"

"당나라 천자의 성은 이씨인데, 김씨라니? 이씨인데, 김씨라니?"

이렇게 화두 공부를 지어 나가라는 의미도 아닙니다. 전혀 아닙니다. 그러면 어떻게 공부하라는 말입니까?

'당나라 천자의 성은 결정코 김씨입니다'라는 화두만 떠올리면 마음은 딱딱 막히면서 어떻게 해볼 도리가 없어진다는 뜻입니다. 이씨인 사람의 성을 '결정코' 김씨라고 잘라 말하니 마음이 딱딱 막히는 것입니다.

일로一路 공안에 생각이 미치기만 하면 어떻게 해볼 도리가 없어지는 정도가 아니고, 전혀 어떻게 해볼 도리가 없어진다는 뜻입니다.

이제 와서 당나라 천자의 성이 이씨면 무슨 상관이며 김씨면 무슨 상관입니까. 아무 볼일 없습니다. 김씨 따위는 문제될 게 전혀 없습니다. 알겠습니까?

요점은 이 공안이 머리에 떠오를 때마다 자꾸만 자꾸만 어떻게 해볼 도리가 없어져야 한다는 것입니다. 이것이 화두 공부의 정수精髓요, 골수骨髓입니다. 이 말을 하기 위하여 길게 길게 여러분을 유도해 온 것입니다.

끝도 없이, 수도 없이 어떻게 해볼 도리가 없어지는 곤경에 처하십시오. 그러면 그 곤경은 나날이 강화됩니다. 이러지도 저러지도 못하는 상태가 곤경입니다.

그런데 이러지도 저러지도 못하는 '곤경' 자체가 바로 잠재의식입니다. 곤경 자체를 강화하면 잠재식의 각성을 촉구하는 것이 됩니다. 잠재식의 각성이 강화되다가 드디어는 잠재식 전체가 드러납니다.

"당나라 천자의 성은 결정코 김씨입니다."

이 말씀은 여러분으로 하여금 어떻게 해볼 도리가 없는 곤경에 처하도록 이끌어가는 역할밖에 하지 않습니다. 그밖에 다른 역할은 없습니다.

이 정도면 나의 해설이 부족하지는 않겠지요.

화두를 떠올릴 때마다, 잠재의식은 끝없는 데에서 끝없는 데로 끝없이 뻗치게 되고, 그렇게 되면 '당나라 천자의 성은 김씨'라고 태연히 선언하게 되는 것입니다. 이 공안 서두에서 상전벽해를 인용한 이유도 납득이 될 것입니다.

사실 앙산혜적에게 있어서는 당나라 천자의 성이 김씨든 이씨든 전혀 무관심합니다. 그러면서도 태연히 김씨라고 말은 합니다. 왜일까요? 잠재식이 무한대에서 무한대로 뻗치면 세상만사에 떨어지고 세상만사에 잡히는 일은 없어지기 때문입니다.

화두를 떠올릴 때마다 마음은 끝없는 데에서 끝없는 데로 끝없이 끝없이 뻗치게 된다 했습니다. 이것은 심량心量이 광대무변하게 되었음을 의미합니다. 광대무변한 심량이라 함은 의식과 잠재의식을 모두 쓰게 되었다는 뜻입니다.

그러나 심량을 작게 쓰면 당나라 황제의 성은 김씨라는 이야기가 풀리지 않는 미스터리로 남게 됩니다. 아무리 설명한다 해도 미해결로 남는 것을 어찌하겠습니까.

28. 청정淸淨 – 선문염송 제920칙

동산도전洞山道詮 선사에게 어떤 승僧이 물었다.

"청정한 수행자가 열반에 들지 못하고, 파계한 비구가 지옥에 들지 않는다 하였는데 무슨 뜻입니까?"

동산도전이 말했다.

"제도하기를 다하여 남은 그림자가 없는지라, 도리어 저 열반의 경지를 초월한다."

【해설①】

제도濟度란 구제救濟 혹은 구원을 의미합니다.

법法의 정의를 내려 보겠습니다.

①법法은 없다.

②이것이 법의 정의다.

③즉 세상만사를 한 꼬지에 꿰는 법은 없다.

④이것이 법이라면 법이다.

⑤다시 말해서, 법이 없는 것을 가리켜 법이라 한다는 뜻입니다.

⑥참고로, '있는 법도 없게 할지언정 없는 법을 있게 하지 말라'는

190

말씀도 있습니다.

"제도하기를 다하여 남은 그림자가 없는지라."

이 말의 의미는 다음과 같습니다.

'세상만사를 구속하고 속박하는 법이 없는 까닭에.'

이 말을 다시 해설하면 다음과 같습니다.

① 만유를 구속하고 속박하는 법이 없다는 것이 곧 만유의 구제를 의미한다.

② 만유를 구속하고 만유를 한 꼬지에 꿰는 법 같은 것은 없는 까닭에 만유는 구제를 받았다는 것입니다.

"도리어 저 열반의 경지를 초월한다."

이 말의 의미는 다음과 같습니다.

'만유를 구속하는 법이 없는 까닭에 만유는 낱낱이 관觀함이 자재自在하다. 만유는 낱낱이 관자재觀自在하다. 만유는 낱낱이 자유자재하다.'

만유를 구속하는 법이 없는 까닭에 만유가 얼마나 '관자재'한지, 예를 들어보겠습니다.

【해설②】

제615칙 빈주賓主입니다.

임제회상에서 양당兩堂의 수좌가 만나자마자 똑같이 할을 했는데,

어떤 승려僧이 이 일을 들어 임제에게 물어보았다.

"여기에도 빈주賓主의 차이가 있습니까?"

"빈주가 분명하다."

빈주賓主는 손님과 주인입니다.

동서 양당의 수좌가 만나자마자 동시에 고함을 내질렀다면 똑같은 짓거리를 했을 뿐입니다. 그런데 차이는 무슨 차입니까? 차이가 있느냐고 물으니까 차이가 있다고 앵무새처럼, 꼭두각시처럼 중얼거렸을 뿐입니다. 열반의 경지를 초월한 임제는 얼마나 무애자재합니까.

임제의 꼭두각시 정신을 참구해서 알아내는 것은 별도의 문제입니다.

【해설③】

제228칙 상산上山입니다.

남전南泉의 암자에 어떤 승려僧이 왔다. 남전이 말하기를

"나는 산에 올라가서 일을 할 테니, 그대는 식사시간이 되면 밥을 지어 먹고 나에게도 한 몫 보내 달라."

그런데 그 승이 밥을 지어 혼자 먹고는 집안 살림을 일시에 때려 부순 뒤에 평상에 가서 누웠다. 남전은 오래 기다려도 밥이 오지 않으므로 암자로 돌아와 보니 승이 평상에 누워 있었다. 남전도 그 옆에 가서 누우니, 승이 벌떡 일어나서 떠났다. 그 후에 남전이 말하기를

"내가 암자에 살 때에 어떤 영리한 도인 하나가 왔었는데, 아직껏 그런 이를 본 적이 없다."

열반의 경지를 초월한 그 스님의 무애자재한(?) 행태 덕분에 남전의 암자 살림도구가 산산조각났군요. 그러고도 남전으로부터 입에 침이 마르도록 칭찬까지 받았다는군요.

세상과 세상일에 무관심해진 그 '무관심'에 남전이 후한 점수를 주었다는 것이겠지요. 목숨까지 내놓은 완전무결한 무관심이라면 개심開心의 경지를 넘어선 것이기는 합니다.

【해설④】

제309칙 명명明明입니다.

방 거사龐居士가 앉았다가 딸 영조靈照에게 물었다.

"옛사람이 말하기를 '밝고 밝은 백 가지 풀끝에 밝고 밝은 조사祖師의 뜻'이라고 했는데, 너는 어떻게 생각하느냐?"

영조가 대답했다.

"저 늙은이가 머리는 허옇고 이는 누렇게 되도록 아직도 저런 견해를 내는군요."

"너는 어떠냐?"

"밝고 밝은 백 가지 풀끝에 밝고 밝은 조사의 뜻입니다."

"명명백초두明明百草頭 명명조사의明明祖師意. 밝고 밝은 백 가지 풀

끝에, 밝고 밝은 조사의 뜻이라."

　제도하기를 다하여 남은 그림자조차 없는지라, 도리어 저 열반의
경지를 초월한다.

　그런 까닭에 세상 도처에 풀과 나무숲도 우거지지 않았습니까?

　조사의祖師意란 지극한 이치, 즉 지리至理입니다. 지리가 어디 풀끝
에만 매달려 있습니까? 껄껄껄.

　세상만사가 지리, 즉 조사의입니다.

　어째서 세상만사가 조사의입니까?

　제도하기를 다하여 남은 그림자조차 없는지라, 도리어 저 열반의
경지를 초월하기 때문입니다.

29. 호생칠자虎生七子 – 선문염송 제1273칙

명초明招가 나산羅山에게 물었다.
"범이 새끼 일곱 마리를 낳으면 어느 새끼가 꼬리가 없습니까?"
하니, 나산이 답하기를
"일곱째 것이 꼬리가 없다."
하였다.

【해설】

범이 새끼 일곱 마리를 낳을 리도 없건만, 나산羅山이 대뜸 하는 소리
가 무엇이었습니까?

"일곱째 것이 꼬리가 없다."

제아무리 허황하고 부품하게 부풀어 오른 이야기라 해도 이보다
더 허황하지도 않을 것입니다.

호생칠자虎生七子 공안을 어떻게 볼 것입니까?

"어째서 일곱째 것이 꼬리가 없다는 말인가?"

"어째서 일곱째 것이 꼬리가 없다고 했을까?"

이렇게 의심에 의심을 불러일으킬 것입니까? 어떤 공안이든 그런

식으로 의심을 일으키는 법은 절대로 아닙니다. 그렇게 공부하면 망합니다.

호생칠자 공안도 공안 자체에 무슨 의미가 있습니까? 없지요?

없다마다, 두말하면 잔소리입니다. 공안의 이야기 자체는 전혀 무의미합니다. 일고의 가치도 없습니다.

그런데도 왜 이런 우스꽝스런 이야기가 공안이라고 선문염송에 올라 있는 걸까요? 그리고 명초 스님이나 나산 스님은 그렇게도 할 일이 없는 분들입니까?

그럼에도 왜 이런 터무니없는 이야기가 우리를 심란하게 만듭니까? 왜 이런 허황한 이야기가 우리의 발목을 잡고 놓아주지 않는 것입니까? 왜 이런 얼토당토않은 이야기가 우리의 멱살을 잡고 놓아주지 않는 것입니까?

바로 이겁니다. 일고의 가치도 없는 이런 이야기를 보고 심란해진다는 데 문제가 있는 것입니다. 아무리 외면하려 해도 안 되는 걸 어찌 합니까? 도무지 무슨 소린지 해결방도가 없으니까 그러는 것 아닙니까? 그냥 지나칠 만도 한데, 이건 영 뒷맛이 좋지 않군요.

명초와 나산은 할 일이 그렇게도 없었을까요? 게다가 명초보다 나산이 한 술 더 뜹니다. 능청스럽기가 이보다 더할 수 있을까요?

정말이지 이제 슬슬 고민스러워집니다. 어떻게 하면 저 엉터리 이야기에서 벗어날 수 있을까요?

선문염송의 저자 말입니까? 그분이라면 피식 웃겠지요. 아니 피식 웃을 것도 없지요.

하지만 여러분도 그렇게 됩니까? 모르긴 몰라도 여러분은 그렇게는 안 됩니다. 그렇게는 안 된다고 잘라 말할 수 있습니다. 그렇게 안 되는 걸 어떻게 하겠습니까. 아까 말하지 않았습니까?

공안이 여러분의 발목을 잡고 놓아주지 않는 것을 어찌 하느냐고 하지 않았습니까? 뻔한 거짓말인데도 꼼짝달싹 못하는 것을 어찌 합니까? 뻔한 거짓말 앞에서 독자들은 꼼짝 못합니다. 뻔한 거짓말에서 벗어나는 방법을 가르쳐준다 한들 독자들은 그 거짓말에서 벗어나지 못하게끔 되어 있습니다. 왜일까요?

독자들은 글자라고 하면 글자밖에 모르고, 이야기라고 하면 이야기밖에 모르기 때문입니다. 글자를 읽고 글자를 따라가기 때문에 꼼짝 못하고 글자에 잡히는 신세가 되고 맙니다.

따라서 필연적으로 그 글의 내용에 사로잡히게 되고, 그 글의 암시에서 벗어난다는 것은 무망無望한 노릇이 되고 맙니다. 똑똑한 사람 불러다 놓고 바보 만드는 일이 그다지 어렵지만은 않습니다.

또 한 가지 있습니다. 이것이 중요합니다. 독자들은 왜 글자라고 하면 글자밖에 모르고 글자에 잡히게 되는 걸까요? 그 이유가 무엇일까요?

망망茫茫한 업식業識 때문입니다. 망망한 업식은 결국 잠재식입니다. 이것은 시작도 끝도 없고 한계도 없습니다. 세세생생 더해지고 더해지는 잠재식이 그토록 아득하고 아득한 것입니다. 그런데 망망하다, 즉 아득하다는 말의 의미가 무엇입니까?

의지하고 매달릴 것이 없다는 뜻입니다. 그러니까 부르면 부르는 즉시 달려가서 잡히고 매달리는 것입니다. 눈에 보이는 대로 글자에 잡히고 글자에 매달립니다. 귀에 들리는 대로 소리에 잡히고 소리에 매달립니다.

호생칠자 공안에 사로잡히는 이유가 이해됩니까? 빤한 거짓말에도 꼼짝 없이 묶이고 맙니다. 묶여서 꼼짝 못합니다. 이것이 모두 망망한 잠재식 때문입니다. 잠재식을 뿌리 뽑고, 잠재식의 영향권에서 벗어나야 호생칠자 공안에서 벗어날 수 있습니다.

빤한 거짓말을 이 책에서 심각하게 다루는 이유가 분명해졌습니까?

저 터무니없는 이야기에서 어디 한번 벗어나 보십시오. 용한 재주 있으면 어디 한번 벗어나 보십시오.

호생칠자 공안에서 벗어나는 어떤 특별한 방법이든 기술이든 있을 듯합니까? 그 또한 전혀 그렇지 않습니다.

이 공안뿐만 아니라 선문염송에 등장하는 무수한 공안의 경우도 똑같습니다. 공안 해결의 비법秘法은 없습니다. 공안을 교묘한 기술 따위로 해결하려고 하면 안 됩니다.

공안 해결의 기술이라뇨? 당치도 않습니다.

인생의 고뇌가 기술로 해결됩니까? 공안 해결도 인생의 번뇌와 번민을 다루는 차원에서 바라보아야 합니다. 인격적인 차원에서의 일대 변화가 있은 다음에야 공안은 해결됩니다.

그것이 그렇지 못하면 호생칠자와 같은 어처구니없는 이야기에 직면해서도 꼼짝달싹 못하는 어처구니없는 꼴을 못 면합니다.

이 공안 자체는 저만치 떼어놓고 고민하는 것입니다. 이 공안이 어디로 달아납니까?

"나산은 어째서 일곱째 것이 꼬리가 없다고 했을까?"

"어째서 일곱째 것이 꼬리가 없단 말인가?"

"일곱째 것이 꼬리가 없다?"

"일곱째 것이?"

"꼬리가 없다니?"

무슨 할일이 없어서 이 따위로 공부를 지어갑니까. 이런 방식으로 공부를 지어간다면 어리석기 짝이 없음을 인정하겠지요.

범이 무슨 재주로 새끼를 일곱 마리나 낳습니까? 게다가 무슨 까닭에 일곱째 것이 꼬리가 없다는 것입니까?

내가 지금 이토록 명료하게 설명해 내려가도 여러분의 속은 시원치가 못하고 수긍이 가지 않을 것입니다. 설령 내 말이 그럴듯하다 싶어도 여러분은 호생칠자 이야기에 묶여 꼼짝 못하게 되어 있습니다. 이유는 전술했습니다.

주장자를 보면 주장자라고만 하고, 앉으면 앉는 줄만 알고, 서면 서는 줄만 알고, 밥 먹으면 밥 먹는 줄만 알고 있으니 어찌 호생칠자 이야기에 묶이지 않겠습니까.

이렇든 저렇든, 호생칠자에서 벗어나는 길은 잠재식의 영향권에서 벗어나는 방법 이외는 없습니다.

반복합니다.

"나산은 어째서 일곱째 것이 꼬리가 없다고 했을까?"

이런 방식의 공부는 절대 안 됩니다. 이런 방식으로 화두를 하면 화두에서 벗어날 기약이 없어집니다. 어떤 화두라도 이런 방식으로 공부를 지어나가면 아까운 시간만 까먹을 뿐 진보가 거의 없습니다.

공안에 묶여 있으면 묶여 있는 동안은 해결이 안 됩니다. 내 말이 믿어지지 않으면 예를 들어 무자화두無字話頭하는 스님들에게 물어보십시오. 공부가 되는지 안 되는지 물어보십시오.

호생칠자든 무자화두든, 그런 화두를 만나 난처해진 입장을 어떻게든 해결하려는 의도가 중요한 것이지, 화두 자체에 중요한 것은 전혀 없습니다.

그야말로 누누이 강조합니다. 공안 자체에는 중요한 것이 전혀 없습니다.

하나 더 예를 들어볼까요. 어찌 하나뿐이겠습니까.

돌사람이 웃는다.

나무 사내가 노래하고, 돌 여인이 일어나 춤춘다(목인방가木人放歌 석녀기무石女起舞).

나무 기둥이 아기를 뱄다.

쇠 나무에 꽃 핀다.

동산東山이 물 위로 간다.

강물이 거꾸로 흐르면 말해주겠다.

네가 한 입에 한강물을 다 마시면 말해주겠다.

삼문三門이 어째서 저리로 지나가느냐?

나에게 안산案山을 갖다 달라.

돌 여인이 돌 아기 낳는다.

토기 뿔은 없앨 필요가 없고, 소뿔은 있게 할 필요가 없다.

짚으로 만든 개가 새벽하늘을 짓는다.
밤송이를 어떻게 삼키겠느냐?
……

선문염송 제1303칙 아년兒年에 이런 글이 있습니다.
법안문익法眼文益에게 어떤 사람이 아이를 데리고 왔는데, 물어도 아이가 대답하지 않는 것을 보고 법안문익이 다음과 같이 말했다고 합니다.
"아이 나이 여덟 살에
물어도 말할 줄을 모른다.
말하지 못하는 것이 아니라
큰 법은 들어 보이기 어렵기 때문이다(大法難擧)."

네 번째 구절 대법난거大法難擧 말입니다.
"큰 법은 들어 보이기 어렵다."
큰 법(大法)이란 무엇입니까? 유식학에 의하면 8개의 식識 전체를 뜻합니다. 쉽게 말해서 의식과 잠재의식을 합친 것입니다. 더욱 간략하게 말해서 잠재식이 뽑히면 대법大法이 드러나는 것입니다.
호생칠자 공안을 보고 어리벙벙해진 심리를 어떻게 해결해 나가겠습니까? 어리벙벙해진 심리는 잠재의식이 뽑힐 때 해결됩니다. 왜 그럴까요? 어리벙벙해진 심리가 어째서 잠재식이 빠질 때 해결됩니까? 도대체 '어리벙벙해지는 심리'가 의미하는 바는 무엇입니까? 해설하지 않았습니까?

어리벙벙해지는 심리, 그 자체가 바로 잠재식입니다. 어리벙벙해지는 심리가 바로 잠재식이기 때문에 잠재식에서 벗어나야 '어리벙벙'에서 벗어나게 됩니다. 이런 이치는 이 책에서 여러 차례, 그것도 아주 정밀하게 해설되고 있으니 참고하십시오.

잠재식이 빠지지 않은 상태를 가리켜 '어리벙벙하다'고 말하는 것입니다.

어리벙벙해지고 이러지도 못하고 저러지도 못하게 되어 난처해진 심리 전체가 바로 법안문익이 지적한 대법大法입니다. 대법은 곧 잠재식입니다.

법안문익이 뭐라고 했습니까? 큰 법은 들어 보이기가 어렵다고 하지 않았습니까? 그렇다면 내가 왜 여기에서 법안문익의 대법大法 이야기를 꺼냈을까요?

이 공안을 알아낼 도리가 없어 어리벙벙해지고 아득하기만 한 여러분의 심리가 공안 해결의 열쇠라는 것을 알리고 싶기 때문입니다.

법안문익이 "대법은 들어 보이기 어렵다"고 하지 않았습니까? 그러니 어처구니없는 이 공안 이야기를 듣고 해결 방법이 없어 아득해지기만 하는 여러분의 그 심리가 실로 귀한 것이라는 사실을 알아야 합니다. 그것이 대법이기 때문입니다.

그런데 법안문익은 대법은 들어 보이기 어렵다고 했습니다. 그러나 여러분은 들어 보이기 어렵고, 뽑아내기 어려운 대법을 기필코 뽑아내야 하는 것입니다.

정리합니다. 끝도 없이 어리벙벙해지고 끝도 없이 아득해지십시오. 그것이야말로 이 세상의 그 어떤 것과도 바꿀 수 없는 소중한 것입니다. 왜입니까?

어리벙벙하기만 해서 도무지 뭐가 뭔지 모를 바로 '그것'이야말로 잠재의식이기 때문입니다. 바로 '그것'에 집중하고 또 집중하고 끝없이 집중하다 보면 서서히 '그것'이 잡히기 시작하고 빠지기 시작한다고 알아채는 것입니다.

그러니까 얼마나 소중한 '어리벙벙함'이요, 얼마나 소중한 '아득함'이고, 얼마나 소중한 '아둔함'이며, 얼마나 소중한 '멍청함'입니까.

반복합니다.

호생칠자 공안을 본 후에 난처해지고 어리벙벙해지고 아득해진다면, 끝도 없이 난처해지고 끝도 없이 어리벙벙해지고 끝도 없이 아득해지십시오.

"나산은 어째서 일곱째 것이 꼬리가 없다고 했을까?"

이렇게 공부해서는 절대로 안 됩니다.

"일곱째 것이 꼬리가 없다니? 일곱째 것이 꼬리가 없다?"

이런 공부 방식도 안 됩니다. 이런 공부 방식도 절대로 안 됩니다.

30. 천년千年 – 선문염송 제853칙

영수靈樹에게 어떤 승僧이 물었다.

"어떤 것이 화상의 가풍입니까?"

"천 년 묵은 밭에, 주인이 바뀌기를 팔백 명이나 하였다."

그 승이 다시 물었다.

"밭은 천 년이나 묵었고, 주인이 바뀌기를 팔백 명이나 하였다니, 무슨 뜻입니까?"

"큰 집을 아무도 고치는 이가 없다."

【해설①】

"밭이 천년을 묵는 동안에, 밭주인이 바뀌기를 팔백 명이나 하였다."

이 말은 인류역사를 통틀어 보이는 것입니다. 아득한 옛날로부터 오늘에 이르기까지 이렇게 지내왔다는 것입니다.

하지만 근본적으로 변한 것이 무엇입니까? 이런 말도 있습니다.

"역사는 되풀이된다. 하늘 아래 새로운 것은 없다."

【해설②】

"큰 집을 아무도 고치는 이가 없다."

이 말의 의미는 다음과 같습니다.

'사람 사는 세상의 이러한 지극한 이치는 이 이하의 것도 아니지만, 이 이상의 것도 아니다.'

'사람 사는 세상의 이러한 지극한 이치는 이 이하의 것도 될 수 없고, 이 이상의 것도 될 수 없다.'

이것이 불교에서 말하는 정정定입니다. 정정이란 '확정確定'을 의미합니다. 사람 사는 세상의 이치는 저절로 이루어진 까닭에 무너지는 일이 없다는 뜻입니다. 아무도 무너뜨릴 수가 없다는 뜻입니다.

영수靈樹의 말씀의 뜻을 풀이해 보았습니다.

【해설③】

'확정'의 이치를 알아낼 방법이 있습니까? 예컨대 제897칙 착력着力을 봅시다.

용아龍牙에게 어떤 승僧이 물었다.

"하루 24시간 가운데 어떻게 힘써야 되겠습니까?"

"손 없는 이가 주먹을 쥐는 것 같아야 한다."

간략합니다만 의미심장합니다.

'생각'을 '손'에 비유한 것입니다. '생각'을 사용하지 말고 생각해 보라는 말입니다.

결국 '잠재식' 이야긴 줄 알아야 합니다. 잠재식 이야기는 이 책에서 여러 번 세설細說되고 있으니 참고하기 바랍니다.

'생각'을 사용하지 말고 생각하라는 말은 '잠재식'을 쓰라는 말입니다. 이것이 수행의 핵심이요, 철칙입니다.

잠재식이 드러나면 '확정'의 의미에 통하게 됩니다. '확정'의 의미에 통하면 사람 살아가는 세상 이치에는 어쩔 수 없다는 사실을 인정하게 됩니다. 사람 살아가는 세상 이치에 순응順應하게 된 사람의 입에서는 어떤 이야기가 나올까요?

"사람 사는 세상 이치는 저절로 이루어진 까닭에 무너지는 일도 없고, 무너뜨릴 수도 없다."

31. 피난避難 — 선문염송 제956칙

낙포洛浦가 잠양涔陽에 갔다가 옛 친구를 만나 무릉武陵의 일을
말하니, 그 친구가 갑자기 물었다.

"어언 몇 해 동안인데 어디서 난리를 피했는가?"

하니, 낙포가 대답하되

"시끄러운 곳에서 피했노라."

하였다. 그 친구가 다시 묻기를

"왜 사람 없는 곳으로 가지 않았는가?"

하니, 낙포가 말하기를

"사람 없는 곳에 무슨 피할 난리가 있으리요?"

하였다. 친구가 다시 물었다.

"시끄러운 곳에서 어떻게 난리를 피하는가?"

하니, 낙포가 대답하되

"비록 시끄러운 곳에 있더라도 아무도 모른다."

하매, 그 친구가 어리둥절하였다.

아무튼 선문염송에는 절묘絶妙한 구절이 꽤나 있습니다. 이 경우도 그런 경우가 아니겠습니까. 아주 재미있습니다.

"비록 시끄러운 곳에 있더라도 아무도 모른다."

비록 시끄러운 곳에 있어도 아무도 모른다니? 이율배반적인 데다가 거기에 절묘함까지 구비한 이야기는 흔치 않습니다. 아니, 이율배반적이니까 절묘함을 이루었다고 보입니다.

【참고사항】이런 해설은 사실상 화두 공부하는 분들에게는 해로울 수 있습니다. 하지만 그냥 슬쩍 넘어가기에는 결코 가벼운 문제가 아니기에 도리 없이 '참고사항'이라는 조건을 붙여 해설하게 되었으니 독자들의 이해를 구하는 바입니다.

'시끄러운 곳에 있어도 아무도 모른다'는 말의 의미는 이렇습니다. 잠재의식이 빠지면 천중天中이 됩니다. 천중이란 '하늘 한가운데'가 아닙니까? 천중이 되기 전까지는 왜소하게 마음을 써왔는데, 수행을 해서 잠재의식이 빠지고 보니 심량心量은 무극無極을 이룹니다. 마음이란 광대무변해서 끝 간 데를 모르는 것입니다. 왜일까요? 마음은 바깥이 없기 때문입니다.

이런 이치로 해서 마음이 세상만사를 다 삼키고, 우주를 다 삼키고, 삼계三界를 다 삼킨 것이 되고 말았다는 의미가 됩니다. 그러니까 세상살이에 찌들어 마음을 왜소하게만 쓰는 보통 사람들로서는 낙포 같은 출격대장부出格大丈夫의 정신세계를 어찌 상상이나 할 수 있었겠습니까? 그래서 시끄러운 곳에 있어도 자기의 정신세계는 아무도 모른다고 말한 것입니다.

이 '참고사항'은 그냥 슬쩍 보고 치우십시오.

본론으로 돌아갑시다.

문제는 원문의 끝부분에 도사리고 있습니다. 시끄러운 곳에 있는 사람을 누가 몰라보겠습니까? 그럼에도 불구하고 낙포는 뭐라고 내뱉었습니까? 비록 시끄러운 곳에 있어도 아무도 모른다고 했습니다.

누가 봐도 걸려들어 꼼짝 못합니다. 꼼짝없이 걸려들어 속수무책이 됩니다. 설령 백기투항白旗投降한다 해도 아무 소용없습니다. 백기투항 한다 해도 안 봐줍니다.

속수무책. 속수무책 해도 이런 꼴은 처음 당합니까? 낙포라는 사람도 뭐 좀 잘못되었습니까? 어딘가 잘못되어 오락가락하는 사람입니까?

이런 꼴을 당하게 되면 어안이 벙벙해지는데, 어안이 벙벙해지는 반면에 기이하게도 심령心靈이 시퍼렇게 살아나기 시작한다는 점을 지적하고 싶군요. 화두에 딱 걸려든 현상입니다. 공안을 보다가 아주 미약하긴 하지만 잠재의식이 처음으로 걸려드는 현상입니다.

이게 무슨 꼴입니까? 이런 꼴을 당하다니, 꼼짝을 할 수 있어야지요. 가슴이 답답해지니까 심령이 노여워지는 현상이기도 합니다. 심령이 노여워진다 하여 오해하면 안 됩니다. 표현을 바꾸면 잠재식이 감지되는 현상이라 했습니다.

처음 이 공안을 대하게 되면 공안의 내용이 유심히 들여다보이게 됩니다. 그리고 시간이 흐르면서 여러 번을 봐도 '이 무슨 소린가' 싶은 생각은 여전합니다. 더욱 골똘히 들여다보고 궁리하고 궁리하다가 또 들여다보곤 합니다.

그러다가 내용파악이 완료되면 더 이상 들여다보거나 궁리하는 정신 작업은 그만두게 됩니다. 아무리 궁리해 봐도 해결이 안 나기 때문입니다. 궁리해서 터득하려는 정신 작업을 포기한다는 뜻입니다. 생각해서 알고 궁리해서 터득하는 것은 귀신 굴에서 살림을 짓는 것이라고 했습니다.

시끄러운 곳에 있어도 아무도 모른다니? 시끄러운 곳에 있어도 아무도 모른다니? 상당한 기간 동안 이렇게 되씹고 또 되씹고 하면 할수록 '이 무슨 해괴망측한 소린고' 싶은 생각만 더해갑니다.

그러다가

"시끄러운 곳에 있어도 아무도 모른다니?"

"시끄러운 곳에 있어도 아무도 모른다니?"

하면서 중얼대고 되뇌고 하는 일은 서서히 그만두게 됩니다. 이제 더 이상은 그런 정신 작업이 필요 없어집니다. 이를테면 공안의 이야기 자체는 필요 없어지는 까닭에 서서히 떨어져 나갑니다. 공안의 이야기 자체는 필요 없는 물건입니다.

그 대신에 어떻게 해야 좋을지 모르는 심리상태만 나날이 강화됩니다. 아까 말하지 않았습니까? 속수무책이라고. 속수무책의 나날이 흘러갑니다. 이것 하나 다시 짚고 넘어갑시다.

예컨대, 아득함이니 까마득함이니 하는 것은 그 정체가 잠재식이라 했습니다. 마찬가지로 속수무책도, 속수무책의 상태도 잠재식입니다. 표현만 조금씩 바뀌었을 뿐입니다. 속수무책의 나날이 흘러간다는 말은 잠재식에 집중하는 나날이 흘러간다는 말이 됩니다.

어떻게 해야 좋을지 모르는 심리상태의 연속!

어찌해야 좋을지 모르는 심리상태의 연속은 사람에 따라서 길고 짧을 수 있습니다. 왜냐하면 사람마다 수행의 정도가 다르기 때문입니다. 그것은 그렇다 칩시다.

이 속수무책의 시간이 몇 년, 심지어 몇 십 년 계속된다 해서 나쁠 것도 없고 나무랄 것도 없습니다. 왜냐하면 공부의 철저를 기하게 되기 때문입니다. 뿐만 아니라 속수무책의 상태를 철두철미하게 다지지 않으면 공부는 진척이 없습니다.

신통하게도 선문염송 제956칙과 같은 공안에 걸리게 되면 공부가 된다는 엄연한 사실이 거듭거듭 놀랍습니다.

속수무책의 상태가 몇 년, 몇십 년씩 갈 수 있다 해서 실망할 것은 없습니다. 공부를 하되 바짝바짝 다그치지 않고 하다 말다 하면 오랜 시간이 걸릴 수 있다는 뜻으로 보면 됩니다.

공부의 기간은 그다지 중요하지 않습니다. 무엇보다 중요한 것은 선문염송 제956칙 같이 예리하기 짝이 없는 공안을 잡아야 한다는 사실입니다. 그것이 그렇지 못하고 별다른 의심도 일어나지 않는 공안을 잡게 되면 몇십 년 아니라 평생을 해봤자 헛수고가 된다 했습니다.

속수무책의 괴로운 시간이 지날 만큼 지나면 마음은 뿌리가 뽑히는 단계로 접어듭니다. 속수무책의 상태가 잠재식입니다. 그러므로 마음뿌리가 뽑힌다 함은 잠재식이 뽑힘을 의미합니다.

이것이 자나 깨나 한결같다는 오매일여寤寐一如의 경지입니다. 오매일여의 경지도 서서히 완성됩니다. 왜냐하면 마음의 뿌리가 하루아침에 뽑혀지는 것이 아니요, 서서히 뽑히기 때문입니다.

마음뿌리가 빠지면 어째서 자나 깨나 한결같아질까요? 마음뿌리가 빠지면 자나 깨나 마음의 영향권에서 벗어나 있기 때문입니다. 오매일여는 자나 깨나 마음의 영향권에서 벗어났음을 의미합니다. 자나 깨나 마음의 영향권에서 벗어나 있음을 가리켜 오매일여라 칭합니다.

복습합시다.

속수무책의 상태로 빠져들면 공안은 필요 없어집니다. 이를테면 "시끄러운 곳에 있어도 아무도 모른다"라는 말 자체는 필요 없어진다는 뜻입니다.

'시끄러운 곳에 있어도 아무도 모른다'는 말에 붙잡혀 있으면 안 됩니다. 이런 말은 용도를 다하고 떨어져 나가는 것입니다.

'시끄러운 곳에 있어도 아무도 모른다'는 말이 떨어져 나가야 속수무책의 상태에 빠지고, 속수무책의 상태가 지속되어야 마음의 뿌리가 빠져나오기 시작합니다. 마음의 뿌리가 빠져나오기 시작하면 동시에 자나 깨나 한결같은 오매일여도 시작됩니다. 아주 일목요연합니다.

화두 공부는 이와 같이 일목요연하지만 장난이 아닙니다. 자기의 인생 전체를 걸고 비상한 각오와 함께 진행되어야 합니다.

화두 공부는 기술도 아닙니다. 차례대로 하나하나 해설해 나가니까 어떤 의미에서는 방법론으로 비칠 수도 있겠지요. 하지만 화두 공부의 내막을 들여다보면 방법론의 이면에는 자기의 존재 전체를 내던져야 성취가 가능하다는 대전제가 깔려 있는 것입니다.

자나 깨나 한결같은 경지가 한두 가지 기술 따위로 얻어질 듯합니까? 아닙니다. 목숨을 걸듯이 해나가야 얻어지는 경지가 오매일여입니다. 목숨을 걸 듯이도 아닙니다. 실제로 목숨을 걸어야 하는 것입니다.

그러니 여기에서 소개하고 권하는 제956칙 같은 공안의

"시끄러운 곳에 있어도 아무도 모른다."

라는 말씀은 선문염송 이외에는 어디에서도, 천금千金을 주고서도 살 수 없는 소중하고도 귀한 말씀입니다.

32. 목사木蛇 – 선문염송 제874칙

소산疎山이 나무 뱀을 손에 들고 있는데, 어떤 승僧이 묻되
"손에 든 것이 무엇입니까?"
하니, 소산이 나무 뱀을 번쩍 들고 말했다.
"조曹씨네 딸이다."

【해설①】

'나무 뱀'은 조사들이 손에 들고 놀리면서 사람들을 제접하는 도구의
하나로서, 주장자나 불자拂子의 경우와 같습니다.

조曹씨네 딸은 사연 있는 조씨 집안의 자식이었다 합니다. 그 사연
은 이 공안과 무관하므로 생략합니다.

【해설②】

제1088칙 주장柱杖입니다.

운문雲門이 주장자를 들어 세우고 교학敎學을 말했다.
"범부凡夫는 실제로 있다고 하고, 이승二乘은 분석해서 없다 하고,

214

연각緣覺은 허환虛幻으로 있다 하고, 보살菩薩은 본체가 곧 공空하다.”

운문은 이어서 말했다.

“납자들이 주장자를 보면 그저 주장자라고만 하고, 다니는 것은 그저 다닌다고만 하고, 앉는 것은 그저 앉는다고만 할 뿐 전혀 꼼짝도 못하는구나!”

“납자들이 주장자를 보면 주장자라고만 하고, 다니는 것은 그저 다닌다고만 하고, 앉는 것은 그저 앉는다고만 하고 전혀 꼼짝 못하는구나!”

소산疎山이 나무 뱀을 들어올리며

“조씨네 딸이다.”

라고 했을 때, 사람들은 조씨네 딸이라는 ‘말’에 잡혀 꼼짝 못했다는 것을 지적해 보이고 싶어서 운문의 말씀을 인용했습니다.

사람들은 어째서 조씨네 딸이라는 ‘말’에 잡혀 꼼짝 못할까요?

【해설③】

제366칙 업식業識입니다.

위산이 앙산에게 물었다.

“온 누리의 중생이 업식이 망망해서 의지할 근본이 없다. 그대는 어떻게 그들에게 업식이 망망해서 의지할 근본이 있고 없음을 아는가?”

“제가 경험한 바가 있습니다.”

그때 어떤 승僧이 그들의 앞을 지나가니, 앙산이 불렀다.

"스님!"

그 승이 고개를 돌리거늘, 앙산이 말했다.

"화상이시여, 이것이 업식이 망망해서 의지할 근본이 없는 것입니다."

위산이 말했다.

"이는 사자의 한 방울의 젖이니, 열 섬의 나귀의 젖을 몰아 흩으리라."

"온 누리의 중생이 업식이 망망해서 의지할 근본이 없다."

어떻게 그 사실을 아는가?

"스님!" 하고 부르니 즉각 그 말에 잡혀 고개를 돌렸다.

예컨대, 부른다고 부르는 소리에 잡혀 즉각 반응을 보이는 것이 바로 망망한 업식 때문이라는 것입니다.

운문의 말씀도 그렇습니다.

"주장자를 보면 주장자라고만 하고, 다니는 것은 그저 다닌다고만 하고, 앉는 것은 그저 앉는다고만 하고, 전혀 꼼짝 못하는구나."

이것 또한 망망한 업식 때문이라는 것입니다.

【해설④】

소산이 나무 뱀을 들어올리며,

"조씨네 딸이다!"

했을 때, 사람들은 그 말에 걸려 꼼짝 못했습니다.

조씨네 딸이라니? 저것이 무슨 소린가?

사람들은 "조씨네 딸"이라는 말에 걸려 꼼짝 못했다는 뜻입니다.

그러니까 "조씨네 딸"이라는 말은 풀리지 않는 수수께끼가 되고 만 것입니다.

망망한 업식의 위력이 실감납니까?

망망한 업식으로 인하여 부르면 부르는 대로 달려가 잡힙니다. 부르면 부르는 대로 달려가서 잡히고 매달립니다.

【해설⑤】

하지만 소산에게 있어서는 "조씨네 딸"이라는 말은 일회용 휴지와 같은 것이었습니다.

그 왜, 코 풀고 휴지통에 내던지는 일회용 휴지 말입니다.

소산은 입에서 나오는 대로 추호의 거리낌 없이 아무렇게나 내뱉었다는 뜻입니다.

이렇게 해설해줘도 사람들에게 있어서 "조씨네 딸"은 여전히 불가사의한 의문으로 남습니다.

불가사의한 의문으로 남아 위력을 행사하는 데에야 어쩌지 못합니다. 왜일까요?

세세생생 쌓이고 쌓인 업식 때문입니다. 시작도 끝도 없는 윤회의 길에서 쌓인 업식은 무량합니다. 무량해서 바다보다 더 망망합니다.

바다보다 더 망망한 까닭에 "조씨네 딸"이라는 말에 즉각 잡힙니다. "조씨네 딸"이라는 말에 잡혀 어쩌지를 못하고 그냥 아득해지기만 하는 것입니다.

망망한 엽식이 "조씨네 딸"을 잡기는 잡았는데, 잡은 채로 여전히 아득하기만 하다는 뜻입니다.

'의문'으로 남으니 공안 참구가 시작됩니다.

33. 재채栽菜 – 선문염송 제330칙

약산藥山이 채소밭에 들어가서 원두가 채소를 가꾸는 것을 보고 말했다.

"채소야 그대가 가꾸는 것을 막지 않겠거니와, 뿌리만은 나지 않게 하라."

하니, 원두가 말하되

"뿌리가 나지 않게 하라시면 대중은 무엇을 먹습니까?"

이에 약산이 이르기를

"그래도 입이 있던가?"

하였다.

【해설】

육조혜능의 법을 이은 두 사람의 대인大人이 청원행사清源行思와 남악회양南岳懷讓입니다. 청원행사의 뒤를 석두희천石頭希遷이 잇고, 석두희천의 뒤를 이은 사람이 약산유엄藥山惟儼입니다.

이 공안은

"채소야 그대가 가꾸는 것을 막지 않지만, 뿌리만은 나지 않게 하라."

하는 말씀과 뒤이은

"그래도 입이 있던가?"

하는 두 줄의 말씀으로 구성되어 있습니다.

심은 채소에 뿌리가 안 나는 일도 있습니까? 그런데도 약산은 뿌리가 나지 않게 하라는 말씀을 하지 않았습니까? 억지라도 이런 억지가 어디 있습니까? 이 말씀 한마디로도 가슴이 답답해집니다. 신경이 예민한 사람이라면 가슴이 꽉 막히겠지요.

그런데 원두園頭가 대꾸하기를, 심은 채소에 뿌리가 나지 않으면 대중은 무엇을 먹느냐고 물었습니다. 이 말끝에 약산은 무어라 내뱉었습니까?

"그래도 입이 있던가?"

원문에는 그래도 입이 '있느냐?'로 되어 있지만, "그래도 입이 남았느냐?"로 보아도 무방합니다. 의미는 똑같습니다.

약산은 축소지향의 문장 구성 능력이 대단합니다. 상황을 극소지향으로 몰아가는 능력이 뛰어납니다.

물론 이 말끝에 알아차리는가 아닌가는 이 공안을 보는 사람에 따라 다를 것입니다.

학인學人을 막다른 골목으로 몰아넣되 전력을 기울여 몰아넣는 것이 아니라, 슬쩍 가볍게 해치우는 모습이 역력합니다.

아니, 표현이 잘못 되었습니다. 학인을 궁지로 몰아넣지도 않습니다. 뭣 하러 그런 수고를 합니까.

'그래도 입이 남아 있느냐'는 말씀에 공안을 보는 사람의 심리가 잘려져 나간다고 느껴집니까?

그러나 학인의 심리가 잘려나간다고 보면 좀 늦습니다. 왜일까요? 이런 이치는 어떤 공안이라도 동일합니다. 이 책에 수록된 53개 공안도 예외가 아닙니다. 명심하십시오.

【참고사항】사실상 심리가 공안 따위에 잘려 나가는 일은 없습니다. 말이 나온 김에 하는 말인데, 마음이 뽑혀 나온다느니 마음의 뿌리가 빠진다느니 하는 표현도 내가 부지런히 사용하고는 있지만, 마음이 뽑혀 나오거나 마음의 뿌리가 빠지는 일은 없습니다. 그런 일 없습니다. 그런 일 절대로 없습니다.

단지 달리 사용할 만한 적절한 말이 없으니까 그런 표현을 구사한 것입니다. 실상實相과 표현은 달라도 많이 다릅니다. 실상과 표현은 달라도 너무 다릅니다. 이런 사실을 양지하시고 이 책을 읽기 바랍니다.

왜, 그 애호박에 붙어 있는 말라비틀어진 호박꽃 있잖습니까? 공안이란 애호박에 붙어 있는 말라비틀어진 호박꽃 같은 것입니다. 때가 되면 저절로 떨어져 나갑니다. 손 댈 필요조차 없습니다.

선문에서는 심리단절心理斷絶이라는 용어를 많이 씁니다. 그러나 심리단절이라고 보면 좀 늦다기보다 많이 늦습니다. 솔직히 말해서 그렇게 보면 공안이 냉큼 떨어져 나가지 않습니다.

운문문언의 말씀에 '천중天中'이 있습니다. '하늘 한가운데'라는 뜻입니다. 이런 정신에 무슨 군더더기 같은 공안의 찌꺼기가 떨어지지 않고 달라붙어 있겠습니까. 그런 일 없습니다.

공안이 저절로 떨어져 나가야 일단 성공입니다.

아무런 쓸모없어진 공안이 저절로 떨어져야 합니다.

어폐가 있군요. 아무 쓸모없어진 공안이 떨어져 나가고 말고 할 까닭이 어디 있습니까. 아무 쓸모없어진 공안이야 떨어지든, 떨어져 나가든 무슨 상관입니까. 아무 볼일 없습니다.

이리하여 심리는 일체의 구속에서 유유히 벗어나는 것입니다. 내 말이 거짓말처럼 들립니까? 지금까지의 설명이면 어느 정도 이해가 되고, 그런가 싶은 일종의 깨달음의 눈이 열리는 사람도 있을 것입니다. 그럼에도 '그래도 입이 남아 있던가' 하는 말씀이 끈끈하게 달라붙어 사람을 놓아주지 않을 것입니다.

화두 하나 들고 평생을 끌고 가도 해결되지 않는 사람이 한둘입니까? 부지기수입니다. 성공하는 사람은 극히 드뭅니다. 그게 다 방법을 몰라서 그러는 것입니다.

이치도 방법도 모르는 상태에서 세상 사람들이 많이 다룬다는 이유 하나만으로 스승으로부터 무작정 공안을 받습니다. 공안을 받아서 무지막지하게 공부하기 때문에 일어나는 현상입니다.

다시 봅시다. 약산이 상황을 축소지향으로 몰아가는 솜씨가 대단하다고 했습니다. 어떻게 말입니까?

"아직도 입이 있던가?"

"아직도 입이 남아 있었던가?"

별것도 아닌 일을 가지고 몇 마디 하더니, 금방 상대방의 입을 없애버리지 않았습니까. 아주 말끔하게 해치우는 바람에 흔적조차 남기지 않았습니다.

중요한 것이 있습니다.

이 공안을 보던 여러분의 입도 동시에 없어져야 한다는 것입니다. 여러분의 입도 없어지면서 여러분의 정신세계는 완전무결하게 밀봉密封되어야 합니다.

공안의 이치는 마음을 밀봉하는 데 있습니다. 공안이 힘없이 이탈하면, 즉 떨어져 나가면 마음은 밀봉됩니다. 마음이 밀봉되어야 진정한 공부가 시작됩니다. 왜입니까? 마음이 밀봉되어야 마음 전체를 다 잡고 마음의 영향권에서 벗어나는 일이 가능해진다 말했습니다.

마음이 밀봉되니 이것이 무루지無漏智입니다.

입이 없어지는 바람에 심리가 끊어졌다고 보면 안 됩니다. 안 된다기보다 늦다는 뜻입니다. 늦어지면 왜 안 될까요? 뻔하지 않습니까. 공안을 보는 속도가 늦어지면 공안에 잡히고, 공안에 먹살잡이를 당해 평생을 끌려 다니게 됩니다. 그러면 어떻게 보아야 할까요?

공안이 저절로 떨어져 나간 것입니다. 말장난처럼 느껴집니까? 그렇지 않습니다. 실제로 공안이 저절로 떨어져 나가는 것이지, 마음을 끊는다고 느낀다면 공부를 한참 더 해야 합니다.

공안은 저절로 떨어져 나간다. 이 말도 아무리 반복해도 지나치지 않습니다. 이리하여 마음의 전체를 사용하기 시작하는데, 이것은 공부의 완성이 아니라 진정한 공부의 시작일 뿐입니다.

명심하십시오. 공안은 저절로 떨어져 나가는 것입니다. 공안이 저절로 떨어져 나가야 마음은 밀봉되고, 마음이 밀봉되어야 마음 전체를 사용하는 일이 가능해집니다. 왜일까요?

마음이 밀봉되어야 마음이 새나가는 일이 없어지기 때문입니다. 마음이 새나가는 일이 없어지니, 마음 전체를 다잡아 마음의 영향권에서 벗어날 수 있는 것입니다. 이것을 가리켜 무루지無漏智라 합니다.

그런데 진짜 문제는 공안이 저절로 떨어져 나갔다 해도 처음에는 그 사실을 명료하게 알아차리지 못한다는 것입니다. 경험 부족 때문입니다. 아니 경험이 없기 때문입니다.

까마득한 전생으로부터 수행과 복업福業을 동시에 닦아온 사람이라도 공안을 정확히 보기 위해서는 부단한 연구와 노력이 필요합니다.

34. 완월翫月 - 선문염송 제543칙

석실石室이 앙산仰山과 함께 달 구경을 하는데, 앙산이 물었다.
"저 달이 뾰족할 때는 둥근 모습이 어디로 가고, 둥글 때는 뾰족한 모습이 어디로 가는가?"
석실이 말하기를
"뾰족할 때는 둥근 모습이 숨고, 둥글 때는 뾰족한 모습이 있다."
운암雲巖이 말했다.
"뾰족할 때는 둥근 모습이 있고, 둥글 때는 뾰족한 모습이 없다."
이번에는 도오道吾가 말했다.
"뾰족할 때도 뾰족하지 않고, 둥글 때도 둥글지 않다."

【해설①】

도오종지道吾宗智의 말을 보겠습니다.

"뾰족할 때도 뾰족하지 않고, 둥글 때도 둥글지 않다."

도오의 말을 확대 해석해 보겠습니다.

'기쁠 때는 기쁘지만 기쁘지 않고, 노여울 때는 노엽지만 노엽지 않다.'

'더울 때는 덥지만 덥지 않고, 추울 때는 춥지만 춥지 않다.'

'나는 나이지만 나가 아니다.'

【해설②】

『대혜서大慧書』에서 대혜종고가 여랑중에게 답하는 편지에 다음과 같은 글이 나옵니다.

"분별일체법分別一切法 불기분별상不起分別想. 일체의 법을 분별하지만, 분별의 생각을 일으키지 않는다."

거기에 좀 더해 보겠습니다.

나(我)라든가 밖으로 대부분의 물상物象과 낱낱의 음성상音聲相이 나타나도 한결같이 꿈처럼 알고 있기 때문에 유무有無와 과거-현재-미래의 삼제三際를 끊고 있다.

『대혜서』에 나오는 이 구절을 요약하면, 모든 것이 몽환夢幻인 줄 알고 있다는 것입니다. 그러기에 도오가 말했습니다.

"달이 뾰족하면 무슨 상관이며, 달이 둥근들 무슨 상관인가!"

'더울 때는 덥지만 덥지 않고, 추울 때는 춥지만 춥지 않다.'

이 말을 덧붙인 김에 제685칙을 보겠습니다.

【해설③】

제685칙 한서寒暑입니다.

동산洞山에게 어떤 승僧이 물었다.

"추위와 더위가 닥쳐오니 어떻게 피하리까?"

"어째서 추위와 더위가 없는 곳으로 가지 않는가?"

"추위도 더위도 없는 곳이 어딥니까?"

"추울 때는 얼어 죽고, 더울 때는 쪄 죽인다."

이 공안도 유명합니다. 이미 잘 알려진 일화는 피하고 싶었으나, 정확한 해설을 내려두기 위해 굳이 인용했습니다.

동산의 말씀이 무엇을 뜻합니까?

'추울 때는 춥지만 춥지 않고, 더울 때는 덥지만 덥지 않다.'

'추울 때는 얼어 죽지만 얼어 죽지 않고, 더울 때는 쪄 죽이지만 쪄 죽이지 않는다.'

명근命根, 즉 목숨의 뿌리가 끊어진 까닭에 더위와 추위에 대한 관심도 끊어져 있다는 것입니다.

【해설④】

말이 나온 김에 또 하나 덧붙입니다. 제662칙 원상圓相입니다.

도흠道欽 선사에게 마조馬祖가 편지를 보냈는데, 단지 백지에 동그라미 하나만을 그려서 보냈다. 편지를 뜯어본 도흠이 동그라미 안에 'ㅡ'을 긋고(혹은 점을 찍었다 함) 편지를 다시 봉해서 돌려보냈다. 나중에 이 소식을 전해들은 혜충국사가 비평했다.

"도흠 대사가 아직도 마조의 홀림을 받고 있다."

동그라미 안에 'ㅡ'을 그었든, 점을 찍었든 마조의 꼬임에 넘어갔다는 뜻입니다. 마조의 꼬임에 넘어가 백지의 동그라미 안에 코를 박고 엎어진 것입니다.

도흠은 동그라미가 그려진 백지를 무심코 버리듯, 그냥 휴지통에 던졌어야 했습니다. 도흠의 공부가 그때까지는 좀 부족했던 모양입니다.

마조가 도흠에게 편지를 보낸 것은 도흠의 수행을 도와주기 위해서였습니다. 도흠을 시험하고 천하의 웃음거리로 만들려는 의도는 결코 없었습니다.

이 공안은 '완월翫月' 공안과는 상당히 대조적이어서 여기에 인용해 보았습니다.

35. 귀향歸鄕 – 선문염송 제329칙

약산藥山에게 어떤 승僧이 물었다.

"학인이 고향에 돌아가고 싶을 때엔 어찌합니까?"

하니, 약산이 대답하되

"그대의 부모는 온몸이 벌겋게 부풀어서 가시밭 속에 누워 있
거늘, 그대는 어디로 돌아가려는가?"

하였다. 승이

"그렇다면 돌아가지 않겠습니다."

하였다. 이에 약산이

"아니다. 가거라. 그대가 만일 고향으로 가겠다면 나에게 양식
끊는 방법이 있으니, 일러주리라."

하니, 승이 말하기를

"일러 주십시오."

약산이 이르기를

"두 차례 식당에 들어가도 쌀 한 톨 씹지 말라."

하였다.

식사시간이 되어 식당에 들어가면 밥을 먹기는 먹되 쌀 한 톨 씹지 말라. 즉 밥 한 알 씹지 말라는 뜻입니다.

약산의 악독함이 악독귀왕惡毒鬼王보다 위에 있습니다.

식당에 들어가도 쌀 한 톨 씹지 말라니!

이 말끝에 이미 마음은 뚝 끊어졌습니다. 뒤돌아본들 아무것도 없습니다. 공안은 선문염송에 실린 한낱 이야기로 돌아갔습니다.

왜입니까? 공안은 공안의 역할을 마치면 저만큼 나앉아 무심하고 무료한 존재로 돌아가기 때문입니다.

그러므로 공안의 말씀 자체를 잡고 밤낮으로 싸우는 어리석은 짓거리는 안 된다 했습니다.

예컨대,

"약산은 왜 쌀 한 톨 씹지 말라 하였을까?"

"약산은 왜 쌀 한 톨 씹지 말라 하였을까?"

이런 방식을 택하면 시간만 잡아먹고 이익은 없는 결과만 초래한다고 누누이 설해 왔습니다. 공안의 말씀에 잡혀 있는 동안에는 공부의 진보는 중지됩니다.

약산의 악독함이 악독귀왕을 능가한다 함은 쌀 '한 톨'에 있습니다.

약산은 이렇게 말하지는 않았습니다.

"식당에 들어가도 밥 먹지 말라."

이렇게 말했다면 그토록 지독하다고 느껴지지는 않습니다. 물론 천하의 인물 약산이 독하다는 뜻은 전혀 아닙니다. 어찌 그런 뜻으로 이 글을 쓰고 있겠습니까. 여기서 악독하다느니 하는 말은 약산이 참으로 예리한 정신의 소유자라는 뜻입니다.

약산이 눈 밝은 사람이라는 증거는 쌀 한 톨의 그 '한 톨'에 있습니다. 그는 불교의 골수를 알고 있는 사람입니다. 쌀 한 톨이라니. 쌀 한 톨 씹지 말라니!

역시 약산은 악독하다는 생각이 들지 않습니까? 쌀 한 톨도 먹지 말라는 사람이 어디에 있습니까? 악독합니다.

그래서 이 공안을 유심히 보는 사람의 마음이 뚝 끊어진다고 말하는 것입니다. 독자들은 이제 어쩌면 좋겠습니까? 답은 어쩔 것도 없고, 좋을 것도 없다는 사실입니다. 쌀 한 톨 따위는 이미 먼 세상 일이 되었습니까?

쌀 한 톨이 떨어져 나가는 바람에 이제는 어쩔 것도 없어지고 좋을 것도 없어진, 한없이 답답한 상태로 덩그렇게 홀로 남은 자기의 정신세계입니까? 별다른 실속도 없이 홀로 덩그렇게 남아 돌아온 자기自己라는 정신세계입니까? 그것이 소위 둔근의식입니다.

그 둔근의식에 사무치고 또 사무치십시오. 잠재식에 대하여 문외한이었던 사람도 이것이야말로 잠재식이라고 하는 것이로구나 싶은 깨달음을 얻게 되고, 그렇게 하다 보면 잠재식의 각성도 점점 더 뚜렷해집니다.

마음은 원자폭탄이나 수소폭탄 같은 것에 의하여 끊어지는 법은 결코 없습니다. 마음은 쌀 한 톨이나 먼지 한 알 같은 것에 의하여 끊어집니다.

심리心理란 다루기 얼마나 애매모호한 물건입니까. 잠재의식이란 다루기가 얼마나 아득한 물건입니까. 그런데 그런 심리를 약산이 쌀 한 톨 던져 끊어버립니다. 그리고 쌀 한 톨에 의하여 끊어지는 마음은 원자폭탄은커녕 상전벽해가 된다 해도 변치 않는 것입니다.

잠재식, 즉 잠재의식이 뭔지 짐작이나 할 수 있습니까? 거의 불가능하다고 단언할 수 있습니다. 이 분야에 대한 무지로 인해 수많은 사람들이 무더기로 유물론에 빠져서 헤어 나오지 못하는 것입니다.

예를 들어 봅시다. 살아가노라면 깜박깜박 졸 때가 많습니다. 그때마다 어떻습니까? 홀랑 다 날아가 버린다고 생각되지 않습니까? 홀랑 다 날아가 버리고 아무것도 없다고 생각되지 않습니까? 그러나 잠재식은 추호의 손상이나 훼손 없이 그대로 있습니다. 잠재식의 존재는 그토록 미세합니다. 그토록 미세한 까닭에 보통 사람들로서는 알기 어렵습니다.

그와 같이 보통 사람들은 잠재의식의 존재에 대해서 무지하며 매우 부정적입니다. 잠재식의 존재에 대해서 아주 무지해지고 따라서 죽으면 아무것도 없다고 철석같이 믿게 되는 것입니다.

거기까지는 그렇다 치고, 유물론자들이 사람 웃기는 게 하나 더 있습니다. 자기는 죽어 공무空無가 되어도 이 세상, 즉 물질로서의 이 세상은 존재한다고 또한 철석같이 믿습니다.

잠재의식, 즉 잠재식의 감지感知가 가능합니까? 불가능까지는 아닙니다. 어디 봅시다. 그래서 공안을 봐야 한다고 말하는 것입니다.

제329칙 귀향歸鄉을 설하면서 약산을 두고 뭐라고 했습니까? 그의 근성根性이 몹시도 예리하다고 했습니다.

"그대는 식당에 들어가도 쌀 한 톨 씹지 말라."

이와 같이 예리함이 극極에 달하면 마치 예리하기 짝이 없는 면도 날과 같은 것이 됩니다. 예리함의 극치입니다.

예리함의 극치에 이른 면도날 위에 종이를 얹어볼 수 있습니까? 종 잇장은 저절로 잘라지고 두 동강이 납니까? 예리함의 극치에 이르면 어찌 잘라지지 않겠습니까.

마찬가지 원리입니다. 제아무리 잠재식이라 한들 공안의 귀신같은 원리에 노출되면 그야말로 '싹둑' 잘라집니다. 싹둑.

마음의 어디에서 어떻게 잘라지겠습니까? 이야말로 설명하기가 난해한 대목입니다. 굳이 설명해볼까요.

좀 전에 싹둑 잘라진다고 하지 않았습니까. 만일 이 책을 읽는 분 이 그토록 명료하게 느껴지지는 않는다 해도, 그럴싸하다고 느껴진 다면 설명이 가능합니다. 그럴싸하다고 느끼는 바로 그 '그럴싸함'이 열쇠로 작용합니다.

그럴싸하다고 느낀다면 마음은 끊어지게 마련이고, 여기서 마음은 잠재의식을 두고 하는 말이니까 잠재의식이 끊어집니다.

구체적으로 어디서 어떻게 끊어지느냐고요? 바로 지금 그럴싸하 다고 느끼는 그 지점에서 귀신도 모르게 끊어집니다. 말장난은 절대 로 아닙니다.

약산의 "쌀 한 톨 씹지 말라"와 같은 표현은 촌철살인寸鐵殺人의 촌 철입니다. 단번에 의식을 뛰어넘어 잠재식에 꽂힙니다. 잠재식에 꽂 혀서 잠재식을 도려냅니다. 도려내려는 시도를 합니다.

이때의 심정이 '그럴싸하다'로 느껴진다는 것입니다. 이 정도 해설이면 충분하겠지요. 하지만 공안의 이치가 이토록 일목요연하게 와 닿는 사람은 극히 드뭅니다. 그래서 오랜 세월을 두고 참구參究하는 것이 현실입니다.

어떤 말이든 어떤 행동이든, 그런 말이나 그런 행동이 그럴싸하다고 느끼는 것은 반드시 잠재식의 몫입니다. 아니, 어떤 사유도, 어떤 사유방식도 잠재식의 몫이지 의식의 몫은 아닙니다.

어떤 궁리도, 어떤 고민도, 어떤 계산도, 어떤 선택도, 어떤 취미도, 어떤 취향도, 어떤 식미食味도, 어떤 괴벽怪癖도, 어떤 성격도, 어떤 얼굴도, 어떤 인연도, 부모형제의 인연도, 세상만사도 잠재식의 몫입니다. 잠재식에서 나옵니다.

의식은 단지 정보의 입력과 출력의 역할밖에 맡지 못합니다. 의식은 단지 입력과 출력의 창구 역할만 담당합니다. 컴퓨터에 정보를 입력하면 정보의 분석과 계산은 컴퓨터 본체가 하는 것과 마찬가지입니다.

사소한 정보의 분석이나 계산은 얼핏 의식의 몫으로 여겨지기도 합니다. 그러나 그것도 오해입니다. 소소한 정보의 분석이나 계산도 한결같이 정보의 창고인 잠재식에서 나옵니다. 소소한 정보인 까닭에 해답이 즉시 나오는 것이 다를 뿐입니다. 의식은 잠재식의 통제범위를 벗어나는 일이 없습니다.

잠재식의 통제를 벗어나다니요? 의식은 잠재식의 얼굴에 불과합니다. 의식은 잠재식이 뒤에서 조종하는 꼭두각시요, 탈(가면)에 지나지 않습니다. 의식이라는 탈을 벗기면 잠재식의 망망대해가 나타납니다.

망망대해라는 표현이 도리어 부족합니다. 잠재식의 바다는 끝이 없기 때문입니다. 사회생활이라는 것도 그렇습니다. 잠재식은 보이지 않고, 잠재식이 뒤에서 조종하는 잠재식의 탈만 떠다니는 꼴입니다. 껄껄껄.

의식에 입력되는 정보는 잠재식 쪽으로 넘어가서 잠재식의 해답을 기다리고 잠재식의 처분을 기다리게 됩니다.

살아가노라면 누구든 당장에 해결이 어려운 문제에 부닥치는 경우는 얼마든지 있게 마련이고, 그것은 즉시 잠재식에 맡겨져 잠재식의 처분을 기다리게 되는 것입니다.

그러면 잠재식은 집적된 무량 무수한 정보를 이용합니다. 정보의 조합으로 문제 해결에 나섭니다. 잠재식은 시작함이 없는 무량겁 이래로 쌓여온 정보의 창고입니다. 무한정한 정보의 창고가 잠재식입니다. 명심하십시오. 의식은 잠재식의 얼굴, 잠재식의 탈에 불과합니다.

그러므로 특히 난관에 직면하게 되면 누구랄 것도 없이 자연적으로 멍해지면서 잠재식의 지시를 기다리게 되는 것입니다. 왜 멍해진다고 했습니까? 잠재식의 존재 자체가 '멍함'이요, '아득함'이라는 해설은 지금껏 되풀이되었습니다. 잠재식은 어째서 아득하고 까마득하게 느껴지는 걸까요?

그것은 잠재식에 집적되는 정보의 종류와 숫자와 양 때문입니다. 잠재식에 집적되는 정보의 종류와 숫자와 양은 무한합니다. 그런 까닭에 잠재식은 아득하고 까마득하게 느껴지는 것입니다. 이는 마치 바다의 수평선을 마주하고 아득해지는 심정과 동일한 이치입니다.

잠재식의 세계가 그토록 광대무변하여 아득하고 까마득하므로, 문제 해결이 잠재식에 맡겨지는 순간부터 아득해지고 까마득해지는 것입니다.

아니, 일체 사유가 잠재식의 몫입니다. 뇌리를 스쳐가는 한 순간의 생각도 잠재식에서 나옵니다. 한 순간의 생각 같은 것은 의식의 몫이지 싶지만, 사실은 본체인 잠재식에서 나와 의식이라는 모니터에 떠오른 현상입니다. 앞에서 해설했습니다. 의식은 잠재식이 뒤에서 조종하는 꼭두각시요, 탈에 불과합니다.

물론 본인은 잠재식에 대하여 무지한 까닭에 그런 사실을 까맣게 모릅니다. 몇 날 며칠을 계산하고 사유하고 고민하는 것이 잠재식이라는 사실을 알고 있는 사람은 극히 드뭅니다. 극히 드물다기보다도 거의 없습니다. 거의 없다기보다도 전무합니다. 문제 해결책이 떠오르지 않는 상태에서 그냥 기다리다가 어떻게 해결책이 떠올랐다고만 막연하게 치부하고 맙니다.

되돌아갑시다.

그럴싸하다는 느낌 정도를 감지할 수 있는 정신능력의 소유자는 많을 것입니다. 그러니까 공안을 보다가 삶의 고뇌에서 어느 정도 벗어날 수 있는 사람들은 얼마든지 있다고 해도 지나친 말이 아닙니다.

단지 이런 문제는 있습니다. '그럴싸하다'에서 진일보進一步하여 철저하게 수긍하는 단계에 진입해야 한다는 것입니다. 진짜 공부는 여기에서 시작됩니다.

철저하게 수긍이 가는 단계에 이르면 인생관이 바뀝니다. 잠재식이 잡혀들면서 마음의 바다가 열리기 시작하면 천중天中임을 깨닫습니다. 이런 상태가 진정한 공부의 바탕이 됩니다.

어째서 진정한 공부의 바탕 정도밖에 안 될까요? 그것은 이렇습니다. 심령체心靈體는 시작함이 없는 까마득한 영겁의 세월을 지나면서 무량하고 무수한 정보가 집적된 정보의 집적체입니다.

이 무량 무수한 정보의 거의 대부분은 좋지 못한 성질의 정보일 것입니다. 집적된 정보가 누락되거나 지워지는 일은 없습니다. 근본무명根本無明으로서의 정보 집적체가 부단히 공부를 방해합니다.

그런 까닭에 좀 깨달은 듯해도 그것은 이제 시작에 불과합니다. 정보 집적체가 곧 잠재식입니다. 불교 공부는 잠재식의 영향권에서 벗어나는 것입니다.

알기 쉽게 말해서 '정보의 집적체'는 곧 무량겁의 세월 동안 학습하고 익혀온 천성天性입니다. 천성은 못 고친다는 말도 있지 않습니까. 이 천성이 공부를 방해하는 것입니다. 천성이 곧 잠재식입니다.

그러므로 천중天中 같은 존재로 탈바꿈했다 해도 정신적인 진화를 게을리 하면 잠재식의 방해로 말미암아 자기도 모르는 사이에 공부는 퇴전退轉합니다.

윤회를 거듭하면서 지어온 태산보다 무겁고 바다보다 깊고 푸른 악업이 영적인 진화를 가로막고 방해합니다.

불교의 천태종에서는 이렇게 말합니다.

"설사 부처와 같고 보살과 같은 사람일지라도, 행위로서의 악은 단절했지만 악성惡性은 그대로 있다."

천태종의 이러한 견해에 대하여 반대한 사람이 많았다고 합니다.

하지만 잘못된 견해라고는 할 수 없습니다.

　이와 같이 무시이래로, 즉 시작함이 없는 까마득한 옛날로부터 지어온 업이 지중한 까닭에 간화선이라는 독특한 수행 방법이 창안되어 오늘날에 이른 것입니다.

36. 수무誰無 – 선문염송 제1198칙

담주潭州 광화 대사匡化大師에게 어떤 승僧이 물었다.

"어떤 것이 진여불성眞如佛性입니까?"

"누구에겐 없던가?"

나중에 어떤 승이 정과淨果에게 물었다.

"어떤 것이 진여불성입니까?"

"누구에겐 있던가?"

그 승이 깨달았다.

【해설①】

"누구에겐 있던가?"

정과淨果의 이 말끝에 깨달았다니, 이 일화가 의미하는 바는 무엇입니까? 그 전에 동일한 질문을 받고 광화匡化는 무어라고 했습니까?

"누구에겐 없던가?"

광화의 대답에는 '진여불성'이 있군요.

정과는 무어라고 대답했습니까?

"누구에겐 있던가?"

정과의 대답에는 '진여불성'이 없습니다.

【해설②】

그 스님의 질문 속에서 얼굴을 내미는 '진여불성'이란 관념에 지나지 않습니다. 그 스님은 '진여불성'이라는 관념에 끌려 다녔습니다. '진여불성'이라는 관념에 끌려 다니면서 진여불성을 획득하려는 부단한 시도를 포기하지 않았습니다.

한번 관념에 사로잡혀 관념의 노예가 되면 풀려나기는 요원합니다. 관념이란 사람 잡는 물건입니다.

'진여불성'이 한번 머릿속에 자리를 잡으면 좀처럼 떠나지 않습니다. 그래서 '진여불성'을 찾아 헤매다가 일생을 소진하고 맙니다.

【해설③】

이 공안은 사실 평범해 보입니다. 그런데 왜 이 책에서 다루는 것일까요? 별스럽지도 않는 이 공안에서도 깨달았다는 사람이 분명 있지 않습니까?

관념에서의 이탈이 그토록 중요하기 때문입니다.

수행에 뜻을 둔 사람들은 평생토록 도道, 즉 '진여불성'을 구하려고 끝도 없이 헤맵니다. 그것이 문제입니다.

솔직하게 털어놔 볼까요?

진정한 수행이라면 수행을 시작하는 찰나에 수행을 놓아버려야 하는 것입니다. 수행을 시작하는 순간 수행을 내던지라는 주문입니다.

그러면 그때부터는 수행이 저절로 됩니다. 그것이 진정한 수행입니다. 그러나 그렇게 쉽게 되는 사람은 아무도 없습니다.

독자들로서는 이 말을 이해하기가 버거울 것입니다. 그래서 평생을 끌어가면서 수행이라는 헛수고를 하게 됩니다.

중국의 양나라 지공誌公이 이미 말했습니다.

"이치를 깨닫고 수행한 것을 되돌아보면 비로소 헛수고한 줄 알게 된다."

【해설④】

"어떤 것이 진여불성입니까?" "누구에겐 있던가?"

이 대목에서 그 스님의 '진여불성'에 대한 집념이 홀라당 날아갔습니다. 게다가 악착같았던 수행에 대한 집념까지도 줄행랑을 쳤습니다.

남은 것이 무엇이겠습니까? 이러지도 못하고, 저러지도 못하고, 어쩌지도 못하는 나만 고스란히 남아 있을 뿐입니다.

'나', 이것 하나만은 추호의 훼손도 없이 남아 돌아옵니다.

아, 물론 수행해야 합니다. 수행을 부정하는 것은 아닙니다. 하지만 이치를 알고 보면 수행이 헛수고라는 것도 알게 된다는 것이지요. 이것이 방 거사의 이른바 '일 끝낸 범부'입니다.

이러한 이치에 통하게 되면서부터가 진정한 수행입니다. 이때부터는 수행이 저절로 됩니다.

37. 열반涅槃 – 선문염송 제345칙

약산藥山에게 어떤 승僧이 물었다.
"어떤 것이 열반입니까?"
하니, 약산이 대답했다.
"입을 열기 전에는 무엇이라 부르는가?"

【해설】

입을 열기 전에는 무엇이라 부르는가? 입을 연 후라 한들 무엇이라
부르겠는가?

볼일 보러 하루 종일 돌아다니고, 하루 종일 사람들과 이야기한 다
음이라 한들 무엇이라 부르겠는가? 사람들과 하루 종일 웃고 떠들어
댄 다음, 그 다음이라 한들 무엇이라 부르겠는가?

입을 열기 전에도 그렇지만, 입을 연 후라 한들 도대체 무엇이라
하겠는가?

선가禪家에는 '이뭣고?' 화두가 있기는 있습니다.

'이뭣고?'를 발음하다 보니 '이무꼬?'로 부르기도 하긴 합니다.
그렇다면 이 '열반' 공안을 '이무꼬?' 공안으로 보아도 무방하겠습

니까?

'이무꼬?' 화두와의 연계가 불가능한 것은 아닙니다. 아니지만, 단연코 그렇지 않다고 선을 긋습니다.

내용은 동일하다고 치더라도 '이무꼬?'라는 세 개의 말이 따라다니며 끊임없이 달라붙는 일은 단호하게 거절합니다. '이무꼬?'라는 세 개의 말이 여러분의 심량心量 확대에 끊임없는 제약을 가하기 때문입니다.

공안의 말 자체가 따라다니면 여러분은 공안의 말(언어) 자체에 걸려 넘어지고 부지기수로 좌초하게 됩니다. 공안의 언어 자체가 여러분 정신세계의 코를 꿰어 끌고 다니며 놓아주지 않습니다.

사람은 그럴듯한 공안을 보다가, 보는 어느 순간 그 공안에서 흔연히 풀려나고 해방되어야 합니다. 그렇게 되기 위하여 공안을 보는 것입니다. 공안에서 흔연히 풀려나니 이른바 해탈解脫입니다.

'이뭣고?' 공안에서 시작한다면 그것은 기초에서 시작하는 것일 뿐더러, '이뭣고'라는 언어를 중얼거리거나 되뇌지 않으면 의심(의정)이 없어지는 고약한 꼴을 면하기 어렵습니다. 그 이유는 '이뭣고?'라는 언어에 전적으로 의지하여 의심을 일으키려고 하기 때문입니다.

'이뭣고?'든, '무…?'든, '뜰 앞의 잣나무?'든 무엇이든 입술을 달싹거리며 의심(의정)을 불러일으키려는 공부 방식은 부지기수不知其數로 의심이 사라지는 바람에 심신心身만 지칠 대로 지칩니다.

【참고사항】 그리고 그런 방식으로 해보면 도대체 진보가 있는지 없는지, 본인으로서는 판단이 서지 않는 두렵고도 두려운 현실에 직

면하게 됩니다. 왜일까요? 평생을 걸고 화두 공부에 착수하기 때문입니다. 특히 스님들의 경우가 그렇습니다. 내 말이 믿어지지 않습니까? 그렇다면 스님들에게 물어보십시오. 틀림없는 사실입니다. 내 말이 믿기지 않으면 '이뭣고?' 화두를 하는 사람들에게 물어보십시오. 무자無字화두하는 사람들에게도 물어보십시오. 그들이 어떤 진퇴양난의 상황에 처하여 허덕이는지를 물어보십시오.

더불어 그런 방식으로 해보면 본인으로서는 의심(의정)이라고 생각하고 밀어붙일지 모르겠으나, 그것은 의심도 아닙니다. 그런 의심이라면 찰나생刹那生하고 찰나멸刹那滅하게끔 되어 있습니다. 찰나생하고 찰나멸하는 의심이고 보니 도무지 종잡을 수 없는 화두 공부입니다.

찰나생하고 찰나멸하는 의심이란 무엇입니까? 의심이 찰나 동안도 계속되지 않는다는 뜻입니다. 결국 '무자'화두든, '뜰 앞의 잣나무?'든, '마삼근?'이든, '간시궐?'이든, '이뭣고?'든 간에 맹랑하기 짝이 없는 '말 한마디'에서 시작하여 '말 한마디'로 끝나는 화두를 하게 되면 진정한 의심은 한 번도 형성되지 않았다는 실로 두려운 결론이 도출됩니다.

의심의 '의疑'란 의식으로서는 모르는 것이니까 사용하게 되는 '의疑'인 것입니다. 그러니까 의식으로서는 알 길이 없는 마음, 즉 잠재의식이 바로 '의심疑心'인 것입니다.

사람들은 이러한 이치를 모르고 무작정 화두를 "의심하라, 의심하라"고만 합니다. 그러나 사실 의심이란 잠재의식인데 말입니다. 화두를 "의심하라, 의심하라"고 하는 사람들이 의심이 정작 잠재의식이라는 사실을 알게 되면 깜짝깜짝 놀랄 것입니다. 몰라도 한참 모르는 것이지요.

그런데 잠재의식에 불과한 의심은 '무자'화두나, '이뭣고?'나, '뜰 앞의 잣나무?'나, '마삼근?'이나, '간시궐?' 따위가 부른다고 해서 반응을 보이는 법은 없습니다. 이런 화두가 불러댄다 해도 소용없습니다. 그러니까 이런 화두를 잡고 평생을 고생한 뒤 마침내 헛수고로 돌아갑니다.

의심(의정), 즉 잠재식은 의식이 다른 데 눈을 팔고 있는 동안은 그야말로 잠재潛在, 즉 '잠겨' 있는 까닭에 드러나는 법이 없습니다. '무자'화두나, '마삼근'이나, '정전백수자' 같은 화두를 하는 것도 의식이 다른 데 눈을 팔고 있는 것에 당연히 포함됩니다. 잠재식은 잠재, 즉 '잠겨' 있는 식인 까닭에 현식現識, 즉 의식으로서는 잡을 수 없는 식입니다.

'무자'화두이든, '정전백수자?'든, '마삼근?'이든, '간시궐?'이든 이런 것으로 불러댄다고 머리 내밀 잠재식이 아닙니다. 부른다고 대답할 잠재식이 아닙니다. 그런 화두 잡으면 평생 고생한 뒤에 헛수고로 돌아갑니다.

그런 화두 잡으면 아무리 눈 닦고 찾아봐도 의심이라고는 찾아볼 수가 없는 것입니다. 의심은커녕 의심의 흔적조차 찾아볼 길이 묘연한, 예컨대 '무자'화두 하는 사람들의 말로未路인 것입니다. 내 말이 믿어지지 않습니까?

그래서 권하는 것이 예컨대 '무도舞棹' 같은 공안입니다. 이런 공안이라면 저절로 대의단을 이루면서 의심(의정), 즉 잠재식이 잡혀 들어오는데, 무엇하러 애써 입술을 달싹거리며 무자화두 따위를 하겠습니까?

아니, 어폐가 있군요. 대의단을 이루며 잠재식이 잡혀 들어온다는 표현에 문제가 있습니다. 대의단이 잠재식이요, 잠재식이 대의단이기 때문입니다. 그러나 그런 식으로 말을 해보는 것일 뿐이니까 이해 바랍니다.

'이뭣고?' 화두는 그야말로 '이뭣고?' 때문에 망한다고도 단언할 수 있습니다.

선문염송 제345칙 열반은 따라서 '이뭣고?' 화두와는 아무런 관계 없는 공안임을 명시합니다.

논論이 좀 빗나갔습니다.

입을 열기 전이든, 입을 연 후든 간에 '이것을' 무엇이라 부르는가? 나는 여기에서 '이것을'이라는 언어를 끼워 넣었습니다. 과연 합리적인 언어의 삽입입니까? 아닙니다.

바로 '이것'이야말로 '이뭣고?'로 발전해서 '이것'에 잡히게 되고, '이것'에 잡혀 평생을 날리게 되기 때문입니다. 단지 여러분의 문제의식을 분명히 하기 위해서이기는 하지만, 잘못되었습니다. 그러므로 지금부터는 '이것을'이라는 언어는 제외합니다.

언어와 마주보게 되면 그 언어와 마주보고 있는 한, 그 언어에서 벗어나지 못합니다.

독자들의 오해의 소지를 남겨서는 안 되겠기에 도리 없이 덧붙입니다. '마삼근?'이든, '정전백수자?'든, '간시궐?'이든 간에 이런 공안을 보는 방법도 예컨대 '무도舞棹'와 같습니다. 똑같습니다.

그러니까 '마삼근'이니, '정전백수자'니, '간시궐'이니, '무無'니 하는 말도 공안을 대하는 즉시는 아니라 하더라도 서서히 떨어져 나가고 저절로 대의단이 이루어져야 정상이라는 뜻입니다.

그런데 그것이 그렇지를 못하고, 예컨대 무도舞棹처럼 저절로 대의단이 이루어지지 않으니까 억지로, 억지로 의심(의정)을 불러 일으키는 방법을 사용합니다.

예컨대,

"무無라? 무無라? 무無라?" 혹은

"왜 마삼근인고? 왜 마삼근인고? 왜 마삼근인고?" 혹은

"어째서 뜰 앞의 잣나무라 했을꼬? 어째서 뜰 앞의 잣나무라 했을꼬? 뜰 앞의 잣나무라? 뜰 앞의 잣나무?"

이러니 될 까닭이 있습니까? 그 밖에도 좋은 공안이 얼마든지 있는데 말입니다. 사람들은 다른 사람들을 따라 하는 경우가 많습니다. 그래서 그러는 걸까요.

본론입니다.

입을 열기 전에는 무엇이라 부릅니까?

이 공안도 독특한 점이, 어째서 독특한가 하면, 예컨대 "왜 마삼근인고? 왜 마삼근이라 했을까?"와 같이 언어 자체를 의지하지 않아도 된다는 점입니다. 말씀 한마디를 붙잡고 억지로 의심을 불러일으키는 방식을 취하지 않아도 되는 자유를 부여합니다.

"왜 마삼근인고?"

"왜 마삼근인고?"

도대체 이게 뭡니까? 어째서 죽을 고생을 사서 합니까?

공안의 언어 자체를 공안의 찌꺼기라 합니다. 이를테면 부산물인데, 화두 공부 안 되는 이유가 바로 이 공안의 찌꺼기 때문이라고 밝혀왔습니다. 마삼근이든, 이뭣고든, 간시궐이든, 동산수상행이든 무엇이든 언어 자체에 잡히면 평생을 날립니다. 왜입니까?

본인은 느끼지 못하겠지만 자기가 들고 있는 화두를 소중하게 생각하는 동안은 화두가 사람을 움켜쥐고 놓아주지 않기 때문입니다.

약산藥山은 어째서 "입을 열기 전에는 무엇이라 부르는가?" 하였는가? 이런 방식의 공부는 당치도 않습니다. 이런 방식으로 공부를 지어나가면 안 됩니다.

이 공안의 특성을 언급하다가 이리저리 돌아다녔습니다. 약산은 무슨 까닭에 "입을 열기 전에는 무엇이라 부르는가, 하였는가?" 하는 이런 방식으로 공부를 지어나갈 이유가 있습니까? 전혀 없습니다. 공안은 말씀을 끝내고 떨어져 나갑니다. 자, 지금부터는 어찌해야 합니까?

자, 지금부터는 어찌해야 하나? 하고 말은 했지만, 어찌하거나 어찌하려고 해서는 안 된다는 것입니다. 여기에서 마음을 움직이거나 심력心力을 사용하면 안 됩니다.

이런 상태를 두고 아득하다거나 멍하다거나 아둔해진다고 설해 왔

248

지만, 실상은 그런 것이 아니라고도 설해 왔습니다. 예컨대 아무런 일도 없이 멍하니 앉아 있다면, 그것은 소위 무기공無記空에 떨어진 것입니다.

그러나 이 책에서 설說하는 '아득함'이나 '멍함'이나 '아둔해짐'은 공안의 말씀 끝에 공안에서 이탈離脫하면서 이루어지는 대의단을 의미하는 것이니, 결코 무기無記는 아닙니다. 대의단은 잡혀 들어오는 잠재식입니다. 잠재식은 광대무변하므로 아득하게 느껴집니다.

물론 간화선 초기라면 마음의 동요가 그치려 한다는 것으로 알아야 합니다. 이런 정신 상태를 유지해 보면 마음의 움직임이 드디어 멎는다는 사실을 실감합니다.

물론 이러고도 여러 번 희미해지기도 하고 없어지기도 하고 그러기를 되풀이하지만, 실패와 실수 뒤에는 다시금 분명해지기를 반복하면서 마음은 서서히, 그리고 확고하게 의연義然해지고 결연決然해져 갑니다.

희미해지기도 한다는 말은 공부가 퇴전하여 고민스럽다는 뜻이요, 없어지기도 한다는 말은 공부가 퇴전하여 헐떡이기도 하고 매달리고 의지할 것 따위를 찾기도 한다는 뜻입니다.

여하튼, 시간이 흐르면서 마음은 서서히 의연해지고 결연해져 갑니다. 신의信義를 지켜 스스로 흔들리지 않게 됩니다. 여기에서 독자들은 또다시 의아해할 것입니다. 의연과 결연과 신의가 대의단과 무슨 상관이냐는 것이겠지요.

'대의단'이란 태허太虛입니다. 대의단, 즉 태허는 뻗칠 대로 뻗쳐 끝 간 데가 없는 정신세계입니다. 그러니 이 정신세계의 성질을 말로 표현하자니 의연이라면 진정한 의연함이요, 결연이라면 진정한 결연함이요, 신의라면 진정한 신의요, 지혜라면 진정한 지혜요, 자비라면 진정한 자비인 것입니다.

이런 과정을 거치면서 태허가 되어 갑니다. 그러나 그것이 용이한 정신 작업은 아닙니다. 세상만사를 일시에 놓아버린다 해도 단번에 성취되는 법은 없습니다. 왜일까요?

세상만사라고 합시다. 말이 그렇지, 세상만사가 일시에 놓아집니까? 세상만사는 일시에 놓아지지 않습니다. 세세생생 지어온 악업이 지중한 장애물이 되어 공부를 방해한다고 설해 왔습니다.

세세생생 지어온 죄업이 태산보다 무겁고 바다보다 푸르고 깊습니다. 숙업宿業이 그토록 무거운 까닭에 수행이 뜻 같지 못한 것입니다. 수행과 더불어 복업도 동시에 닦아 나가야 하는 이유가 여기에 있는 것입니다.

자기를 '놓아버리는 일'이 그렇게 쉬운 일이라면, 예컨대 조주는 무슨 할일이 없어서 깨달은 다음의 보림保任에 30년을 보냈겠습니까. 조주라면 불교 역사상 천재적인 인물인데 말입니다.

태허太虛가 역력 분명해지고 '홀로서기'를 하기에 이른 사람이라면 대인격大人格임에 틀림없습니다. 태허가 역력 분명해진다 함은 잠재식이 통째로 드러나서 의식뿐만 아니라 잠재식까지 마음 전체를 사용하는 단계에 진입했음을 의미합니다. 임제가 자주 이야기한, 이른바 전체작용全體作用입니다.

깨달음이라 하면 천지개벽이나 경천동지驚天動地할 일이라도 일어나는 것처럼 이야기한 책도 있는데 어처구니없는 일입니다. 천지개벽 따위가 뭐 그리 대단한 일입니까? 결연히 홀로 서고 행하며 자기 책임은 자기가 지는 천중天中일 뿐입니다. 말이 나온 김에 하는 말인데, 천중이란 '하늘 한 가운데'라는 뜻이니, 이야말로 웅위한 정신입니다.

"입을 열기 전에는 무엇이라 부르는가?"

물론 무엇이라고 불러보라는 요구는 아닙니다. 그런 것은 절대 아닙니다. 이 말씀 끝에 문득 공안은 불필요한 물건이 되었습니다. 공안이 다시 필요합니까? 공안은 불필요한 물건이 되고, 심령만 남았습니다.

심령은 서서히 적연해지고 서서히 한계가 없어지면서 서서히 태허가 분명해집니다. 이렇게 익히고 또 익혀 가십시오. 지긋이 지긋이 아득해지고, 지긋이 지긋이 적연해지십시오.

입을 왜 열겠습니까? 입 열 이유 없습니다. 입 열기 전으로 돌아가는데, 왜 입이 필요합니까? 입 다무십시오. 입만 다물면 태허가 분명해집니다. 입만 다물면 태허입니다. 이렇게 익혀 나가면 서서히 서서히 적연해집니다. 몇 년도 좋고 몇 십 년도 좋습니다.

말씀 끝에 즉시 알아차리는 것이 나쁠 것도 없지만, 그다지 바람직한 현상도 아닙니다. 각성覺性은 물론 숙업宿業에 따르지만, 내 말은 머리회전 기민한 것이 경박한 품성을 나타내는 경우가 허다하기 때문입니다. 잔머리 회전이 빠르면 중후한 품성과는 거리가 먼 사람들이 많습니다. 그런 의미에서 '서서히'라는 표현을 겹쳐 사용한 것입니다. 화두 공부는 몇 년 혹은 몇 십 년을 밀어붙여야 하는 공부이므로 지독한 근성이 요구됩니다.

화두는 떨어져 나가는 반면에, 사람은 화두에서 떨어져 나오니 심량心量은 거대해집니다. 거대해지는 심령心靈은 무극신無極神으로 화化합니다. 심령 혹은 심령체는 본래 바깥이 없기 때문입니다. 마음이란 바깥이 없다고 했습니다.

복습합시다.

입을 열기 전에는 무엇입니까?

자, 그렇다면 지금부터는 어찌 해야 합니까?

그러나 '어찌 하거나, 어찌 하려고 하지 말라' 했습니다.

마음을 움직이거나 심력心力을 사용하지 마십시오.

『화엄경』 십지품十地品에 나오는 말씀입니다.

"제8 부동지不動地 보살은 무공용無功用의 지혜로 저절로 살바야(一切智)의 바다로 흘러든다."

무공용의 지혜로 저절로 공부된다는 뜻입니다.

해보면 알게 됩니다. 마음을 움직이지 마십시오. 심력을 쓰지 마십시오. 마음을 쓰면 공부가 퇴전합니다.

거듭거듭 말합니다. 지금부터는 어찌 하거나 어찌 해보려 하지 마십시오.

공부는 저절로 되게끔 되어 있습니다.

그렇다고 공부가 한 번에 되는 일도 없습니다. 시행착오가 반복되면서 요령을 얻게 되고, 요령을 얻게 되면서 공부는 진보합니다.

공부는 몇 년 혹은 몇 십 년이 지속된다는 사실을 명심하십시오.

『화엄경』에서는 마음을 바다에 비유합니다. 거령신巨靈神이니, 무극신無極神이니 한 것은『화엄경』이 마음을 바다에 비유한 것과 같습니다.

살바야, 즉 일체지一切智의 바다도 유식학唯識學에서 말하는 8개의 식識 전체를 의미합니다.

38. 기멸起滅 – 선문염송 제1199칙

복주福州 나산도한羅山道閑 선사가 처음으로 석상石霜을 찾아뵙고 물었다.
"일어나고 멸滅함이 멈추지 않을 때가 어떠합니까?"
석상이 대답했다.
"식은 재, 마른 나무 같이 하고, 한 생각 만 년 가게 하고, 함과 뚜껑이 맞듯 하게 하고, 맑은 하늘에 티가 없는 것 같이 하라."
나산羅山이 깨닫지 못하여 다시 암두巖頭에게 가서 앞에서와 같이 물었다. 암두가 할을 하면서 말했다.
"누가 일어났다 멸했다 하는가?"
이에 나산이 깨달았다.

【해설①】
"일어나고 멸함이 멈추지 않을 때가 어떠합니까?"
"누가 일어났다 멸했다 하는가?"
수수께끼 해결의 열쇠는 암두巖頭가 내뱉은 '누가'에 있습니다.
'누가'라니요?
'누구'란 나산羅山을 가리키는 것이 아니냐는 지적입니까?

254

그렇지 않으니 유감입니다.

그래서 수수께끼입니다.

【해설②】

여기서 '누가'라는 말은 나산이 식심識心을 사용하지 못하도록 나산의 식심을 최대한 누르고 최대한 억제합니다.

'누가'라는 말이 나산의 그야말로 기멸하는, 즉 일어났다 멸했다 하는 심리를 순간적으로 붙잡아 앉히는 위력은 대단했습니다. 어떻게 그런 걸 아느냐고요?

'누가'라는 암두의 말끝에 나산의 심리기멸心理起滅이 종료되었기 때문입니다. 나산의 심리기멸이 종료되었음을 어떻게 아느냐고요?

'누가'라는 말끝에 나산이 깨달았다고 하지 않았습니까? 깨달음이란 심리기멸의 종료를 의미합니다. 그러니까 이 공안에서는 '누가'라는 말이 위력을 떨칩니다.

【해설③】

앞에서 '누가'라는 말이 나산의 기멸하는 심리를 최대한 누르고 최대한 억제했다고 해설했습니다.

그러나 사실은 '누가'라는 말이 동시에 두 가지 작용을 했다는 겁니다.

그 하나는, 나산의 심리에 제동을 걸어 기멸을 멈춥니다. 물론 순간적인 일이었습니다.

그 둘은, 심리기멸에 제동을 거는 것과 동시에 나산으로 하여금 심리, 즉 마음에서 벗어나게 했다는 것입니다.

【해설④】

"누가 일어났다 멸했다 하는가?"

그런데 암두의 이 말이 무슨 이치로 나산의 기멸하는 심리를 누르고 억제하는 데 기여했을까요?

암두의 이 말끝에 나산은 순간적인 일이었습니다만 어리벙벙해졌습니다. 강조하거니와 어디까지나 순간적인 일이었습니다.

나산의 심리가 암두의 '누가'라는 말에 순간적으로 걸려 넘어졌다는 표현도 가능합니다.

그 순간적인 충격파로 나산은 마음에서 이탈합니다.

결국 '누가'라는 말이 행사한 '충격파'로 인하여 나산의 마음은 순간적으로 걸려 넘어졌고, 관성의 법칙에 의하여 나산은 마음에서 이탈한 것입니다.

결론 내립니다.

'누가'라는 말에 어리둥절해진 마음은 걸려 넘어진다.

그와 동시에 관성의 법칙에 의하여, 걸려 넘어지는 마음에서 '나산'이 이탈하는 작용이 연쇄적으로 일어났다.

그 왜, 달리던 시내버스에 급제동이 걸리면 승객들의 몸이 순간적으로 앞으로 왈칵 쏠리지 않습니까? 그 이치와 같습니다.

【해설⑤】

제1195칙 일진一塵 공안에서도 '누구에게'라는 말이 나옵니다.

이 일진 공안의 이치는 제1199칙 기멸起滅 공안의 이치와 똑같습니다. 흡사 빼다 박은 듯이 똑같습니다. 그러므로 해설은 생략하고 원문만 소개합니다.

자복資福에게 어떤 승僧이 물었다.

"어떤 것이 한 티끌에서 삼매三昧에 드는 것입니까?"

자복이 선정禪定에 드는 시늉을 하니, 그 승이 다시 물었다.

"어떤 것이 모든 티끌의 삼매에서 깨어나는 것입니까?"

"그대는 누구에게 물었는가?"

39. 촉목觸目 - 선문염송 제553칙

담주潭州 석상경제石霜慶諸 선사가 처음으로 도오道吾에게 가서 물었다.

"어떤 것이 눈에 보이는 것 모두가 보리인 도리입니까?"

하니, 도오가 사미를 불러 사미가 대답하거늘, 도오가 말하기를

"물병에 물을 담아 오라."

하였다. 조금 있다가 도오가 도리어 석상경제에게 묻되

"그대는 아까 무엇을 물었던가?"

하니, 석상이 입을 열려고 망설이는데, 도오가 방장실로 돌아가 버렸다. 찰나에 석상이 깨달았다.

【해설】

도오道吾의 등장이 두 번째입니다. 그럴 의도는 없었고 선문염송을 뒤져가며 적당한 공안을 찾다보니 우연히 그렇게 되었을 뿐입니다. 석상경제石霜慶諸의 등장도 두 번째입니다. 이 또한 우연입니다.

촉목觸目의 의미는 '눈에 보이는 것마다'입니다.

안사유성眼似流星이라는 말이 있습니다. 눈빛이 흐르는 별과 같다

는 뜻입니다.

윤회는 시작도 끝도 없습니다. 심령은, 심령체는 영원한 존재로서 죽을 수 없으니 윤회도 끝이 없는 법입니다.

끝도 없이 지속되는 윤회의 도상에서 수행과 복업 닦기를 게을리 하지 않는 사람은 많을 것입니다. 쌓이고 쌓이는 수행과 복업의 힘으로 금생에 도를 얻게 되는 법입니다.

무한정으로 계속되는 수행과 복업의 힘을 가정하지 않으면 이번 생에서의 해탈은 설명할 도리와 방법이 없습니다.

선가에는 돈오돈수頓悟頓修라는 말도 있고, 돈오점수頓悟漸修라는 말도 있고, 무오무수無悟無修라는 말조차 있습니다.

그중에서도 돈오돈수를 봅시다. 돈오돈수는 깨달음과 동시에 수행도 완료된다는 주장입니다. 돈오돈수를 주장하는 쪽의 사람들은 그 정신이 좀 설익어 보이고, 좀 덜 여물어 보입니다. 그토록 자신이 있다는 그 자체가 사람들이 덜 여물었다는 증거라고 생각됩니다.

서방정토 아미타불은 조제영겁의 수행을 거쳐서 불과佛果를 얻었다고 합니다. 돈오돈수는 정각正覺을 얻는 동시에 수행도 떨어져 나간다는 것인데 가당찮은 욕심인 듯합니다. 아무리 돈오돈수라 해도 어디든 간에 미완성이 있을 수 있고, 그럴 개연성은 충분합니다. 결론은 영겁의 윤회를 통하여 부족한 점을 보충해야 된다는 것입니다.

앞에서 나온 안사유성眼似流星도 영겁의 윤회를 통한 수행의 힘으로 나타나는 현상입니다. 눈빛이 흐르는 별과 같은 사람이라면 아득한 전생으로부터 닦아온 수행과 복덕의 힘을 상정하지 않을 수 없습니다.

촉목觸目 공안에 나오는 도오도 그렇지만, 석상의 개오開悟는 영겁의 수행을 대전제로 하는 개오임을 망각하지 마십시오. 석상과 도오의 인연에 대한 설명도 마찬가집니다.

도오도 석상도 흐르는 별과 같은 눈을 가졌음에 틀림없습니다. 깨달을 수 있는 큰 복을 갖추었다는 뜻입니다. 이것 없이 어떻게 금생에 문득 지도至道를 얻고 지인至人이 될 수 있었겠습니까.

도오는 왜 사미를 불러 "물병에 물을 담아 오라"고 시켰을까요? 이치는 다음과 같습니다.

도오는 일단 석상을 제지한 것입니다. 다급했다면 다급했고, 급했다면 급했을 것이며, 질문에 치중했다면 치중했을 석상의 심리에 일단 제동을 걸어서 멈추게 한 셈입니다.

사미를 불러 엉뚱한 물심부름을 시키는 도오의 귀신같은 솜씨에 석상의 심리가 순간적으로 걸려 넘어지며 일시적인 방심상태로 들어간 것입니다.

그러니까 도오가 다시 능청스럽게 시치미를 떼면서

"그대, 아까 무엇을 물었던가?"

하고 석상을 향하자, 제동 걸린 심리상태에서 즉시 벗어나지 못한 석상이 입을 열까 말까 망설입니다.

도오가 아무런 말없이 문득 일어나 방장실方丈室로 돌아가는 찰나 석상의 심리는 어떠했을까요? 여기 좋은 예가 있습니다. 선문염송 제1314칙 적적寂寂을 연구해 봅시다. '적적'에 이런 선시禪詩가 나옵니다.

"남대南臺가 향로 가에 고요히 앉으니

종일토록 응연凝然하여 만萬 생각을 잊었다.

마음을 쉬거나 망상 끊음 아니니

아무것도 생각하여 헤아릴 것 없어서라."

석상의 심리도 남대南臺의 심리도 같습니다. 여기에서 응연凝然이란 마음이 한곳에 집중되어 꼼짝하지 않는 모양을 뜻하는 말입니다. 집중이라고는 하지만 심력心力을 사용하여 억지로 그렇게 한다는 의미가 아니고, 저절로 그렇게 된다는 것임을 알아야 합니다. 공부가 저절로 그렇게 된다는 뜻입니다.

남대는 남대수안南臺守安 화상입니다.

도오가 아무 말 없이 방장실로 돌아가는데, 석상의 심리는 저절로 응연한 상태로 들어가 움직임이 그치고 부동不動의 세계를 확립했습니다.

부동의 심리 진입은 하루아침에 이루어지는 것이 결코 아니라고 앞에서 누누이 강조했습니다.

뿐만 아니라 누구나 수행이 깊어지면 남대와 석상과 도오처럼 종일토록 응연해집니다. 응연함은 몇 겁이고 계속되고, 드디어는 영겁토록 응연해집니다.

결론적으로 촉목 공안이 말하고자 하는 바는 무엇일까요?

도오의 비범한 솜씨에 석상은 지도至道를 얻었습니다. 지도를 얻고 지인至人이 되었습니다. 지도는 무엇이며 지인은 무엇입니까?

지도는 지극한 도리이고, 지인은 지극한 인간이란 뜻입니다. 어째서 지극한 도리와 지극한 인간입니까? 영겁토록 움직이지 않아 영겁토록 응연하니 지극한 도리요 지극한 인간입니다.

그러니

"도오는 왜 아무런 말없이 방장실로 돌아갔을까?"

이런 방식으로 공부를 지어가면 안 됩니다. 절대로 그런 방식은 안 됩니다.

도오의 비범한 솜씨를 세설細說해달라고요? 세설하겠습니다. 이미 모두 해설한 셈이지만, 다시 요약해 보겠습니다.

도오는 아무 말 없이 퇴장함으로써 석상 홀로 허공 속에 남겨둔 것입니다. 석상 홀로 허공에 남겨두고 도오 혼자서만 슬쩍 빠져나간 것입니다. 그 순간 허공 속에 홀로 남겨진 석상은 문득 공空의 이치가 뼈에 사무쳤습니다.

불교에 '현애살수懸崖撒手'라는 말이 있습니다. 안 떨어지려고 까마득한 벼랑 끝을 모질게 잡고 있던 손을 탁 놓아버린다는 뜻입니다. 석상의 심리가 그랬습니다.

『숫타니파아타』에도 이런 글귀가 나옵니다.

"놓아버리면 그만인 것을!"

도오는 말없이 방장실로 돌아감으로써 만길 벼랑 끝을 잡고 대롱대롱 매달린 석상이 손을 탁 놓아버리도록 도와주었습니다. 아니면 다음의 해설이 보다 타당합니다.

본래부터 천중天中입니다. 본래부터 '하늘 한가운데'입니다. 본래부터 호호탕탕浩浩蕩蕩입니다.

여러분의 공부 방식도 반드시 현애살수의 이치를 따라야 합니다.

완전히 놓아버리니 천중이요, 천중이니 완전히 놓아버립니다. 거칠 것이 어디에 있으며, 거리낄 것이 어디에 있습니까.

도오가 방장실로 돌아가는 순간 독자들도 문득 허공 속에 홀로 남겨집니다. 그 순간 독자들도 문득 공의 이치가 뼈에 사무칩니다. 이 공안이 꽤나 괜찮다 싶은 분들은 골똘히 연구해 보십시오. 우주가 여러분의 정신세계 속으로 빨려 들어올 때가 있을 것입니다.

혹시나 해서 다시 설명합니다.

"도오는 왜 아무 말 없이 방장실로 돌아갔을까?"

"도오는 왜 아무 말 없이 방장실로 돌아갔을까?"

이렇게 공부하면 안 된다고 했습니다. 왜일까요?

그러면 대번에 도오가 여러분의 발목을 잡고 매달리게 됩니다. 공부가 전혀 엉뚱한 방향으로 가닥을 잡게 되는 것이니 손해로 따지면 이만저만이 아닙니다. 공부가 전혀 반대 방향으로 흐를 테니 얼마나 괴롭겠습니까.

여러분의 관심이 집중되어야 하는 석상의 심리입니다. 간화선이야말로 이해와 요령의 획득이 필수적이요 필연적입니다.

아, 물론 도오의 심리를 이해하는 것도 필수적입니다. 단지 "어째서 도오는 자리를 비웠을까?" 하는 방식으로 의심을 지어나가서는 안 된다는 것입니다.

40. 삼돈三頓 – 선문염송 제1228칙

동산수초洞山守初에게 운문雲門이 물었다.

"요즘 어디서 떠나왔는가?"

"사도에서 왔습니다."

"여름은 어디에서 지냈는가?"

"호남湖南의 보자報慈에서 지냈습니다."

"언제 거기에서 떠났는가?"

"8월 25일이었습니다."

운문이 말했다.

"그대에게 30대의 방망이를 내린다."

이튿날 동산수초가 운문에게 물었다.

"어제 큰스님께서 저에게 30대의 방망이를 내리셨는데, 저의 허물이 어디에 있습니까?"

"밥주머니(飯袋子)가 강서江西와 호남에서 저런 짓을 하고 다녔구나!"

동산수초가 이 말에 깨달았다.

【해설①】

"밥주머니가 강서와 호남에서 저런 짓을 하고 다녔구나!"

이 공안 해결의 열쇠는 '밥주머니'에 있습니다.

밥주머니를 '반대자飯袋子'라고 부르는군요.

【해설②】

"밥주머니가 강서와 호남에서 저런 짓이나 하고 다녔구나!"

이 말을 내뱉기 이전에 운문은 동산수초洞山守初를 마음 내키는 대로 질질 끌고 다녔습니까?

동산수초를 끌고 다니면서 동산수초가 밥주머니에 불과하다는 선언을 내릴 사전 정비작업을 마쳤습니까? 어디 봅시다.

【해설③】

"요즘 어디서 떠나왔는가?"

"사도에서 왔습니다."

"여름은 어디에서 지냈는가?"

"호남의 보자에서 지냈습니다."

"언제 거기에서 떠났는가?"

"8월 25일이었습니다."

【해설④】

이와 같이 운문은 동산수초를 마음대로 끌고 다녔습니다. 끌고 다니면서 바보 취급했습니다. 바보로 다루었습니다.

그러다가 동산수초에게 30대의 방망이를 내립니다.

30대 방망이의 이유를 모르는 동산수초는 그 다음날 운문을 뵙습니다.

그때 운문의 입에서 자연스럽게 흘러나온 말씀이 무엇이었습니까?

"밥자루가 강서와 호남에서 저런 짓을 하고 다녔구나!"

【해설⑤】

"밥자루가 강서와 호남에서 저런 짓이나 하고 다녔구나!"

이 말끝에 깨달았다니, 어떻게 된 까닭일까요?

이 말끝에 동산수초는 그야말로 '밥자루'로 나가떨어진 것입니다.

'밥통'으로 나가떨어지다니, 이건 또 무슨 해괴망측한 말이냐는 질문이겠지요.

'밥자루'로 나가떨어졌다는 말의 의미는 자기 자신을 몽땅 내던졌다는 것입니다. 자기 자신을 몽땅 내버렸다는 말입니다.

그러나 보다 정확한 표현으로 바꾸면 다음과 같이 됩니다.

'자기 자신'을 몽땅 내던졌다는 것이 아닙니다.

'자기 자신'을 몽땅 내던지게 되었다. 문장형식이 능동형이 아니고 수동형을 취해야 옳습니다. 왜일까요?

자기 자신을 내던지게 된 것은, 운문의 도움을 받아서 이루어진 결과였기 때문입니다.

통째로 내버리면 해결은 완료됩니다.

'밥주머니'의 보기를 하나 더 들어볼까요. 제1194칙입니다.

　　자복資福에게 어떤 승僧이 물었다.

　　"옛사람이 방망이를 들고 불자拂子를 세운 뜻이 무엇입니까?"

　　"옛사람이 그러했던가?"

　　그 승이 다시 물었다.

　　"방망이를 들고 불자를 세운 것은 또 어찌하겠습니까?"

　　이에 자복이 할을 하여 내쫓았다.

　　어떻습니까?

　　옛사람이라 합시다. 옛사람이 방망이를 들었던들 그 무슨 의미가 있으며, 불자를 세웠던들 그 무슨 의미가 있다는 말입니까?

　　세상만사 허망합니다.

　　그래서 자복이 자기주장을 굽히지 않는 그 '밥주머니'를 할을 하여 내쫓은 것입니다.

　　더하여, 자복이 자기주장을 굽히지 않는 그 밥주머니를 할을 하여 내쫓았다 한들 그것 또한 무슨 의미가 있었겠습니까?

41. 삼결三訣 – 선문염송 제1364칙

홍주洪州 백장도상百丈道常 선사가 어떤 때엔 상당上堂하여 대
중이 모이면
"차를 마시라."
하고 자리를 떴으며, 어떤 때엔 상당하여 대중이 모이면
"잘 가라."
하고 자리를 떴고, 어떤 때엔 상당하여 대중이 모이면
"쉬라."
하고 자리를 떴는데, 나중에 스스로가 이 세 가지 인연을 합쳐
다음과 같이 송頌했다.
"백장에게 세 가지 비결 있으니
　차 마시라, 잘 가라, 쉬라 하네.
　당장에 바로 알더라도
　그대는 깨치지 못했다 하노라."

【해설】

깨달음이란 무엇입니까? 대인격으로의 정신적인 진화를 의미합니다.

대인격에서 보면, 예컨대 무문관 48개 칙의 대부분이 사실상 논할 가치조차 없습니다. 그보다는 차라리 이 삼결三訣 공안에 나오는 백장도상百丈道常의 말씀 한마디 한마디가 심금을 울립니다.

여기에서는 삼결 중에서 두 번째 이야기인 '만나자마자 잘 가라'고 말하는 구절만 취급하겠습니다.

만나자마자 잘 가라는 사람에게 무슨 말을 걸어 보겠습니까.

본래성불本來成佛이라는 말이 있습니다. 일은 이미 이루어졌고, 뜻은 이미 쉬었다는 것입니다(사기성事己成 의기휴意己休). 선문염송 제995칙 신광神光에 나오는 현사사비玄沙師備의 게송입니다.

일은 이미 이루어졌고, 뜻은 이미 쉬었습니다. 이것이 삼결 공안이 가리켜 보이고자 하는 현사사비의 말씀입니다. 큰 일은 이미 이루어졌고, 큰 뜻은 이미 쉬었다는 것입니다.

어찌 보면 이것도 공안인가 싶기도 할 것입니다. 이런 것도 공안이라고 지금 다루고 있는가 싶기도 할 것입니다.

하지만 의미는 만만찮습니다. 큰 일은 이미 이루어졌고, 큰 뜻은 이미 쉬었습니다. 누군가가 큰 일을 이미 이루었다는 의미도 아니고, 누군가가 큰 뜻을 이미 쉬었다는 의미도 아닙니다.

'누군가가'라니 당치도 않는 말입니다. '누군가가'라니요? 당치도 않습니다. 그런 것이라면 그것은 불교가 아닙니다. 그런 것이었다면 불교는 벌써 망했을 것입니다.

일은 본래부터 이루어졌고, 뜻은 본래부터 쉬었다는 것입니다. 그래서 본래성불인 것입니다.

방대한 양의 내용을 담고 있는 선문염송, 그 제538칙 혐개嫌箇에 나오는 이야깁니다. 어디 한번 봅시다.

취미무학翠微無學에게 어떤 승僧이 물었습니다.

"화상의 법석法席에 온 이후로, 상당上堂하실 때마다 한 법法도 가르쳐주신 일이 없으시니, 뜻이 어디에 있습니까?"

하니, 취미무학이 대꾸하기를

"섭섭한 것이 무엇입니까?"

하였다. 그 승이 다시 동산洞山에게 물었더니, 동산이 이르기를

"어째서 나를 수상히 여깁니까?"

하였다.

취미무학의 말씀 앞에 현사玄沙의 말씀을 놓아 볼까요.

"일은 이미 이루어졌고, 뜻은 이미 쉬었습니다. 그런데 이제 와서 새삼스럽게 어쩐지 섭섭해 보입니다. 이제 와서 섭섭하다니 이상합니다. 섭섭한 것이 무엇입니까?"

동산의 말씀 앞에도 현사의 말씀을 놓아 볼까요.

"일은 이미 이루어졌고, 뜻은 이미 쉬었습니다. 그런데도 내가 사적私的으로 뭔가를 챙겨 감추어 두고 내보이지 않는 것이 있다고 생각됩니까? 그런 일 없습니다. 어째서 나를 수상히 여깁니까?"

'어째서 나를 수상히 여기느냐'는 동산의 말씀이 걸작입니다.

마찬가집니다. 사람 한번 만나보려고 고생고생 해가면서 먼 길을

더듬어 더듬어 찾아갔건만, 정작 얼굴 한번 보기가 무섭게

"잘 가라"

하고 한마디 던지고 자기 볼일 보러 가버립니다. 왜였을까요? 사기
성事己成 의기휴意己休. 일은 이미 이루어졌고, 뜻은 이미 쉬었기 때문
입니다. 일은 본래부터 이루어졌고, 뜻은 본래부터 쉬었기 때문입니
다. 그러니까

"차 한 잔 드시고, 쉬었다가, 편안히 가십시오."

이 밖에 해볼 말이 따로 있습니까?

먼 길을 더듬어 찾아온 사람들이긴 하지만 굳이 따로 할 말이 있어
야지요. 먼 길을 찾아온 고마움에 따뜻한 차 한 잔 대접하는 인사는
필요합니다.

"이 차는 향기가 좋습니다. 드시지요."

그리고는 뒤이어 하는 말이 고작

"잘 가십시오."

그뿐이었습니다.

만나자마자

"잘 가십시오."

그뿐이었습니다.

문제는, 그렇습니다. 문제는 이제 불거져 나왔습니다. 백장도상의
'잘 가라'는 말씀 끝에 독자들은 '잘 떨어져 나왔는가?' 하는 것입니
다. 잘 떨어져 나왔습니까? 백장도상이 여러분에게 잘 가라고 하지
않았습니까? 그러니까 여러분은 잘 떨어져 나왔어야 당연하다는 논

리입니다.

잘 떨어져 나와, 그야말로 일은 이미 이루었고, 뜻은 이미 쉬어졌습니까? 이 질문 하나 독자들에게 던지기 위하여 이토록 길고 길게 이야기를 풀어온 것입니다.

만일 잘 떨어져 나왔다면 '사기성事己成 의기휴意己休'되었을 테지만, 유감스럽게도 대부분의 독자들은 백장도상의 '잘 가라'는 말씀 끝에 냉큼 잘 떨어져 나오지 못했을 것입니다. 왜입니까?

대부분의 독자들은 '사기성 의기휴'되어 있지 못하기 때문입니다. '사기성 의기휴'되어 있지 못하기 때문에 백장도상의 '잘 가라'는 말씀 끝에도 잘 오지 못하고, '잘 가라'는 그 말에 연연하며 붙잡혀 있는 것입니다.

'일은 이미 이루어졌고, 뜻은 이미 쉬었다'는 말의 의미가 이해됩니까, 안 됩니까? 이해 안 되면 곤란합니다. 그러고 보니 그렇군요. '일은 이미 이루어졌고, 뜻은 이미 쉬었다'는 말을 이해하기 위하여 삼결三訣 공안을 본다고 해도 과언이 아니게 되었습니다. 그러고 보니 모르는 사이에 상황이 역전되었군요.

잠재의식이 마음의 뿌립니다. 마음의 뿌리가 빠져 용심用心에 제약이 풀리고, 용심에 한계가 없어지면 그때서야 비로소 '일은 이미 이루었고, 뜻은 이미 쉬었음'이 분명해집니다. 용심이란 마음을 사용한다는 의미입니다.

백장도상의 '잘 가라'는 말씀 끝에 문득 잘 떨어져 왔기를 바란다면 무리한 희망이겠습니까? 마음의 뿌리가 빠졌거나 빠지는 중이라면 '사기성 의기휴'의 의미가 이해되고, '잘 가라'는 말도 당연히 이해됩니다. 역으로 '잘 가라'는 말이 이해되면 '사기성 의기휴'는 당연한 일입니다.

존재란 고독하고 서글픈 것입니다. 한산자寒山子의 시에 이런 글이 흐릅니다.

　지난해 봄새가 울 때에는
　형과 아우를 생각했는데
　금년에는 가을국화 만발해
　아버지 어머니를 생각하나니
　푸른 강은 굽이굽이 흐느껴 울고
　누런 구름은 사방에 자욱하다.
　아아, 슬프다. 인생 백년
　고향땅 부모 형제 생각에
　애간장을 끊는다.

한산자가 누구입니까? 그는 문수보살文殊菩薩의 화신化身이었다는 사람입니다. 한산자의 삶에 대한 비탄은 어떻습니까?

독일의 문호 헤르만 헷세의 작품에 『크눌프』가 있습니다. 그 작품에는 '방랑의 도상途上에서'라는 제하題下의 시가 실려 있고, 이렇게 흐릅니다.

슬퍼하지 말아라.

머지않아 밤이다.

그러면 창백한 들판 너머 싸늘한 달빛이 미소 짓는데

손에 손을 맞잡고 휴식하리니.

슬퍼하지 말아라.

머지않아 때가 온다.

그러면 우리의 십자가 두개 길가에 나란히 서 있어

그 위로 바람이 불어 오가리라. 눈비가 내리리라.

헤르만 헷세의 비애와 탄식은 어떻습니까?

심령은 사유 용량이 무한합니다. 무한해서 한정이 없습니다. 심령체는 무한한 정보의 집적체입니다. 이 심령체의 문제는 한두 가지 방책으로는 해결이 불가능합니다.

간화선이 일종의 기술인 듯 여겨지는 시대가 되었습니다. 한두 가지 기술이나 방책으로 인생문제가 해결됩니까? 절대로 불가합니다.

제1364칙 삼결三訣과 같은, 얼핏 이것도 공안인가 싶은 공안을 소개하고 보니 다루기에 녹록치 않다는 사실을 깨달았을 것입니다. 이 말 저 말 끌어다 인용했다 해서 속이 후련해집니까?

부단한 수행이 관건입니다. 부단한 수행 없이는 기껏해야 이해에서 시작하여 이해로 끝납니다. 단순히 이해에서 종결되는 수행을 어찌 수행이라 하겠습니까?

삶의 전체로서 몸부림치고 몸살을 앓아 나가야만 마음뿌리가 빠져도 빠지고, 오매일여가 되어도 됩니다. 인생 전체를 한 덩어리로 묶어서 구르고 넘어지고 자빠지고, 이리 몸살 앓고 저리 몸살 앓아 나가야만 심지心地가 서서히 드러나도 드러납니다. 물론 정신적인 방황이요, 정신적인 방랑입니다.

그밖의 소소한 이해 정도로는 공안이 안 풀립니다. 그 밖의 그만그만한 이해 정도를 가지고는 공안에 부딪치면 안 통합니다. 어림없습니다.

백번 죽었다 깨어나도 모르는 것이 오매일여寤寐一如요, 숙면일여熟眠一如라고 했습니다. 실제로 선가에서 화두 하는 사람치고 숙면일여 되는 사람은 아마도 거의 없을 것입니다. 화두를 그런 식으로 해서야 될 리 없습니다.

삼결 공안을 봅시다. 잘 가라고 했습니다. 그럼 깨끗하게 끝나지 않았습니까? 왜입니까? 잘 가라는 백장도상에게 왜 머물러 있어야 합니까? 잘 가라는 백장도상에게서 발걸음을 돌리는 찰나에 퍼뜩 자기존재 전체가 잡혀오는 듯, 자기존재 전체에 대한 눈이 열리는 듯하지 않습니까?

좀 된다 싶은 사람은 다행입니다. 모르겠다 싶은 사람에게는 숙업宿業을 설화說話하는 수밖에 없군요. 윤회를 거듭하면서 익히고 학습해온 다양한 업이 오늘날의 불교 공부를 방해하는 현상입니다. 전력투구해서 화두를 하십시오.

공안의 찌꺼기 따위가 남았습니까? 공안의 "잘 가라"는 말씀 자체를 공안의 찌꺼기라고 칭합니다. 공안의 말씀 자체에 걸리는 우스꽝스런 작태를 연출해서는 안 됩니다.

예컨대

"어째서 잘 가라고 했을까?"

"어째서 백장도상은 잘 가라고 했을까?"

"잘 가라니? 잘 가라니?"

이런 식으로 공부를 지어간다면 공안의 찌꺼기, 즉 공안의 말씀 자체에 걸려 넘어진 꼴을 못 면합니다. 이런 방식이라면 빗나가도 한참 빗나갔습니다. 이런 방식이라면 천만 부당합니다.

공부를 하다 보면 바로 이건가 싶을 때가 있습니다. 바로 이건가 싶을 때의 '이것'이란 무엇입니까? 고독하기 짝이 없고 서글프기 짝이 없고 허망하기 짝이 없는 존재 전체, 삶의 전체가 바로 이것이라면 이것이지 결코 다른 것이 아닙니다. 존재는, 존재의식은 고독하고 허망합니다. 아까 한산자와 헤르만 헷세의 시를 감상했는데 이유를 아시겠습니까?

고독하고 허망하고 서글픈 삶이지만, 고독하고 허망하고 서글픈 삶의 전체로서 의연하고 결연하게 일어서야 합니다. 여기에 화두를 하는 이유가 있다면 있다고도 말하는 것입니다.

공안의 이치를 터득하면 의연해지고 결연해지며 신의를 지켜서 흔들리지 않게 됩니다. 끝 간 데가 없이 뻗치는 마음인 까닭에 의연해지고 결연해지는 것입니다.

공안은 치밀하게 보는 안목이 필수적입니다. '삼결' 공안만 해도 반복되는 해설이지만 아무렇지도 않게 넘어갈 수 있습니다. 간화선 역사상 삼결 공안을 꼭 집어 들어 보이면서 노파심절하고 구구절절하게 설파한 사람이 있었습니까?

공안이라 하면 이런 공안을 해야 하는데, 그것이 그렇지 못한 이유는 공안에 대한 바른 안목을 갖춘 사람이 드물기 때문입니다.

이 공안도 여러분을 대자유인으로 풀어줄 가능성이 높습니다. 어디에도 걸리지 않는 적나라한 인간으로 말입니다.

그럼에도 여러분은 대자유인으로 방면된 기분은 거의 들지 않을 것입니다. 왜냐하면 여러분은 지금껏 현실과는 전혀 다른 깨달음의 세계를 독단적으로 가정하고 그것을 추구해 왔기 때문이요, 그런 심리가 관성이 되어 지금도 작용하고 있기 때문입니다. 불교에서 당신이 바로 부처라고 가르쳐줘도 전혀 실감이 나지 않는 것과 내용이 똑같습니다.

적나라하고 적쇄쇄한 인간 존재 그 자체. 결국엔 그것뿐입니다. 공안에서 얻는 것이라고는 그것뿐입니다. 그밖에 또 뭐가 있다고 여겨집니까? 그밖엔 아무것도 없습니다. 단지 이런 사실은 공안을 봐야만, 공안을 보고 이치를 낚아채야만 확인됩니다.

하지만 공안을 보기 이전의 적나라한 삶과 공안의 이치를 깨달은 다음의 적나라한 삶은 똑같으면서도 전혀 다릅니다. 공안을 보기 이전의 적나라한 삶은 그야말로 모질고 각박한 현실로서 고해苦海일 뿐입니다. 공안의 이치를 꿰뚫어본 다음의 적나라한 삶은 몽환夢幻입니다. 어째서 몽환입니까? 공안의 이치를 꿰뚫게 되면 마음뿌리가 빠지기 때문입니다. 뿌리가 빠지면 그것은 이미 몽환입니다.

『금강경金剛經』말씀에도 나옵니다.

"이슬과 같고 번개와 같으며

꿈과 같고 환화幻化와 같다."

그러므로 적나라한 삶이라고는 하지만 공안을 보기 이전과 이후가 전혀 다르다고 말하는 것입니다.

취미무학이 이르기를

"무엇이 부족한가?"

하였고, 동산이 이르기를

"어째서 나를 수상히 여기는가?"

하였지만, 깨닫기 이전과 깨달은 다음의 그분들의 삶은 똑같았으면서도, 한편 전혀 다른 것이었음을 알아야 합니다. 그분들의 깨닫기 이전의 '현실'과 깨달은 다음의 '현실'은 똑같았으면서도, 한편 전혀 다른 성질의 것이었다는 뜻입니다.

복습합시다.

백장도상은 여러분에게 '잘 가라'고 말함으로써 여러분의 세계에 손가락 하나 대지 않았다는 사실을 인정합니까?

그렇게만 알면 됩니까? 백장도상은 여러분의 세계에 손가락 하나 대지도 않았다는 설명 끝에, 설명이 끝나자마자 뭔가 느낌이 있어야 한다고 했습니다. 설명 끝에 뭔가 와 닿는 것이 분명 있기는 있어야 합니다.

"잘 가라"는 말씀 끝에 여러분들은 즉시 백장도상의 곁을 떠나 자기 자신의 세계로 돌아왔습니까?

"잘 가라"는 말씀이 끝나는 찰나에 즉시 백장도상의 곁을 떠나 자기의 심령心靈 전체를 되돌려 받아야 합니다.

그것이 잘 안 되고 그러한 이해가 서서히 일어나도 괜찮습니다. 요약컨대, 빠르든 더디든 일단 이해를 하게 되면 됩니다. 그 이해를 바탕으로 진짜 공부가 시작되니까.

간화선에서는 이해를 몹시 꺼려하지만 실상은 그렇지 않다는 점도 간과해서는 안 됩니다. 이해와 요령의 획득이야말로 선결 과제입니다. 왜냐하면 이해와 요령에서 진정한 공부가 시작되니까. 간화선이야말로 무한한 이해와 무한한 요령 획득이 요구되는 분야이니까.

42. 석두石頭 – 선문염송 제848칙

익주益州 대수법진大隨法眞에게 어떤 승僧이 물었다.

"대수산大隨山 안에도 불법이 있습니까?"

"있다."

"어떤 것이 대수산 안의 불법입니까?"

"돌이 큰 것은 크고, 작은 것은 작다."

【해설①】

"돌이 큰 것은 크고, 작은 것은 작다."

　대수산의 불법佛法은 참으로 그윽합니다.

　나무랄 데가 없고, 흠잡을 데가 없습니다.

【해설②】

제849칙 천산만산千山萬山입니다.

　대수법진大隨法眞에게 어떤 승僧이 물었다.

　"천산, 만산 가운데 어느 것이 대수산입니까?"

대수大隨가 답했다.

"천산, 만산이다."

대수법진의 불법은 그윽한데다가 아득하기도 합니다.

대수법진의 불법에는 헛기운을 부리거나 관념에 잡혀 있는 등의 흔적이 전혀 없습니다.

【해설③】

제813칙입니다.

설봉雪峰과 현사玄沙가 울타리를 짜다가 현사가 묻기를

"어떤 것이 조사께서 서쪽에서 오신 뜻입니까(祖師西來意)?"

하니, 설봉이 대나무 울타리를 잡고 세 차례 흔들었다. 이에 현사가 말했다.

"도도하고 건방진 주제에 헛기운만 부리시는군요."

"그대는 어찌 대답하겠는가?"

"대나무껍질이나 이리 집어 주시오."

이 공안의 경우로 제한한다면, "조사서래의?"에 대한 정답이 무엇입니까? 눈치 채지 못했습니까?

"대나무껍질이나 이리 집어주시오."

한두 마디 하다 보니, 전혀 엉뚱스럽게도 이것이 "조사서래의?"에 대한 정답이 되고 말았습니다.

"대나무껍질이나 이리 집어 주시오."

다시 새겨 봐도, 아니 다시 새겨볼 것도 없이 현사는 단연코 뛰어났습니다.

그건 그렇다 치고, 현사의 질문을 받고 대나무 울타리를 세 차례 흔들어댄 설봉의 작태는 어떻게 보입니까?

'조사서래의' 따위가 무슨 볼일입니까? '조사서래의'가 무슨 볼일 있다고 '조사서래의'에 걸려들어 대나무 울타리를 잡아 흔들기는 흔듭니까?

도도하고 건방진(老老大大) 주제에 헛기운만 부렸습니까?

【해설④】

제447칙 동사東司입니다.

조주趙州가 뒷간에서 볼일을 보다가 문원文遠이 지나가는 것을 보고
"문원아!"
하고 부르니, 문원이 대답하자
"뒷간에서는 그대에게 불법佛法을 말해줄 수 없구나."
하였다.

'뒷간'은 옛날의 화장실입니다.

정리하자면 이렇습니다.

"나의 제자 문원아, 자네는 불법을 몹시 좋아하지. 그런데 내가 지금 화장실에서 볼일을 보고 있단 말이다. 지금 이 상태에서는 자네에

282

게 '불법'을 말해줄 수가 없구나. 그래서 몹시 섭섭하구나!"

껄껄껄. 문원이 불법 몹시 좋아했습니까?

물론 여기서는 제자 문원이 등장하니까 문원을 불러 말하는 형식이 되었습니다만, 사실은 문원에게 말한 것이 아니요, 불법을 구하는 세상 사람들에게 던진 이야기임을 알아야 합니다.

그러니까 '관념'으로서의 '불법'을 추구하는 사람들에게 조주는 얼마나 해학적이고 아이러니한 비평을 가했습니까?

43. 일구一口 – 선문염송 제161칙

마조馬祖에게 방 거사龐居士가 물었다.
"만법과 짝하지 않는 이가 누구입니까?"
"그대가 한입에 서강西江의 물을 다 마시면 말해준다."
방 거사가 당장에 깨달았다.

【해설】

"그대가 한입에 서강西江의 물을 다 빨아들이면 말해준다."

　이 말의 의미하는 바가 무엇일까요?

　이 말이 의미하는 바는 두 가지라고 짐작됩니다.

　그 하나는, "말해줄 수 없다"는 것입니다.

　또 하나는, "만법萬法과 짝하지 않는 이를 몹시 좋아하는구나!" 하는 것입니다.

　물론 표현상의 차이일 뿐 두 가지 문장의 의미는 같습니다.

　"만법과 짝하지 않는 이를 몹시 좋아하는구나!"

　이 말끝에 그때까지 '관념'으로서 추구하던 "만법과 짝하지 않는 이"가 날아가고 말았다고 여겨집니다.

관념에 잡혀 있다가 관념에서 해방된 것입니다.

예컨대 '만법과 짝하지 않는 이'라고 합시다. 그것은 관념일 뿐입니다. 관념에 잡혀 있는 동안은 자기를 되돌아보는 일이 거의 불가능합니다.

그러다가 관념이 떨어져 나가면, 관념에서 떨어져 나오면 비로소 자기를 돌이켜보는 일이 가능해집니다.

그때서야 그 어떤 것에도 의지하지 않는 자기의 정신세계를 회복합니다.

그때서야 자기라는 존재가 그 어떤 것에도 의지하지 않고, 그 어떤 것에도 의지하지 않는 까닭에 공화空華임을 알게 됩니다.

그 어떤 것에도 의지하지 않는다는 말의 의미는 무엇입니까? 뿌리가 없다는 것입니다. 뿌리가 없으니 공화가 아닙니까?

내가 여기에서 "의지하지 않는다"는 말을 강조하는 이유가 이해됩니까? 사람들은 예컨대 불성佛性과 같은 관념에 사로잡혀 평생을 헛되게 보내는 경우가 허다하기 때문입니다.

44. 적도趯倒 – 선문염송 제514칙

진주鎭州 보화 존자普化尊者가 임제臨濟와 함께 시주 댁에서 식사를 하는데, 임제가 묻기를
"털끝으로 큰 바다를 삼키고 겨자씨 속에 수미산을 넣는다 하니, 그것은 신통묘용인가, 아니면 으레 그런 것인가?"
하니, 보화 존자가 일어나서 밥상을 걷어찼다. 이에 임제가 말했다.
"몹시 거친 사람이로구나!"
"여기에 무엇이 있다고 거칠고 미세함을 설하는고?"
임제가 그만두었다.

다음 날 또 같은 집으로 공양을 받으러 갔는데, 임제가 묻기를
"오늘의 공양이 어제의 공양과 더불어 어떠한가?"
하니, 보화가 또 밥상을 걷어차거늘, 임제가 말했다.
"몹시도 거친 사람이로다."
"눈먼 자여, 불법에 무슨 거칠고 미세함을 설하는고?"
이에 임제가 그만두었다.
[어떤 책에는 임제가 혀를 뽑고 하늘을 보았다고 나와 있음]

【해설①】

"눈먼 자여, 여기에 무엇이 있다고 거칠고 미세함을 설하는고?"

"눈먼 자여, 여기에 무엇이 있다고 거칠고 얌전함을 설하는고?"

자기존재가 안중에 없는 사람을 만나면 밥상이 날아갑니까?

자기존재 '따위'가 안중에 없는 사람을 만나면 임제 같은 사람도 거침없이 날아갑니까?

여기에서 자기존재 '따위'라고 했습니다. 왜 자기존재 '따위'라고 했을까요?

보화 존자 같은 사람에게 있어서는 자기존재란 안중에 없기 때문에 '따위'로 분류됩니다. 보화 존자 같은 사람에게 있어서는 자기존재 따위는 '제3인칭'으로 분류됩니다.

제3인칭 이야기가 나온 김에 현사玄沙와 관련된 일화를 보겠습니다. 현사의 이 이야기는 이 책에서 하나의 독립된 칙으로 다루고 있으니 참고하기 바랍니다.

【해설②】

제992칙 인아因我입니다.

현사가 새로 온 승僧이 절하는 것을 보고, 같이 예의를 표하면서 다음과 같이 말했다.

"나 때문에 그대에게 절을 하게 되었구나!"

"나 때문에"라는 말이 문제로 떠오릅니다.

나 때문이라뇨?

현사는 자기 자신을 '제3인칭'으로 부르고 있는 것이 분명합니다.

자기존재 '따위'가 안중에 없는 사람은 자기존재가 제1인칭에서 떨어져 나가 제3인칭으로 분류되는 모양이군요.

나머지 해설은 제992칙 인아 공안을 다룬 칙으로 미룹니다.

【해설③】

임제가 어떤 사람입니까?

보화 존자의 발길에 걸어차여 밥상이 두 번씩이나 날아가는 꼴을 목격하면서도 임제가 내뱉은 말이 고작 "몹시 거친 사람이구나!" 정도였습니다.

대단했다는 임제가 숟가락 들고 퍼먹던 밥상이 코앞에서 날아가는데도 그토록 속수무책이었다니 놀랍습니다.

임제가 실수한 것입니다.

불교 역사에서 보화 존자 같은 사람은 전무후무합니다. 보화는 천화遷化하면서 육체도 남기지 않았다고 합니다. 소위 전신이탈全身離脫을 했다는 이야깁니다. 그래서 후세 사람들은 보화를 가리켜 산성散聖이라 부릅니다.

천화하면서 그 몸까지 다 흩어버리고 갔기 때문에 산성이라 부르는 것입니다.

이와 같은 보화에게 임제가 던진 말이 무엇이었습니까?

"털끝으로 큰 바다를 삼키고 겨자씨 속에 수미산을 넣는다 하니, 그것은 신통묘용인가, 아니면 으레 그런 것인가?"

【해설④】

"털끝으로 바다를 삼키고 겨자씨 속에 수미산을 넣는다."

이 다분히 현혹적이고 사기성을 띤 용어가 어디에서 유래했는지는 모를 일입니다. '사기詐欺'란 속인다는 뜻 아닙니까?

문제는 사람들이 이런 부류의 말에 예민한 반응을 보이고, 게다가 깊은 의미를 둔다는 것입니다. 깊은 의미가 있을 것이라고 짐작한다는 것이지요. 알지도 못하면서 말입니다.

물론 하나의 비유일 뿐입니다.

심리가 끊어지는 '순간'을 '털끝'이나 '겨자씨'에 비유합니다.

심리가 끊어지는 찰나, 순간적인 일이라 해도 심리가 소멸하는 바람에 우주가 무너져 없어지는 현상을 두고 "털끝으로 바다를 삼키고 겨자씨에 수미산을 넣는다."라고 표현할 뿐입니다.

그밖에 달리 동원할 만한 비유법이 없는 까닭에 '털끝'이나 '겨자씨'를 써먹는 사정은 이해합니다. 그러나 누구나 공감할 수 있는 표현인가? 하는 것은 별문제입니다.

보화가 밥상을 거칠게 걷어찬 데는 어느 정도이긴 하지만 이런 이유도 있었다고 보입니다.

【해설⑤】

"털끝으로 바다를 삼키고 겨자씨에 수미산을 넣는다."

그러나 안중에 자기존재 따위가 없어진 보화普化 같은 사람에게는 이런 이야기도 영향력을 미치지 못합니다. 영향력을 미치지 못하는 정도가 아니고, 영향권에서 완전히 벗어나 있다고 해야 정확한 표현이 됩니다.

　밥상이 무슨 축구공입니까? 벌떡 일어나 마치 킥커(kicker)인 듯, 밥상을 축구공처럼 걷어차 날린 보화 존자입니다.

　보화 존자가 그토록 격렬한 반응을 보인 데는 그만한 이유가 있었습니다. 더불어 솔직히 말해서, 털끝이 바다를 삼키고 겨자씨가 수미산을 삼킨다 한들, 도대체 그런 것이 무슨 보람이 있으며, 무슨 소용이 있으며, 무슨 의미가 있다는 말입니까?

　세상만사 공허합니다.

【해설⑥】

"털끝으로 바다를 삼키고 겨자씨 속에 수미산을 넣는다."

　나는 이 말을 두고 이렇게 평했습니다.

　'다분히 현혹적이고 사기성을 띤 표현이다.' 이렇게 평했습니다.

　뿐만 아니라, 요괴妖怪라고까지 평한 사람들도 있으니 어디 봅시다. 제950칙 호탄진毫呑盡입니다.

　낙포洛浦에게 어떤 승僧이 물었다.

　"하나의 털이 큰 바다를 다 삼키거늘, 거기에서 나아가 다시 무슨할 말이 있겠습니까?"

　낙포가 대꾸했다.

　"집안에 백택白澤의 그림이 있는데, 반드시 그런 요괴는 없으리라."

　〔보복保福이 다르게 말했다.

　"집안에 백택의 그림이 없어도 그런 요괴는 없으리라."〕

'백택白澤'은 중국 고대 신화에 나오는 짐승이라고 합니다. 황제가 이 짐승을 얻었는데 12,520종류에 달하는 귀신의 일을 모두 알았다고 합니다.

제950칙에서는 어떻게 평하고 있습니까?

큰 바다를 삼키는 '털(毫)'을 요괴라고 말하고 있지 않습니까? 낙포도 보복도 분명 그렇게 말하고 있습니다.

45. 신전神前 - 선문염송 제921칙

경조현자京兆蜆子 화상이 동산洞山에게 참문한 이후로 일정한 거처 없이 살면서 계율을 지키지 않았다. 날마다 강가에서 새우와 조개를 잡아 끼니를 삼고, 밤에는 백마묘白馬廟 안의 종이 돈 속에 묻혀 잤다.

화엄휴정華嚴休靜 선사가 이 말을 듣고 진짜인가 가짜인가를 가리기 위해 먼저 종이 돈 무더기 속에 들어가 숨었다. 밤이 깊어지자 경조현자가 돌아오거늘, 화엄휴정이 붙들고 물었다.

"어떤 것이 조사께서 서쪽에서 오신 뜻인가?"

경조현자가 대답했다.

"귀신 앞의 술 소반이라."

이에 화엄휴정이 신기하게 여기어 참회하고 물러갔다.

【해설①】

이런 이야기라면 방대하고 다양한 내용을 다루고 있는 선문염송에서도 단 하나뿐인 일화입니다.

왜 이 공안을 여기에 올렸을까요?

"조사께서 서쪽에서 오신 뜻이 무엇인가?"

질문이 어찌 이것뿐이겠습니까?

어떤 형식의 질문을 했다 해도 경조현자의 대답은 같았을 거라는 생각이 듭니다.

"귀신 앞의 술 소반이다."

백마묘 안이었다니까 귀신에게 올리는 술 소반이 있었을 것입니다.

【해설②】

동산에게 참문한 뒤로 '경조현자'라는 사람의 생활방식이 완전히 바뀌었다면, 그것은 사고방식의 급격한 선회旋回를 의미합니다. 그의 사고방식의 180도 선회를 의미합니다.

그는 모든 것을 포기하고 내던졌습니다.

모든 것을 포기한다는 말의 의미는 무엇입니까?

자기존재를 포기한 것입니다.

자기존재를 포기하면 세상만사가 의미를 잃습니다.

【해설③】

자기존재를 내던진 경조현자에게 화엄휴정이 질문을 합니다.

"조사서래의祖師西來意?"

경조현자는 생각합니다.

'이 덜 떨어진 친구야, 고작 그 말이나 하려고 여기까지 찾아왔던가?'

'조사서래의, 몹시 좋아하는구나. 몹시 좋아해!'

'그렇다면 대답해주마.'

"저기를 봐라. 귀신에게 올리는 술 소반이 있다."

경조현자가 이것으로 끝낸 것이 유감이군요.

아니, 뭐라고 했습니까? 내친 김에 화엄휴정과 함께 밤새워 술잔을 기울였어야 했었다 그 말입니까?

그만하면 됐습니다.

46. 관찰觀察 – 선문염송 제689칙

동산洞山이 백암栢巖 선사를 찾아뵈었는데, 백암이 물었다.

"어디서 오는가?"

"호남에서 옵니다."

"관찰사의 성이 무엇이던가?"

"성을 모릅니다."

"이름은 무엇이던가?"

"이름도 모릅니다."

"일을 보던가?"

"관사가 본래 있습니다."

"출입은 하던가?"

"출입하지 않습니다."

"어찌 출입하지 않겠는가?"

이에 동산이 소매를 떨치고 나가버렸다.

이튿날 첫새벽에 백암이 큰방에 들어와서 동산을 부르거늘, 동산이 가까이 다가가니 백암이 말했다.

"어제 대꾸한 상좌의 말이 나의 뜻에 맞지 않아 밤새도록 불안했다. 지금 상좌는 달리 한마디 하여라. 만일 내 뜻에 맞으면 죽그릇을 나누어 한여름을 같이 지내리라."

동산이 말했다.

"스님께서 도리어 물으십시오."

백암이 말했다.

"출입하지 않습니다."

동산이 말하기를

"너무 도도하구나!"

하였더니, 이에 백암이 죽 그릇을 열어놓고 여름을 동산과 같이 지냈다.

【해설①】

어디에서 오는가? / 호남에서 옵니다.

관찰사의 성이 무엇이던가? / 성을 모릅니다.

이름은 무엇이던가? / 이름도 모릅니다.

일을 보던가? / 관사가 본래 있습니다.

출입은 하던가? / 출입하지 않습니다.

어찌 출입하지 않겠는가?

"어찌 출입하지 않겠는가?" 하는 백암의 이 말이 적절치 못하다는 뜻입니다. 왜냐고요?

"어찌 출입하지 않겠는가?" 하는 백암의 이 말끝에 동산이 소매를 떨치고 일어나 나가버렸기 때문입니다.

소매를 떨치고 방장실을 나가버린 동산의 심정을 짐작하지 못한 백암은 밤새도록 잠 못 이룹니다. 이튿날 첫새벽에 백암이 동산을 부릅니다. 불러서 그 이유를 묻고, 입장을 바꾸어 역할극을 시도합니다.

"출입하지 않습니다."

"너무 도도하구나!"

여기에 이르러서야 백암은 머리를 끄덕이며 수긍했으리라 생각됩니다. '너무 도도하다'고 말하는 동산의 식견識見이 그럴 듯하다 싶었을 것이라는 뜻입니다.

【해설②】

이 공안의 일화는 지금 다루고 있으니까 문제로 떠오르는 것이지, 그렇지 않다면 어째서 이런 사연을 선문염송에 담았을까 싶을 정도로 이해하기 어렵습니다.

어디서 오는가? / 호남에서 옵니다.

관찰사의 성이 무엇이던가? / 성을 모릅니다.

이름은 무엇이던가? / 이름도 모릅니다.

일은 보던가? / 관사가 본래 있습니다.

출입은 하던가? / 출입하지 않습니다.

너무 도도하구나!

그냥 평범한 이야기가 아닙니까?

평범해 보이기도 하지만, "너무 도도하구나!"가 약간 이상해 보이기도 하긴 합니다.

"관찰사가 출입은 하던가?" 하는 질문에 "출입하지 않습니다" 하는 대답이 이상합니까? 출입하지 않을 수도 있잖습니까?

그런데 무슨 "너무 도도하구나!"입니까? 그래서 이상하다는 말입니다.

【해설③】

노골적으로 표현하자면, 이렇습니다.

"너무 도도하구나!"는 마치 도깨비 머리 같습니다. 도깨비 머리처럼 생각됩니다. 한 번 더 수고해봅시다.

어디서 오는가? / 호남에서 옵니다.

관찰사의 성이 무엇이던가? / 성을 모릅니다.

이름은 무엇이던가? / 이름도 모릅니다.

일은 보던가? / 관사가 본래 있습니다.

출입은 하던가? / 출입하지 않습디다.

너무 도도하구나!

도깨비 머리가, 모두 합쳐 다섯 번을 이리저리 끌고 다니다가 "너무 도도하구나!" 하면서 도깨비 머리의 본색을 드러낸 것입니다.

"너무 도도하구나!" 하는 대목이 도깨비가 머리를 내밀며 본색을 드러내는 장면입니다. '깔깔깔'을 앞에 덧붙여볼까요?

"깔깔깔, 너무 도도하구나!"

이거야말로 도깨비 머리가 분명합니다. 도깨비 머리에 끌려 다닌 것이 분명합니다.

298

이때, 모두 합쳐 다섯 번을 이리저리 휘둘리며 끌려 다니던 사람은 '아차' 싶은 것입니다.

'아차' 싶다는 말은 또 무엇을 의미합니까?

'아차, 속았구나' 싶다는 것입니다.

언하대오言下大悟니 뭐니 하면서 거창하게 떠벌일 이유가 전혀 없습니다.

'아차, 그랬던가!' 이것 하나로 충분합니다. 이것 하나로 도깨비 머리에서 벗어납니다. 도깨비 머리에서 벗어나 자기의 정신세계 전체를 찰나 간에 되찾습니다.

이것이 이 공안의 핵심입니다.

【해설④】

별것은 아닙니다만, 지적하고 넘어가야 할 문제가 하나 남아 있습니다.

"너무 도도하구나!"

어째서 이런 말씀이 나왔을까요?

이 말씀 바로 앞에 무슨 말씀이 나왔습니까?

"출입하지 않습니다."

출입하지 않고 떠억 버티고 앉았으니까 너무 도도하고 건방지다는 비난이 가능해집니까?

그러나 '너무 도도하다'는 말의 진정한 의미는 이것이 아닙니다. 이것이 아니고 전혀 다른 데서 찾아야 한다는 것을 앞에서 해설했습니다.

47. 종승宗乘 – 선문염송 제779칙

설봉雪峰이 덕산德山에게 물었다.

"위로부터 전해 내려오는 종승宗乘의 일을 학인도 알 자격이 있습니까?"

덕산이 한 방망이 때리고 말했다.

"무엇이라 하는가?"

설봉이 알지를 못해서 다음날 설명을 청하니, 덕산이 이르기를

"나의 종宗은 말이 없다. 진실로 한 법도 남에게 줄 것이 없다."

하니, 설봉이 이로 인하여 깨달았다.

훗날 어떤 승僧이 설봉에게 물었다.

"화상께서 덕산을 보았을 때 무엇을 깨달았기에 당장에 그만 두었습니까?"

"나는 빈손으로 갔다가, 빈손으로 왔다."

【해설①】

"나는 빈손으로 갔다가, 빈손으로 왔다."

이것뿐입니다. 이 사실에 투철하고 또 투철해야 합니다. 이것밖에 다른 것은 없습니다. 여기에 더할 것도 없고, 뺄 것도 없습니다.

불계佛界는 부증불감不增不減이라 했습니다. 닦아 얻음 있으면 더욱 멀어진다고 했습니다.

【해설②】

제604칙 금시今時입니다.

경조京兆 미米 화상이 제자를 시켜 앙산仰山에게 물었다.
"요새 사람도 깨달아야 하는가?"
"깨달음이 없지는 않으나, 두 번째 머리에 떨어진 것이야 어찌하겠는가?"
미米 화상이 깊이 긍정하였다.

"두 번째 머리에 떨어진 것이야 어찌하겠는가?"
두 번째 머리는 곧 옳지 않다는 것입니다. 옳지 않다는 정도가 아니고, 정신 나간 짓이라는 것입니다. 정신 나간 짓 정도가 아니고, 도깨비 머리라는 것입니다.
두 번째 머리는 머리 위에 또 하나의 머리를 얹는 수작입니다. 이것이 깨달음의 정의입니다.

【해설③】

제386칙 묘정妙淨입니다.

위산潙山이 앙산仰山에게 물었다.

"묘하고 맑고 밝은 마음을 그대는 어떻게 생각하는가?"

"산, 강, 땅덩이와 해, 달, 별들입니다."

"그대는 현실만을 얻었을 뿐이다."

앙산이 말했다.

"화상께서는 아까 무엇을 물었습니까?"

"묘하고 맑고 밝은 마음을 물었다."

앙산이 말했다.

"현실이라고 불러서 되겠습니까?"

"옳은 말이다."

"묘하고 맑고 밝은 마음을 그대는 어떻게 생각하는가?"

현실 그대로입니다.

이것이 앙산의 말입니다.

"나는 빈손으로 갔다가 빈손으로 왔을 뿐이다."

이것은 설봉雪峰의 말입니다.

"깨달음이란 두 번째 머리다."

이것도 앙산의 말입니다.

【해설④】

제1321칙입니다.

수산首山에게 어떤 승僧이 물었다.

302

"어떤 것이 보리의 길입니까?"

"여기서 양현이 5리里다."

그 승이 다시 물었다.

"위로 향하는 일이 어떠합니까?"

"왕래하기가 쉽지 않다."

'보리의 길'이란 깨달음의 길입니다.

"여기서 양현이 5리다."

"왕래하기가 쉽지 않다."

수산의 말씀도 현실 이야기로 일관합니다.

【해설⑤】

제1257칙입니다.

풍혈風穴이 어떤 승僧의 질문에 답하면서 이렇게 말했다.

"낚싯배 저어서 소상강 기슭에 닿으니, 기가 막히고 무료하여 백구
白鷗에게 물어본다."

"기가 막히고 무료하여 백구에게 물어본다."

백구는 갈매기입니다.

이것은 그야말로 '기가 막히는' 현실 그대로의 이야기가 아닙니까?

앙산의 말처럼 깨달음이라는 '두 번째 머리' 같은 괴물은 없습니다.

【해설⑥】

제474칙 불성佛性입니다.

조주에게 어떤 승僧이 물었다.

"뜰 앞의 잣나무도 불성이 있습니까?"

"있다."

승이 다시 물었다.

"언제 부처가 되겠습니까?"

"허공虛空이 땅에 떨어질 때를 기다려야 한다."

승이 다시 물었다.

"허공이 언제 땅에 떨어집니까?"

"잣나무가 부처될 때를 기다려야 한다."

이렇게 되고 보니, 대화가 없었던 것과 마찬가지가 되고 말았습니까?

허공도 땅에 떨어집니까? 그러니까 대화가 없었던 것과 마찬가지라는 것입니다.

대화가 없었던 것과 마찬가지가 되고 보니, 역시 앙상한 현실만 그대로 남았습니까?

조주의 솜씨가 볼만합니다.

"나는 빈손으로 갔다가, 빈손으로 왔다."

설봉의 이 말씀이 실감납니까?

304

【해설⑦】

제438칙입니다.

　조주에게 어떤 승僧이 물었다.
　"조주의 돌다리 소문을 들은 지 오래건만, 와서 보니 외나무다리만
보입니다."
　"그대는 외나무다리만 보고, 돌다리는 보지 못했구나."
　승이 다시 물었다.
　"어떤 것이 돌다리입니까?"
　"말도 건네주고 나귀도 건네준다."
　승이 다시 물었다.
　"어떤 것이 외나무다리입니까?"
　"하나하나 사람을 건네준다."

　"말도 건네주고, 나귀도 건네준다."
　"하나하나 사람을 건네준다."
　이렇게까지 현실적인 이야기는 드뭅니다. 게다가 대자대비大慈大悲
관세음보살의 말씀을 듣는 듯합니다. 지극히 현실적인 데다가, 지극
히 대자대비합니다.
　"나는 빈손으로 갔다가, 빈손으로 왔다."
　설봉의 이 말씀이 이해됩니까? 불법이란 이런 것입니다.

【해설⑧】

제1277칙 색신色身입니다.

대룡大龍에게 어떤 승僧이 물었다.

"색신色身은 무너지는 것입니다. 어떤 것이 견고한 법신法身입니까?"

대룡이 대답했다.

"산의 꽃은 피어서 비단 같고, 개울물은 맑아서 쪽(藍) 같다."

"산의 꽃은 피어서 비단 같고, 개울물은 맑아서 쪽 같다."

이것도 현실 이야깁니다. 얼마나 청정하고 순수한 이야깁니까? 사람이라면 적어도 이 정도는 되어야 할 것입니다.

현실 이하도 아니지만, 현실 이상도 아닙니다.

색신 이대로 법신입니다. 색신을 떠난 법신은 없습니다.

무너진다 합시다. 무너지는 색신 그대로 법신입니다.

그렇다면 어째서 법신이라는 말이 있느냐고요? 눈 뒤집힌 사람들이 자꾸만 그런 저속한 물건(?)을 찾아서 헤매는 바람에, 예컨대 법신과 같은 말이 생겨난 것입니다.

사람들이 신의信義를 지키지 않고, 예컨대 점쟁이를 찾아서 묻고 점쟁이의 말을 따르는 것과 마찬가지 이치입니다.

이 칙의 해설을 끝내면서 덧붙일 이야기가 남아 있습니다. 그것은 현실이 꿈과 같은 것임을 알고 있기는 있어야 한다는 것입니다. 현실 이야기를 여러 번 되풀이했고, 여러 번 강조하긴 했으나 현실이 한바탕 몽환夢幻이라는 사실은 알고 있습니까?

48. 구자鳩子 – 선문염송 제1359칙

보자報慈가 비둘기 소리를 듣고 어떤 승僧에게 물었다.
"이게 무슨 소린가?"
"비둘기 소립니다."
이에 보자가 말했다.
"무간지옥의 업을 짓지 않으려면 여래의 바른 법륜을 비방하지 말라."

【해설①】

제45칙 원각圓覺입니다.

　원각경圓覺經에서 말씀하시기를
"일체 중생의 갖가지 환화幻化가 모두 여래如來의 원각묘심圓覺妙心에서 나왔다."
하시었다.

　일체 중생을 환화, 즉 허환虛幻으로 부르고 있습니다.

원각묘심이란 무엇이겠습니까?

제920칙 청정淸淨을 봅시다.

동산도전洞山道詮 선사에게 어떤 승僧이 물었다.

"청정한 수행자가 열반에 들지 못하고, 파계한 비구가 지옥에 들지

않는다 하는데, 무슨 뜻입니까?"

동산도전이 말했다.

"제도濟度하기를 다하여 남은 그림자조차 없는지라, 도리어 저 열

반의 경지를 초월한다."

"제도하기를 다하여 남은 그림자가 없는지라, 도리어 저 열반의 경

지를 초월한다."

"제도하기를 다하여 남은 그림자조차 없는지라."

이 말을 바꾸면 다음과 같습니다.

'만유萬有를 구속하거나, 한 꼬지에 꿰는 이치 같은 것은 없다.'

이것이 바로 원각묘심입니다.

반복합니다. 만유를 한 꼬지에 꿰는 이치 같은 것은 없다. 이러한

이치를 가리켜 '원각묘심'이라 칭한다.

'이치' 같은 것이 없는 까닭에 일체 중생이 무한자유無限自由의 환

화幻化라는 것입니다.

제도란 구제, 혹은 구원을 뜻합니다.

【해설②】

『원각경』의 말씀과 동산도전의 말씀을 종합해 봅시다.

　"일체 중생의 갖가지 환화가 모두 여래의 원각묘심에서 나왔다." 이것은 『원각경』의 말씀입니다.

　"제도하기를 다하여 그 그림자조차 없는지라, 도리어 저 열반의 경지를 초월한다." 이것은 동산도전의 말씀입니다.

　『원각경』의 말씀이나 동산도전의 말씀이 의미하는 바는 같습니다.

　일체 중생은 무한자유를 누린다는 것입니다. 일체 중생을 구속하는 이치나 법 같은 것은 없기 때문입니다.

　일체 중생을 구속하거나, 한 꼬지에 꿰는 이치나 법 같은 것은 없는 연유로 일체 중생은 무한자유를 누립니다. 따라서 일체 중생은 환화이기도 합니다.

【해설③】

이제 보자의 말씀으로 돌아갑시다.

　"이게 무슨 소린가?"

　"비둘기 소립니다."

　"무간지옥의 업을 짓지 않으려면 여래의 바른 법륜을 비방하지 말라."

　비둘기 소리를 비둘기 소리라고 하는데, 그것이 왜 여래의 바른 법륜을 비방한다는 말일까요?

　그런데 여래의 법륜이란 무엇입니까? 『원각경』의 말씀이나 동산도전의 말씀에 의하건대, 일체 중생은 무한자유입니다. 일체 중생은

'무한자유' 그 자체입니다.

일체 중생은 무한자유이기 때문에 환화요, 꼭두각시입니다.

바로 환화요, 꼭두각시로서의 일체 중생이 여래의 법륜입니다.

비둘기도 환화요, 비둘기 소리도 환화로서 여래의 법륜입니다.

환화 아닌 것이 어디 있습니까?

그럼에도 불구하고, 그 스님은 비둘기 소리를 실체實體로서 듣고 있었다는 것입니다. 비둘기 소리를 실재하는 것으로 인식한 것이지요.

비둘기 소리를 꿈(夢幻)과 같은 것으로 알지 못하고, 엄숙한 현실로서 듣고 있었다는 이야깁니다.

더불어, 비둘기 소리를 듣고 있는 자기 자신을 꿈과 같은 것으로 알지 못하고, 엄숙한 현실로서 인식하고 있었다는 이야깁니다.

그래서 보자의 입에서 여래의 법륜을 비방하지 말라는 말씀이 나왔습니다.

'중생의 눈이 뒤집힌 까닭에, 자기를 잃고 대상경계를 따른다.'

이것이 이 공안의 이치로, 선문염송 전체가 이러한 이치를 설하고 있다고 보아도 무방합니다.

49. 망상妄想 – 선문염송 제1059칙

운문雲門이 말했다.

"화상들아, 망상을 부리지 말라. 산은 산이요, 물은 물이며, 승僧은 승이요, 속인은 속인이다."

하고 침묵했다가 말을 이었다.

"나에게 안산案山을 갖다 달라."

이때 어떤 승이 물었다.

"학인이 산은 산으로 보고, 물은 물로 볼 때가 어떠합니까?"

운문이 말했다.

"삼문三門이 어째서 저리로 지나가느냐?"

승이 다시 말했다.

"그러면 망상을 하지 않겠습니다."

운문이 말했다.

"내 이야기를 돌려다오."

첫 번째 나의 주문은 운문의 말에 속아 넘어가면 안 된다는 점입니다.

운문은 깨닫기 전에 지도至道를 물으며 목주睦州 진 존숙陳尊宿의 거처에 들락거렸습니다. 어느 날 진 존숙이 등 뒤에서 "탁" 닫아 붙이는 대문 사이에 미처 빠져나오지 못한 운문의 발목 하나가 무참히 치이고 말았습니다.

그때 겪었던 물리적 충격파로 운문은 그토록 집요하게 추구하던 지도고 뭣이고 간에 다 날아가는 체험을 했습니다. 운문은 그때 자기 존재 전체가 깜박 끊어지는 초유의 순간을 체험한 사람입니다.

운문은 그때 끝난 사람입니다. 꼭두각시(幻化)가 되고 말았습니다. 그에게 있어서 세상만사는 허깨비가 되고 말았습니다.

【해설②】

"산은 산이요, 물은 물이다."

이 말을 하기 직전에 내뱉은 말이 무엇입니까?

"화상들아, 망상을 부리지 말라."

보통사람들은 망상에 사로잡혀 나날을 보냅니다.

망상에 사로잡힌 보통사람들의 눈에 들어오는 산과 물, 볼일 다 끝난 운문의 눈에 들어오는 산과 물, 이 둘이 같습니까?

그래서 하는 말이지만, "산은 산이요, 물은 물이라"는 운문의 말에 속아 넘어가서는 안 된다고 한 것입니다. 물론 운문이 사람들을 속이고 있다는 뜻은 전혀 아닙니다. 그럴 리가 있습니까? 그럴 리 만무합니다.

【해설③】

　운문은 공화空華입니다.

　운문은 적멸寂滅하고 있습니다.

　운문의 눈에 비치는 산도 물도 적멸하고 있습니다.

　운문에게는 산도 적멸하는 산이요, 물도 적멸하는 물입니다.

　운문에게는 안산案山도 적멸하고 있습니다.

　운문에게는 사찰의 대문인 삼문三門도 적멸하고 있는 줄 알아야 합니다.

　운문에게는 자기에게 질문을 던지는 그 스님도 적멸하고 있습니다.

【해설④】

운문은 환화幻化요, 꼭두각시입니다.

　꼭두각시가 무슨 말인들 못하겠습니까? 꼭두각시의 입에서 무슨 말인들 나오지 않겠습니까?

　"나에게 안산案山을 가져다 달라."

　이런 걸 말이라고 하고 있다니요? 그러나 꼭두각시의 입에서는 얼마든지 나올 수 있는 말입니다.

　"삼문三門이 어째서 저리로 지나가느냐?"

　이런 걸 말이라고 하고 있다니요? 그러나 꼭두각시의 입에서는 얼마든지 나올 수 있는 말입니다.

【해설⑤】

거기에 더하여, 짚고 넘어가야 할 문제가 또 하나 있습니다.

"나에게 안산을 갖다 다오."

"삼문이 어째서 저리로 지나가느냐?"

운문의 이 말씀들이 기이하게 느껴지고, 자못 의아해집니까?

말(馬)머리 성운星雲의 모습을 사진이나 TV화면을 통해서 본 적이 있습니까?

예컨대 '말머리성운'이라 합시다.

영하 273도의 절대저온. 영하 273도의 절대저온 속의 흑만만黑滿滿한 우주공간. 영하 273도의 흑만만한 우주공간 속에서 환화幻化인 듯 피어나는 거대한 '말머리성운.' '말머리'는 그 성운의 모습이 마치 말의 머리처럼 보이기에 붙여진 이름일 것입니다.

말머리성운의 모습이 TV화면을 통해서 방영된 적이 있습니다. 아주 볼만합니다. 그만한 장관은 다시없을 것입니다.

【해설⑥】

운문과 같은 사람들의 마음을 어디에 비유를 한다면, 예컨대 우주공간에서 피어나는 거대한 '말머리성운'과 같은 것에다 비유할 수 있습니다.

무한대에서 무한대로 뻗쳐 끝이 없기 때문입니다.

그러니 다음의 표현이 뭐 그리 대단합니까?

"나에게 안산을 가져다 다오."

"삼문이 어째서 저리로 지나가느냐?"

이런 말들이 도대체 무슨 의미가 있다는 것입니까?

"나에게 안산을 갖다 달라"고 해본들 그 무슨 의미가 있으며, 그 무슨 보람이나 있겠습니까?

"삼문이 어째서 저리로 지나가느냐?"고 해본들 그 무슨 소용이나 있겠습니까?

아무 의미도 없습니다. 세상만사 허망합니다.

50. 무상無相 – 선문염송 제1261칙

양산연관梁山緣觀 선사에게 대양大陽이 물었다.

"어떤 것이 형상 없는 도량입니까?"

양산이 관음상을 가리키면서 말했다.

"이것은 오 처사吳處士의 그림이다."

이에 대양이 입을 열려고 망설이거늘, 양산이 급히 다그쳐 물었다.

"이것은 형상 있는 것이다. 어떤 것이 형상 없는 것인가?"

대양이 당장에 깨닫고 양산에게 예배한 뒤에 자기 자리로 돌아가서 섰거늘, 양산이 말했다.

"어째서 한마디 하지 않는가?"

"말하기는 사양치 않습니다만, 기록으로 남을까 걱정입니다."

양산이 깔깔 웃으며 말했다.

"이 말이 돌 위에 새겨졌다."

과연 이 말이 나중에 비에 새겨졌다.

【해설】

"어떤 것이 형상 없는 도량입니까?"

이것은 대양大陽의 관념입니다. 이것은 대양의 생각이라는 뜻입니다.

"이는 오 처사가 그린 그림이다."

이것은 양산梁山이 형상 없는 도량을 찾아 앞으로 내달리는 대양의 심리에 일단 제동을 거는 장면입니다.

그러자 심리에 제동이 걸린 대양이 입을 열려고 망설이는 장면이 나옵니다. 어떻게 대처해야 좋을지 몰라 망연해진 것입니다. 어떻게 대처해야 좋을까를 몰라서 아득해진 것입니다.

양산은 기회를 놓치지 않는군요.

양산은 즉각 대양에게서 대양이 내뱉은 말을 빼앗습니다.

대양이 내뱉은 말이 무엇이었습니까?

"어떤 것이 형상 없는 도량입니까?"

이것이 대양이 했던 말입니다.

그런데 아득해진 틈을 타서 양산이 대양의 말을 빼앗는다는 것이지요.

"이것은 형상 있는 것이다. 어떤 것이 형상 없는 것인가?"

이 장면이 바로 양산이 대양이 했던 말을 빼앗아 치켜드는 장면입니다.

"이것은 형상 있는 것이다. 어떤 것이 형상 없는 것인가?"에서 "어떤 것이 형상 없는 것인가?"는 대양이 먼저 했던 말입니다. 그런데 이번에는 양산의 입에서 쏟아져 나오지 않았습니까? 그래서 양산이 대양이 했던 말을 빼앗아 치켜들었다고 하는 것입니다.

이때 말을 빼앗기고 생각을 빼앗긴 대양은 '형상 없는 도량', 즉 대공大空을 확인합니다.

대공이란 자기존재가 뿌리 없는 것이라는 뜻입니다.

대공을 태허太虛로 바꾸면 이해가 되겠습니까?

51. 보장寶藏 — 선문염송 제270칙

대주혜해大珠慧海 선사가 처음으로 마조馬祖를 찾아뵈니 마조가 물었다.

"어디서 오는가?"

"월주越州 대운사大雲寺에서 옵니다."

"여기에 와서 무엇을 하려는가?"

"불법을 구하러 왔습니다."

"자기 집 보물 광(寶藏)은 돌보지도 않고, 집안 살림은 내던진 채 무엇을 하려는가? 나의 여기에는 한 물건도 없거늘 무슨 불법을 구하려는가?"

이에 대주혜해가 예배하고 물었다.

"어떤 것이 저의 보물 광입니까?"

마조가 대답했다.

"지금 나에게 묻고 있는 사람이 그대의 보물 광이니, 일체 것이 구족하여 조금도 모자라는 것이 없고, 자재하게 사용할 수 있거늘, 어찌 밖을 향하여 구하는가?"

대주혜해가 당장에 자기의 마음은 앎이나 깨달음에서 유래하는 것이 아님을 알고 기뻐 뛰면서 예배하고 물러갔다.

【해설①】

'자기 집 보물 광', 즉 자가보장自家寶藏 이야기는 너무나 널리 회자되었는데, 지금에 와서 또 들먹거리니까 진부하게 느껴질 정도가 되었습니다.

그런데 내가 지적하고 싶은 것은 자가보장이 아닙니다. 보장寶藏이 아니고, "마음은 앎이나 깨달음에서 유래하지 않았다"는 부분입니다.

사람들은 '자기 집 보물 광'만 가지고 떠들어댔지, 정작 중요한 이 공안의 끝부분은 못보고 넘어갑니다. 왜일까요? 이해가 쉽지 않기 때문입니다.

"마음은 앎이나 깨달음에서 유래하지 않았다."

도道를 구하여 평생을 걸고 헤매는 사람들은 이 말씀을 곰곰이 음미해 봐야 합니다. 기필코 이 말씀의 의미를 낚아채야 합니다.

"마음은 앎이나 깨달음에서 유래하지 않았다."

이 말의 의미를 밝힙니다.

'깨달음 같은 것은 필요하지 않다.' 이것이 그 의미입니다.

그렇지 않습니까? 마음이 깨달음에서 유래하지 않았다면, 깨달음이 무어 그리 중요한 물건(?)입니까? 마음이 깨달음에서 생긴 것도 아닌데, 깨달음에서 마음이 시작된 것도 아닌데, 깨달음이 어째서 그리도 중요합니까?

깨달음의 정의를 내린다면, 이것이 진정한 깨달음입니다.

【해설②】

"자기 집 보물 광"은 마조의 입에서 나온 말입니다.

"마음은 앎이나 깨달음에서 유래하지 않는다." 이는 대주혜해大珠
慧海의 심경을 토로한 것이므로 그의 말에 틀림없습니다.

대주혜해는 깨달음을 찾아서 구도求道의 길에 오른 사람입니다. 그
런 그의 입에서 나온 말이 무엇입니까?

'이제 더 이상은 깨달음이 필요하지 않다.'

마조의 보물 광 이야기를 듣고 깨달은 대주혜해의 말인데, 깨닫고
보니 깨달음이란 것이 쓸 데 없고, 부질없는 짓이라는 것입니다.

'깨닫고 보니'라고 표현은 하였으나, 대주혜해의 그 깨달음이란 것
이 시사하는 바가 무엇이겠습니까?

정각正覺이니, 대각大覺이니, 언하대오言下大悟니 하는 어마어마한
표현과는 상당한 거리감을 느끼게 해줍니다.

사람은, 사람이라면 이래야 하는 법입니다. 그래서 대주혜해는 대
인大人인 것입니다. 깨달았다고 했으나 깨달은 흔적이 어디에 남았습
니까? 예컨대 대각大覺이라고 한다면 이것이 대각입니다.

현실 이하도 아니지만, 현실 이상도 아닙니다. 현실에 조작을 가하
여 어찌해 보려고 하다니요? 어림없는 헛수고요, 헛수작입니다. 현실
이란 은산철벽銀山鐵壁입니다.

'나' 하나만을 봅시다. 이 '나'에 조작을 가하여 어찌해 보려고 하
다니요? '나'를 둘러싼 현실도 그러하거니와 '나'도 은산철벽인 줄
알아야 합니다.

【해설③】

제538칙 혐개嫌箇입니다.

　　취미무학翠微無學 선사에게 어떤 승僧이 물었다.
　　"화상의 법석法席에 온 이후로 상당上堂하실 적마다 한 법도 가르
쳐주신 일이 없으시니, 뜻이 어디에 있습니까?"
　　"섭섭한 것이 무엇인가?"
　　그 승이 다시 동산洞山에게 물었더니, 동산이 말하기를
　　"어째서 나를 수상히 여기는가?"
　　하였다.

　　제538칙은 이 책의 다른 데서도 인용되었습니다.
　　취미翠微든 동산洞山이든 깨달았다는 사람들입니다. 깨달았다는 그
들의 입에서 나오는 말은 한결같이 앙상하고 적나라한 현실 이야기
뿐입니다.
　　"섭섭한 것이 무엇인가?"
　　마조馬祖의 말처럼, "자네의 보물 광은 어디에 내팽개치고 섭섭한
얼굴로 법을 구걸하는가?" 이런 뜻입니다.
　　"어째서 나를 수상히 여기는가?"
　　마조의 말처럼, "자네의 보물 광은 어디다 내팽개쳤는가? 어디다
가 내팽개치고, 나에게는 뭔가 특별한 것이라도 있는 것처럼 내놓으
라고 조르는가?" 이런 뜻입니다.

52. 부지不知 – 선문염송 제1286칙

문익법안文益法眼 선사에게 지장地藏이 물었다.

"상좌는 어디로 가려는가?"

"이리저리 행각을 하렵니다."

지장이 다시 물었다.

"행각의 일이 어떤가?"

"모르겠습니다."

"모르는 것이 가장 좋다."

이에 법안이 활짝 크게 깨달았다.

【해설①】

"행각의 일이 어떤가?"

"모르겠습니다."

"모르는 것이 가장 좋다."

지장의 이 말씀 끝에 법안이 활연대오豁然大悟하였다.

"모르는 것이 가장 좋다"는 지장의 말씀이 떨어지자 법안이 깨달았다는데, 어찌된 일일까요?"

법안문익은 중국불교 5가7종 중의 하나인 법안종法眼宗을 일으켜 세운 분입니다. 그의 종풍宗風이 독특했을 것입니다.

그런 법안문익이 "모르는 것이 가장 좋다"는 한마디에 활연대오했다니 기이합니다. 법안문익의 깨달음의 기연機緣도 널리 알려진 반면에 수수께끼로 남아 있습니다.

【해설②】

하지만 법안문익의 깨달음의 이치는 의외로 간단합니다.

그는 '놓아버림'의 천재였습니다.

물론 세세생생 익혀온 업이 강화되다가, 금생에 이르러서는 "모르는 것이 가장 좋다"는 말 한마디에 즉시 '놓아버리게 된' 것입니다.

『숫타니파아타』에 나오는 말씀입니다.

"놓아버리면 그만인 것을!"

'몰라도 된다'는 정도가 아닙니다.

'모르는 것이 가장 좋다.'

그렇다. 모르는 것이 가장 좋은 것이다. 그럴진대 까짓것 이게 뭐라고 이토록 번민해야 하는가? 놓아버리자. 내 목숨 내던진다.

물론 법안문익이 이런 일련의 사유를 거쳐 놓아버렸다는 결론은 아닙니다. 그의 심리분석의 내용이 대충 이렇다는 것에 불과합니다.

이런 일련의 사유라니요? 이런 사유를 밟아갈 시간적인 여유가 어디 있었습니까? 모르는 것이 가장 좋다는 지장의 말씀 끝에 법안문익은 즉시 자기존재를 버렸습니다. 그가 익혀온 업으로 인하여 저절로 그렇게 된 것이지요.

법안문익은 '목숨 내던지기'의 천재였습니다.
법안문익은 '통째로 내버리기'의 천재였습니다.

53. 오진<ruby>吾眞<rt></rt></ruby> – 선문염송 제254칙

반산보적<ruby>盤山寶積<rt></rt></ruby> 선사가 임종을 앞두고 대중에게 고했다.

"누가 나의 초상화를 그릴 수 있겠는가?"

대중이 모두 초상화를 그려 바쳤는데, 반산보적은 모두를 때려
주었을 뿐이었다. 보화 존자<ruby>普化尊者<rt></rt></ruby>가 나서서 말했다.

"제가 그렸습니다."

"어째서 나에게 보여주지 않는가?"

이에 보화 존자가 곤두박질을 치면서 나가니, 반산보적이 말
했다.

"저 사람이 나중에 미치광이 짓을 하리라."

【해설①】

반산보적은 자기의 초상화를 주문했습니다.

　그런데 보화 존자는 도리어 자기의 초상화를 그리고 말았군요.

　반산보적이 그려주기를 요구한 자기의 초상화란 어떤 성질의 초상
화였습니까?

　그 '초상화'라는 것은 예컨대 불성, 불법, 적멸, 태허, 진여, 지도至

道 같은 말로 바꾸어볼 수가 있겠지요.

【해설②】

보화 존자는 세상에는 아예 나오지 않고 갖가지 도화道化의 이야기를
남겨놓은 채 사라진 중국 당唐나라 때의 산성散聖입니다.

임제 선사가 화북의 진주라는 땅에 주석하자, 그전부터 그곳에서
오래 머무르고 있었던 보화 존자는 임제의 선법宣法을 크게 도왔습니
다. 보화 존자는 네거리 한복판에 서서 요령을 짤랑짤랑 흔들면서 행
인들을 교화했다고 합니다.

당唐나라 의종제懿宗帝 함통咸通 원년元年, 어느 날 그는 거리에 나
와 요령을 흔들면서 색다른 소리를 외쳤습니다.

"나에게 옷 한 벌을 보시하십시오."

사람들은 평소에 보화 존자와 친밀한 사이였으므로 각기 옷감을
떠다가 정성껏 옷을 지어서 보화 존자에게 가지고 갔습니다. 그러나
존자는 옷 보통이를 도로 내주며

"아니오. 나에게는 이런 옷은 필요 없습니다."

하며 손을 내저었습니다. 그때 임제가 그 말을 듣고 홀로 고개를
끄덕이더니 원주院主를 불러서 빨리 새 관棺을 하나 짜오라고 일렀습
니다. 그리하여 존자가 외출에서 돌아오자 곧 그 관을 내놓으며

"자, 귀공을 위하여 새로 의복을 하나 마련했습니다."

하니, 보화 존자는 희색이 만면하여 빙그레 웃더니 그 관을 홀떡
등에 짊어지고 요령을 흔들면서 도로 거리로 나가는 것이었습니다.
가장 번화한 거리에 이르자 관을 등에 짊어진 채로 요령을 짤랑짤랑

흔들면서 엄숙하게 선언을 했습니다.

"임제 스님께서 나에게 이런 훌륭한 옷을 만들어 주셨습니다. 이제 동문으로 가서 이 옷을 입고 나는 열반에 들겠습니다."

보화 존자는 요령을 흔들면서 동문을 향하여 나아갔습니다. 사람들은 항상 기이한 행동을 하던 보화 존자가 관을 메고 열반에 들겠노라고 선언을 하니, 무슨 기상천외한 일이라도 일어나지나 않나 하는 호기심이 나서, 모두들 앞을 다투어 보화 존자의 뒤를 따라 장사진을 치며 나아갔습니다.

거리는 모여드는 사람들로 물 끓는 듯하며 동문으로, 동문으로 인파가 되어 밀려갔습니다. 드디어 동문에 이르자 보화 존자는 요령을 흔들며 사방을 두루 둘러보더니

"오늘은 날씨가 좋지 않습니다. 나는 내일 남문에 가서 입적入寂하겠습니다."

하고, 조금 전에 동문에서 열반하겠다던 선언을 정정하는 것이었습니다. 군중은 도리 없이 내일을 기약하고 서운한 마음으로 흩어졌습니다.

다음날 남문에는 어제보다 더 많은 사람들이 모여들어서 그야말로 인산인해를 이루고, 무슨 기이한 일이 일어나기를 입에 침이 마르도록 기다리고 있었습니다.

얼마 후에 보화 존자가 어제와 똑같은 행색을 하고 나타났습니다. 그러나 그는 오늘도 역시 날씨가 나쁘니까 내일 서문에서 열반에 들겠다고 천연스럽게 또 어제의 선언을 정정하는 것이었습니다.

군중은 자못 실망하여 이제는 그의 말을 믿지 않게 되었습니다. 그

중에서도 몇 사람만이 반신반의하면서도 혹시나 하는 마음으로 그 이튿날 서문에 가서 기다렸습니다.

그러나 그날도 역시 그는 전날과 같은 핑계를 대고, 다음날 북문에서 입적하겠다고 유유히 말하는 것이었습니다. 사람들은 낙망한 나머지 화를 내고 욕설을 하면서 돌아갔습니다.

그 다음날 보화 존자가 네 번째로 선언한 북문으로 존자의 말을 믿고 나온 사람은 하나도 없었다고 합니다. 보화 존자는 북문에 도착하자 관을 내려놓고 뚜껑을 연 다음 관 속으로 들어갔습니다. 그리고는 마침 지나가는 행인을 불러서 뚜껑을 닫고 못을 단단히 박아달라는 부탁을 하였습니다.

이 말이 장안에 퍼지자, 이제는 정말인가 보다 하고 삽시간에 사람들이 구름같이 모여들어 관을 중심으로 겹겹이 에워싸고 또 에워쌌습니다. 하지만 반석磐石 위에 놓인 관은 조금도 움직이지도 않았고, 아무런 소리도 나지 않았으며, 처음 놓인 그대로 고요히 있을 뿐이었습니다.

기다리다 못한 군중은 그만 지친 나머지 모두들 제 소견대로 떠들어대기 시작했습니다.

"자, 그만들 떠들고 좌우지간 좀 열어보는 것이 어떻겠습니까?"

와글와글 떠들어대는 와중에 이런 제안이 여기저기서 터져 나오자 몇 사람의 남자들이 군중을 헤치고 나와서 못을 빼기 시작했습니다. 군중을 헤치고 나온 김에 못을 하나하나 빼기는 하지만 그들의 손은 두려움으로 떨렸고, 이것을 숨죽이고 응시하던 군중도 불안감과 기대감으로 잔뜩 긴장하고 있었기는 마찬가지였습니다.

드디어 관이 열렸습니다. 그러나 이게 웬일입니까? 관속에는 사람은 고사하고 머리털 한 오라기 없이 텅 비어 있는 것이 아닙니까?

"와, 아무것도 없다!"

상상 밖의 현상에 군중은 넋을 잃고 말았습니다. 그때였습니다.

"짤랑짤랑, 짤랑짤랑!"

너무도 귀에 익은 요령 소리가 바로 위의 공중에서 울려오기 시작한 것이었습니다. 깜짝 놀란 군중은 일제히 머리를 들어 소리 나는 곳을 바라보았습니다. 그러나 거기에는 아무것도 보이지 않고, 다만 한 줄기 서광이 하늘 높이 찬란하게 뻗쳐 있는데, 요령소리만 짤랑짤랑 울려왔습니다.

"짤랑짤랑, 짤랑짤랑!"

은은히 들려오는 요령소리는 점점 더 구름 저 멀리 높은 천공天空으로 멀어져갔습니다.

군중은 모두 그 자리에서 무릎을 꿇고 합장하며 요령소리가 들려오는 허공을 향하여 무수히 배례拜禮하였습니다.

참으로 신화 같은 이야기가 아닙니까! 하지만 이것은 틀림없는 역사적 사실이며, 이사기행異事奇行의 갖가지 행적을 남긴 보화 존자의 일화는 길이 수행인들의 흉금을 울려주고 있습니다.

이수경

1948년 경주에서 태어났다.

20살 무렵의 어느 날 새벽에 부친으로부터 부처님의 정각 이야기를 듣고 발심하였다. 이후 『금강경』 공부를 시작으로 여러 절을 돌아다니며 선지식들로부터 참학한 후에, 월산 스님으로부터 참선을 지도받고 공부하였다.

저서로 『화두의 융합과 초점』, 『화두선 요결』, 『무문관의 새로운 해석』 등이 있다.

화두공부의 문을 열다

초판 1쇄 인쇄 2014년 7월 8일 | 초판 1쇄 발행 2014년 7월 14일
지은이 이수경 | 펴낸이 김시열
펴낸곳 도서출판 운주사

(136-034) 서울시 성북구 동소문로 67-1 성심빌딩 3층
전화 (02) 926-8361 | 팩스 0505-115-8361
ISBN 978-89-5746-382-6 03220   값 15,000원
http://cafe.daum.net/unjubooks 〈다음카페: 도서출판 운주사〉